サーチ・インサイド・ユアセルフ

仕事と人生を飛躍させる
グーグルのマインドフルネス実践法

チャディー・メン・タン

一般社団法人マインドフルリーダーシップインスティテュート［監訳］
柴田裕之［訳］

英治出版

むかしむかしあるところに世界的に有名な、ＥＱ（情動的知能）の専門家がいた。彼は優れた書き手でもあった。ある友人からマインドフルネスとＥＱについて本を書くように勧められた。彼は心を動かされたものの、どうしても時間が作れなかった。そこで彼のかわりに、執筆を勧めた友人がその本を書いた。私がその友人で、これがその本だ。

ダニー、どうもありがとう。僕を信頼し、この本を書かせてくれて。

SEARCH INSIDE YOURSELF

The Unexpected Path to Achieving Success,
Happiness (and World Peace)

by

Chade-Meng Tan

Published by arrangement with
HarperOne, an imprint of HarperCollins Publishers
through Japan UNI Agency, Inc., Tokyo

サーチ・インサイド・ユアセルフ　目次

5

情動を馬のように乗りこなす

――自己統制の力を伸ばす

8
有能であって　しかも人に愛される

――リーダーシップと社会的技能

＊原注は番号を振ってページ下部の余白に記載しています。

＊監訳者による注は★印で表示しています。

＊本書は2012年に宝島社から発行された『サーチ！――富と幸福を高める自己探索メソッド』（絶版）を邦題を改めて復刊したものです。復刊にあたり、訳の一部を修正し、新たに監訳者による注・解説を加えました。

＊原書にある挿画は紙面の都合上割愛・変更しました。

＊本文中の引用の訳はすべて本書訳者によるものです。

序文

ダニエル・ゴールマン★

グーグルの第一印象は、みんなからメンと呼ばれているチャディー・メン・タンによって決まった。自らお客様出迎え係をもって任ずるメンは、グーグルのなんとも「陽気な善人」だ（「それは誰にも否定のしようがない」という言葉とともに、名刺の肩書に「陽気な善人」と書かれている）。

メンは、知れば知るほど特別な人間であることがわかってきた。たとえば、彼のオフィスの前を通りかかったときだ。ドア近くの壁のボードには、メンが世界に名だたる人物と撮ったスナップ写真がずらりと貼られていた。アル・ゴア元副大統領とメン、ダライ・ラマとメン。ボクシングの元へビー級世界チャンピオンのモハメド・アリや女優のグウィネス・パルトロウといっしょのメン。後に『ニューヨークタイムズ』紙の一面記事で知ったのだが、メンは「グーグルのあの男」として名高い、類稀《たぐいまれ》なエンジニアで、抜群の社会的知能を備え

★ 全世界で500万部のベストセラーとなった『EQ こころの知能指数』の著者。心理学者、ジャーナリストで、EQの概念を世界中に広めた。Search Inside Yourself（SIY）のアドバイザー。

ており、どんな来訪者もくつろがせ、ついでにいっしょに写真まで撮らせてしまうという。

だが、メンが特別なのはそのためではない。彼の見事なシステム分析力と美しい心という取り合わせのおかげだ。

まずは、分析力について述べてみよう。

私がグーグルを訪れたのは、「Authors@Google」という連続講演の一環として、「ＥＱ（情動的知能）」[1]について話すためだった。なんだか自分が、社員が享受していることで有名な数限りない特典のひとつになったような気がした。マッサージや、飲み放題の炭酸飲料と同類のものに。

この知性の砦（そもそもＳＡＴ（大学進学適性試験）で最高点を取るぐらいでなければ、グーグルでは採用の検討対象にもならないだろう）でその講演をすることに、私はいくらか不安を抱いていた。この現実主義的な情報工学の会社に、ソフトスキル（訳注　コミュニケーション能力など、おもに対人的な非定形の技能）について聞きたがるような人がいるのだろうか、と。だから、講演会場に着いて驚いた。そこは本社「グーグルプレックス」のその区画では一番広い部屋だったのだが、大勢の人が廊下にまであふれていたのだ。明らかにみな興味津々だった。

グーグルでは、私がこれまで講演したなかでおそらく最もＩＱが高い聴衆に向かっ

1★ 原語は emotional intelligence であり、ＥＩとも略する。本書では、ＥＩと同意として、日本の読者になじみのある EQ とする。

2★ 詩人、禅僧。サンフランシスコを中心に全米で尊敬を集める禅の指導者。SIY の構想時に著者に請われ、プログラム開発を支援し、著者とともに SIY の基礎を築く。

て話をしていたことになる。だが、その日私の話を聞いた頭脳集団のなかで、ＥＱの逆行分析《リバースエンジニアリング》をする頭をもっていたのはメンだけだった。メンは素晴らしい洞察力によってＥＱを一度分解して再構築した。ＥＱの中核を成すのは己を知ることであり、それを実際に心にやらせるための最善の方法は、「マインドフルネス」と呼ばれる心のトレーニングであることを見て取ったのだ。

その洞察が、メンの開発したプログラムの基礎となっている。彼がグーグル・ユニヴァーシティで開講したその講座は、（いかにもウェブ・サーチ会社にふさわしく）「己の内を探れ《サーチ・インサイド・ユアセルフ》（ＳＩＹ）」と名づけられた。本書で読んでいただければわかるように、グーグルでその講座を取った人の多くは、人生が変わったと感じている。

メンは、協力者を選ぶにあたっても抜かりなかった。ノーマン・フィッシャー禅師[★2]しかり。私の長年の友人で仕事仲間にして、「社会における瞑想的心のためのセンター」の創設者で所長を務めるミラバイ・ブッシュ[★3]しかり。そしてメンは、これまた私の旧友で、世界各地の医療現場へマインドフルネスを導入する活動の草分けであるジョン・カバットジン[★4]の専門知識の助けを借りている。メンは卓越性の何たるかを心得ている。だから、そこで手を休めることはなかった。メンは協力者とともに、自己認識と健やかさと優しさと幸せに満ちた人生を創造するために、十分に検証された方法のなかから最善のものを入念に選んだのだ。

3★ 60年代にインドから西洋に仏教を伝えた立役者の一人で影響力のある瞑想指導者。SIYの構想時に著者に請われ、プログラム開発を支援し、著者とともにSIYの基礎を築く。

4★ マサチューセッツ大学医学大学院教授、同大マインドフルネスセンター創設所長。1970年代にストレス系疾患患者のためにマインドフルネスストレス低減法（MBSR）を開発し、マインドフルネスを西洋科学の分野に統合させたこの分野の第一人者。

次は、彼の美しい心について述べよう。

己の内を探ればどれほどためになるか気づいたメンは、それを試したいと思う人なら誰にでも教えてあげたいと、ごく自然に思った。グーグルで講座に参加できる幸運な人以外にもだ。実際、メンは私と初めて会ったとき、自分の終生の目標は内面の平穏と思いやりを広げ、それによって世界に平和をもたらすことだと熱心に語った（メンはこの目標に対する熱意のあまり、声まで大きくなってしまって、私はちょっと閉口した）。

このとても楽しい本に詳しく説明されているメンのビジョンは、マインドフルネスに基づくEQのカリキュラムをグーグルで試し、それから、役立ててもらえそうな人なら誰にでも提供するというものだ。本人の言葉を借りれば、「グーグルからの贈り物のひとつとして世界へ分け与えればいい」。

メンを知るにつけ、彼が並みのエンジニアではないことがわかってきた。彼は菩薩の化身だ。だが本書を書き上げた今、化身という言葉は除いてもいいだろう。

まえがき

ジョン・カバットジン

初めてメンに会ったとき思った。「グーグルの陽気な善人などと自称しているこの男はいったい何者だろう」(「グーグルの陽気な善人」という言葉は彼の名刺に、「それは誰にも否定のしようがない」という注釈付きで書かれていた)

私はメンに招かれて、マインドフルネスをテーマに技術的な話をグーグルですることになっていた。私が到着するとたちまちのうちに、彼はマインドフルネスと世界平和について語りつつ、ジョークを連発していた。彼のユーモアのセンスには少しばかり面食らった。それからメンは社内を案内してくれた。最初に立ち止まったのは、グーグルプレックスの本館ロビーに掲示されている写真の前だった。どれもこれも、メンが世界のおもな有名人や有力者のひとりといっしょに写っている写真だった。「こんな国家元首やノーベル賞受賞者や各界の名士をグーグルに迎えてもてなすこの男は、いったい何者だろう。それに、彼の話を真に受けていいのだろうか？　言っていることは、すべて信じられるのだろうか？」

　彼は私に多くのことを語った。たとえば、彼の究極の目標は、自分が生きているうちに世界平和のお膳立てをすることで、その実現方法は、人類が瞑想の恩恵にあずかれるようにすることだと思う、と。そして、グーグルはこういう会社だから、特別な役割を担うことができる、と。

　みなさんにも想像がつくだろうが、私の頭の中にはこんなことが浮かんできた。「グーグルはユニヴァーサル・アクセシビリティの権化（ただし、グーグルへのアクセスをブロックしたり制限したりしようとする国以外では、だが）だとはいえ、世界でそんな役割を担うことに関心があるのだろうか⁉　いや、そういうことに関心をもつ、先見の明のある人がグーグルには少なくともひとりいるのか。驚くべきことだ。もしかすると彼は狂気を装っているのであって、彼がここでは実際ただひとり正気の人物なのかもしれない。彼は従業員番号一〇七であり、もともと雇われたときの仕事がとても得意に決まっている。それは明らかだ。彼以外はみんな次のそのまた次のサービスのプログラムを書く仕事をしているのに、彼の仕事はたんなる陽気な善人であることだとは思えない」

　初めての訪問では、こうした考えが私の頭の中を駆け巡っていた。ユーモアの連発はさておいて、メンが本気だとすれば、彼の計画が実現したときにもつ影響力と重要性には際限がないように思われた。私はメインロビーで彼が示したグラフィック映像にすっかり感心した。地球が回転していて、それが放つさまざまな色の光は、その瞬間にグーグル検索が使われている場所を示している。地球上のいたるところから、光は宇宙の暗闇へと吸い込まれていた。光は言語ごとに色分けされ、光線の長さは世界のその場所から行なわれている検索数に比例していた。同時に、別の大型スクリーンには、これらの検索のテーマが次々に映し出されていた。このふたつの映像を見ていると、世界がどれほど一体化しているかが直感的にわかり、心を動かされる。それは、月から撮った宇宙の暗闇に浮かぶ地球の写真を初めて目にしたときの情動的なインパクトと同質のものだった。それが伝えるのは、グーグル風の言葉を使えば、検索のパワー――そしてグーグルのパワーだった。

　私がけっきょくグーグルでどんな話をすることになったかや、この連続講演で話をした私の同僚たち（彼らについては本書でメンが語っている）については述べるつもりはない。講演はすべて、グーグルの一部であるユーチューブで見られる。そして、グーグルでメンが開設して以来、長年続いているマインドフルネスストレス低減法（MBSR）のクラスについても述べようとは思わない。この講座と並行して開発されたマインドフルネスに基づくEQ（情動的知能）育成のプログラム、「己の内を探れ《サーチ・インサイド・ユアセルフ》（SIY）」――そもそも相手がグーグルでありメンだったからこそ訪ねてきた、素晴らしいメンバーから成るグループとともにメンが開発したプログラム――についても述べるつもりはない。なにしろ本書はそれについてのものなのだから。

ここで述べておきたいのは、私が本書を読んでメンについて発見したことと、みなさんが読み進めるときに覚えておくとよさそうなことだ――というのも、これはたんなる本ではなくカリキュラムでもあるからだ。本書は具体的なエクササイズとガイダンスに沿って進むことのできる道筋であり、瞑想を通して他人や自分自身とかかわるためのアプローチであり、それに体系的に取り組めば人生が一変し自由になれる――そしてそれが楽しい経験でもあることを私は願っている。だが、きちんと取り組んでみても楽しくないなら、あるいは少なくとも、やらずにはいられないという実感や、自分の中で最も深くて最も良いものが育《はぐく》まれていそうだという感覚が得られないなら、あなたにとってSIYの全プログラムを始めるには、今はふさわしい時期ではないのかもしれない。とはいえ、本書を読み、今のあなたに納得の行く形でエクササイズを試してみるだけでも、かならず種はまかれるはずだ。これは、心と情動の適性を伸ばし、それを人生や仕事で応用する、終わりの決まっていない実験と冒険といったところだろう。

私も気づいたし、みなさんもこれから気づくだろうが、メンはとめどないジョークを別とすれば、とてもまじめな男だ。すぐにわかるとおり、彼はマインドフルネスと、世界平和のお膳立てをすることと、平穏を地球の（少なくとも人類の）基本設定モードにすることに、身も心も捧げている。そしてそれを実現するために、彼はグーグルのプラットフォームと力を使おうと真剣に取り組んでいる。それが当初から彼の戦略だったと私はにらんでいる。臨床と神経科学の両観点から瞑想を研究したり、医学と衛生、教育そのほかの分野での瞑想の応用を研究したりしている科学者や、瞑想の指導者、仏教学者をグーグルでの講演に招いたのも、その一環だろう。それは、世界を平和に向かわせるという彼の計画の土台作りだったのだ。まずはグーグルを、そして次に世界を、というわけだ。

　メンは自分のビジョンに関してとても真剣だ。だが、マインドフルネスそのものも、マインドフルネスが世界を変える可能性もじつに重要なので、あまり真剣に捉えすぎるのは、かならずしも得策でないのを心得ているように、私には感じられる。だから彼はマインドフルネスにユーモアを添える。ただしそれは、死ぬほど《デッドリー》真剣な（あるいは「生き生きと《アライブリー》」真剣な、と言うべきか？）ユーモアだ。メンのユーモアのセンスは習い覚えた感覚なのかもしれないが、読者のみなさんも本書を読むことですぐにその感覚を身につけるだろうし、それに加えて（こちらのほうがずっと重要なのだが）、そのユーモアが指向しているものも好むようになるだろう。それは、一番自分のためになるように振る舞いたがるという、あなたの中に深く根差した性質だ。ただし、他人の利益に気づいてそれを伸ばすのが自分にとっても最善であることを悟ったうえで、その性質を好むようになるのだ。

これこそ、マインドフルネスに基づくＥＱだ。だからこそ、己の内を文字どおりの意味でも比喩的な意味でも探ることが、じつにさまざまな面でとても重要になる。己の内を探れば、何が発見できるか、あるいは明らかになるか？　みなさんはひとりの人間として自分が今すでに何者であるかを隅々まで知り、人類をはじめすべての生命が織りなす多元的タペストリーの中にどれほど深く組み込まれているかを認識するだろう。マインドフルネスは、どこか別の場所に行くことではなく、今すでにいる場所に完全に存在し、その完全な存在と意識の力を、今この瞬間に認識することなのだ。したがって、メンのプログラムは、実際には探るというより見つけるプログラムと言うほうが正しい。それは、すでにあなたのものであるあなたの存在の全貌を、発見し、取り戻し、明らかにし、続いて体系的な修養と練習を通して育み、それに磨きをかける。そうすれば、あなたの存在は、あなたが最も愛するものや、あなたの想像力、生まれもった創造性と相まって、お互いの健やかさと幸せのために、数多くの、(願わくは)巧みな形をとってこの世に現れるはずだ。

これが夢物語のように聞こえたとしても、けっしてそうではない。しかしこれが、内面的にも外面的にも、個人にとっても集団にとっても、局所的にも全体的にも、もっと平和な世界を生み出すための現実的な戦略に思えるなら、そう、そのとおりなのだ。そして、メンはこの戦略によって、まさにそのような世界の実現を狙っている。メンは、グーグルでこのプログラムを開発し、グーグルという職場環境で実地試験をし、オープンソースの精神にのっとり、今度は本書とそれがもたらすものによって、世界中の人がこのプログラムを入手できるようにしようとしている。

SIYのカリキュラムは誰もが自由に利用できる。さまざまな方法で、さまざまな場所で利用できることは、みなさんも読めばわかるだろう。その有用性や適合性に限界があるとしたら、じつはそれはあなたの想像力と具体化能力の限界にすぎない。SIYのカリキュラムは、大海のように広大な瞑想の叡智の実践に基づいていて、その練習を通して、マインドフルネス、愛情深い優しさ、思いやり、喜び、落ち着き、具体化された存在、EQをはじめ、私たちの頭、心、体の多くの根本的な面が育まれる。これらも、ひとたびこの入り口《ポータル》を入れば手に入れられる。メンがはっきり述べているように、彼の目的は、「すべての人が瞑想の恩恵を受けられるように」し、一生にわたって得られる運動の恩恵のように、瞑想の恩恵を広く世間に認めてもらうことだ。そして、それにもまして重要なのが、今回、己の内を探る旅へ招かれて触発されるかもしれない私たちひとりひとりが、瞑想の恩恵を実践し、生活に取り入れ、習慣化するのをなるべく確実にすることなのだ。

メンはこの目的を達成するために、職場でも家庭でもできるEQの開発と応用のための、巧みに構成され、十分に検証されたカリキュラムを組んだ。その土台となっているのが最先端の科学であり、情動とＥＱ、楽観の重要性、思いやりと優しさの力に関する調査の定評ある結果であり、マインドフルネスや思いやりについての、躍進目覚ましい神経科学の研究だ。この研究からは、わずか八週間のトレーニングで瞑想の大きな効果が観察しうることが明らかになった。リチャード・デイヴィッドソンと私は、大勢の仲間と調査を行ない、職場環境で、マインドフルネスストレス低減法でマインドフルネスを八週間練習した人の前頭前野《ぜんとうぜんや》の情動の設定値が、情動的知能を高める方向へシフトしたことを示した。それは、一万時間以上も瞑想を実践した修行僧と同じ方向へのシフトだった。これは、瞑想の恩恵を得るために、修行生活に入ったり、仕事を辞めたり、家族を捨てたりする必要はないという証拠だ。実際、職場と家庭は、メンが本書で説明する方法で自分の心と体を鍛え、認知作用と情動に働きかけるには完璧な環境だ。この研究が行なわれる前は、人間の情動の設定値は、成人する前に決まってしまい、変えることはできないと広く考えられていた。だが、脳がこうした瞑想トレーニングに反応して活動を再編し、情動がより安定することが私たちの研究結果から明らかになった。また、脳は自らの構造そのものも再編することが、ほかの複数の研究からわかっている。これは、神経可塑性として知られる現象の一例だ。

メンは型破りではあるかもしれないが、そのじつ、コミカルな挿し絵に描かれているとおりの、とても個性的で卓越した瞑想の指導者だ。彼は、何から何まで他人から学んだことを進んで認める。たしかに、メンにはダニエル・ゴールマン、ミラバイ・ブッシュ、ノーマン・フィッシャーらの偉大な師や協力者がいる。だが、本書ですべてをじつに巧みにまとめ上げたのはメンその人だし、情報源はどれも怠りなく記されている。SIYが現実のフォーマルな瞑想練習として推奨する時間が少々短いにしても、それは意図的なものだ。一度練習をやってみれば、フォーマルな練習の時間を延長しようという意欲が湧いてくる可能性はきわめて高い。特別な状態に達するためではなく、時間という枠を完全に外れ、気づきそのものの中にただとどまるために。これは、「無為《ノンドゥーイング》」や、心を開いて今この瞬間に生きること、純粋な気づきの実践であり、思いやりとは一体不可分だ。これは人生からの逃避ではない。それどころか、マインドフルネスの実践は、人と人のつながりや頼り合いの経験への入り口であり、その経験が、EQに基づいた行動や、新たなあり方、最終的にはより大きな幸せ、明瞭さ、知恵、優しさにつながる——職場でも、世の中でも。私たちひとりひとりが行動のしかたを少し変えるだけで、世界の基本構造に変化が起こる。この意味では、私たちこそが世界なのであり、自分の担う、ささやかではあってもけっして無意味ではない世界の一部に対して責任を引き受けるとき、世界全体がすでに変化している。情動面をはじめ、さまざまな意義ある形で私たちが開花するとき、それは大きな実を結ぶ可能性を秘めているのだ。

メンの世界とメンの心の中へと入っていくみなさんの幸運を祈る。またそれ以上に、みなさんが、自分の頭と心と体と人間関係を、ひょっとすると新しい、思いもかけない方法で発見することを願ってやまない。これから始まるあなたの冒険が豊かな実りをもたらしますように。そして、心の面でも、ほかのあらゆる面でも平穏をもたらしますように。

二〇一一年一〇月、カリフォルニア州バークリーにて

イントロダクション

サーチ・インサイド・ユアセルフ

内を見つめよ。内面にこそあらゆる善の源があるのだから。
——マルクス・アウレリウス

世界一幸せな人はどんなふうに見えるだろう？　私にはぜったい似ていないはずだ。じつは、頭を丸め、チベットの衣をまとったフランス人のように見える。彼の名はマチウ・リカール。マチウはフランスで生まれ育った。そして、一九七二年、パストゥール研究所で分子遺伝学の博士号を取ったあと、チベット仏教僧になることにした。私はいつも彼に言う。あなたが僧侶になったのは、一九七二年にはグーグルに入りようがなかったからだ、そして、キャリアとしては、僧職が次善の選択肢だったからだ、と。

　このキャリア選択のおかげで、やがてマチウは「世界一幸せな人」と呼ばれることになる。ダライ・ラマは瞑想の科学的側面に興味を抱き、チベット僧たちに科学研究に参加するよう呼びかけた。マチウは当然のように被験者に選ばれた。正真正銘の科学者で、西洋思想とチベット思想の両方を理解していて、正統的な瞑想の訓練を長年積んでいたからだ。マチウの脳は、数々の科学研究の対象となった(1)。

　マチウはさまざまな検査を受けた。そのひとつが、幸せの水準の測定だった。じつは、脳の中の幸せの度合いを測定する方法がある。左の前頭前野と右の前頭前野の特定領域で活性化の度合いを比べればいい(2)。左の前頭前野の活性化の度合いが相対的に高い人ほど、喜びや熱意、活力といったポジティブな情動を多く報告する。その逆も言える。右の前頭前野の活性化の度合いが相対的に高い人は、ネガティブな情動を報告する。マチウの脳をスキャンすると、前代未聞の幸

(1) 研究室におけるマチウ・リカールの珍しい経験の全貌は、*Destructive Emotions: How Can We Overcome Them?: A Scientific Dialogue with the Dalai Lama*, by Daniel Goleman (New York: Random House, 2003)［邦訳：『なぜ人は破壊的な感情を持つのか』（加藤洋子訳、アーティストハウスパブリッシャース、2003年）］の第一章に紹介されている。*Shambhala Sun* 誌にも "The Lama in the Lab" と題する記事として取り上げられている。ぜひ読むことをお勧めする。

せの測定値が得られた。彼の幸せの度合いはそれまでの科学研究で誰も足元にも及ばないほど高かった。マスメディアはほどなく彼のことを「世界一幸せな人」と呼び始めた。マチウ本人はそんなあだ名をつけられて、いくぶん不愉快だった。世界一幸せな人が不愉快になるとは、皮肉なものだ。

マチウの脳の素晴らしさは、並外れた幸せだけではない。彼は、体が自然に示す驚きの反射（突然大きな音を耳にしたときに起こる、顔の筋肉のすばやい痙攣《けいれん》）を抑制できることが科学研究で確認された第一号になった。あらゆる反射がそうであるように、この反射も意のままに抑えられないはずなのに、マチウは瞑想中に抑え込むことができる。マチウは、「マイクロエクスプレッション（微表情）」と呼ばれる、情動を瞬間的に表す顔の表情を感知する達人であることもわかった。私たちは訓練を積めばマイクロエクスプレッションを感知して読み取れるようになるが、マチウともうひとりの瞑想家は訓練を受けていないのにもかかわらず、研究室で測定すると、平均を標準偏差の二倍上回る成績をあげた。これは、訓練を積んだ専門家の誰よりも優れた結果だった。

マチウら瞑想の達人たちの話には胸が躍る。彼らは、私たちの誰もが途方もなく素晴らしい心――何はさておき、おおいに平穏で、幸せで、思いやりに満ちた心――を育めることを示す生き証人だからだ。

そのような途方もなく素晴らしい心を育む方法は、あなたや私も試すことができる。そのため

(2) Richard Davidson and William Irwin, "The Functional Neuroanatomy of Emotion and Affective Style," *Trends in Cognitive Sciences* 3, no. 1 (1999): 11-21. この話題に関する科学研究についてもっと知りたければ、Richard Davidson, Alexander Shackman, and Jeffrey Maxwell, "Asymmetries in Face and Brain Related to Emotion," *Trends in Cognitive Sciences* 8, no. 9 (2004): 389-391 という、もっと新しい論文の参考文献リストも大変役に立つ。

に本書はあるのだ。

グーグル内部でそうした方法を広く紹介しようという動きが出てきたきっかけは、瞑想を人生や仕事で成功するのにも活かせないだろうかという疑問だった。キャリアやビジネスの成果の面でも瞑想の恩恵にあずかれないだろうか？　人のためにもビジネスのためにもなることなら、何であれあまねく広まるだろう。私たちが首尾良く瞑想の恩恵を広められれば、世界中の人が自分の目標をもっとうまく達成できるはずだ。この本で提供する技能を使えば、あなたやまわりの人の人生により大きな平穏と幸せをもたらし、その平穏と幸せがいずれ世界中に広がるだろうと私は信じている。

グーグルは革新を促すために、自社のエンジニアが就業時間の二〇％を各自のコアとなる仕事以外のプロジェクトに使うことを気前良く認めている。そこで私たちのグループがその「二〇％の時間」★を使って創り上げたのが、マインドフルネスに基づく、いわゆる「ＥＱ（情動的知能）」のカリキュラムだ。そこに行き着くまでに力を貸してくれたのは、じつに多彩でじつに才能ある人たちで、そのうちには、禅師と企業のＣＥＯ（最高経営責任者）とスタンフォード大学の科学者がひとりずつ、そしてＥＱの元祖とでも言うべきダニエル・ゴールマンが含まれる。まるで、おもしろいジョークの出だしではないか（「禅師とＣＥＯが部屋に入ってきて……」）。

このマインドフルネスに基づくＥＱカリキュラムの名前が「サーチ・インサイド・ユアセル

★　グーグルでは、「社員が勤務時間の20％を本来の業務以外のプロジェクトなどに取り組める。」という取り決めがあり、「20％ルール」と呼ばれている。

フ（己の内を探れ）」略して「ＳＩＹ」だ。グーグルではよくあることだが、この名前も最初はジョークだったものの、それがけっきょく定着した。最終的に私はエンジニアリング部門を離れて「ピープル・オプス」（グーグルでは人材担当部門をそう呼ぶ）に移り、これをはじめとする自己成長プログラムを管理することになった。そういう道のりをたどったエンジニアは、私がグーグル史上第一号だ。グーグルはエンジニアにＥＱを教えさせるのだから愉快ではないか。なんという会社だろう。

私のようなエンジニアにＳＩＹのような講座を教えさせるのには思いがけない利点があることがわかった。第一に、私はとても疑い深くて、科学的な頭をもっているので、何であろうと、確固たる科学的基盤のないものを教えたりしたら面目丸つぶれだ。だから、ＳＩＹは科学にしっかり基づいている。第二に、グーグルの古参のエンジニアとして長いキャリアをもっているから、日々の仕事で製品を生み出したり、チームを管理したり、上司に昇給を求めたりと、さまざまなことをするにあたってＥＱを応用する確かな実践経験を積んでいる。したがって、ＳＩＹはストレステストに合格し、日常生活にいつでも応用可能だった。第三に、私はエンジニアリング向けの頭をもっているおかげで、瞑想の伝統的な言語で書かれた教えを、私のように極端なまでに実際的な人間でも処理できる言葉に翻訳できた。たとえば、伝統的な瞑想家なら「情動のより深い自覚」と言うところを、私は「情動のプロセスを高い解像度で知覚すること」と言い、情動が湧き起こってくる瞬間と消えていく瞬間にその情動を知覚する能力と、情動が続いているあいだに起こるその情動の微妙な変化のいっさいを知覚する能力というふうに、さらに説明を加えた。

だからＳＩＹは、科学に基盤を置き、とても実践的で、私でも理解できる言葉で表されているという素晴らしい特徴をもっているのだ。エンジニアリングの学位がきっと何かのためになるとは思っていたが、こうしてりっぱに役立ったわけだ。

ＳＩＹは二〇〇七年以来グーグルで教えられている。そして、多くの受講者にとって、この講座は仕事と私生活の両面で人生を変える経験となった。講座を終えた人から、よくこんなフィードバックが来る。「これがメロドラマじみて聞こえるのは承知しているけれど、この講座が私の人生を変えたと心の底から思っています」

職場で自分の仕事に新しい意味や充足感を見つけた受講者もいれば（グーグルを辞めるつもりだったのに、ＳＩＹの講座を取ったあと気が変わった人さえいる！）、自分のやっていることがずっとうまくできるようになった受講者もいる。たとえば、エンジニアリング部門の管理職のビル・ドゥエインは、自分のために質の高い時間をもつ重要性に気づいたので、勤務日数を週四日に減らした。するとその後、彼は昇進した。ビルは自分自身のためにかける時間を見つけ、前より少ない仕事量で前より多くの業績をあげる方法を発見したのだ。ＳＩＹの受講中に経験した一番重大な変化は何かと訊くと、相手の話を聴くのがずっとうまくなり、すぐにカッとしなくなり、本人の言葉を借りれば「作り事と現実を見分けることを覚え」、それによってあらゆる状況を前よりもうまく理解できるようになったことだと答えた。こうした変化のおかげで彼ははるかに有能な管理職になり、彼の下で働く人たちもその恩恵にあずかった。

セールス・エンジニアのブレイズ・ペイボンは、ＳＩＹのおかげで顧客の信用がずっと高まった。今では、製品のデモンストレーションのときに寄せられる異議を冷静に退けるのがうまくなり、競争相手について思いやりのある口の利き方をし、グーグルの製品に関して顧客に度胸良く誠実に語るからだ。こうした長所を発揮した彼は、顧客から深い尊敬を集めた。ＳＩＹの講座を取ったあと、前よりずっと創造的になったエンジニアもいる。別のエンジニアによると、自分のプロジェクトに対する重大な貢献のうちのふたつは、ＳＩＹで学んだマインドフルネスのエクササイズをしたあとになされたそうだ。

驚くまでもないが、受講者はＳＩＹが私生活になおさら大きな恩恵をもたらしたと感じている。心の平穏と幸せがずっと深まったと言う人が多い。たとえば、ある受講者はこう述べている。「ストレス要因への反応のしかたが完全に変わりました。今では、まず時間をかけて物事をよく考え、相手の身になってみるので、あわてて結論を出したりしません。この新しい自分が大好きです！」。結婚生活の質が上がったという人たちもいた。ＳＩＹの助けで人生の危機を乗り切ったという人たちもいる。たとえば、ある人は私たちにこう語った。「ＳＩＹを受講中に、兄の死という身内の不幸を経験したのですが、「このクラスのおかげで」自分の深い悲しみをポジティブな形で処理できました」。また、ある人はたんにこう述べた。「今では前より優しくて理解のある目を通して自分と世界を眺めることができます」

この本はグーグルのSIYカリキュラムに基づいている。この知識とその実践が受講者の創造性や生産性や幸せを高めるところを、私たちは目のあたりにしてきた。この本の中には、あなたの役にも立つものがたくさんあるだろうし、あなたを驚かせるようなものさえあるかもしれない。たとえばあなたは、意のままに心を鎮める方法を学べる。集中力と創造性が向上する。自分の心のプロセスや情動のプロセスをしだいに明瞭に知覚できるようになる。自信は鍛錬を積んだ心の中に自然に湧き起こるものであることに気づく。自分の理想の未来を見いだしたり、成功に必要な楽観と回復力（レジリエンス）[1★]を育んだりすることを学ぶ。練習によって共感の力を意識的に高められることを発見する。社会的な技能は訓練によって十分身につけられることや、他人に愛してもらいやすくできることを学ぶ。

私が一番満足しているのは、SIYが現代社会の真っただ中の企業の現場で、ごく普通の人にどれほど有効かわかったことだ。瞑想の伝統をもつ文化に属する人が禅堂かどこかに引きこもって集中的に修行したときにSIYが効果をあげたのだとしたら、誰もたいして驚かないだろう。だが、SIYの受講者はストレスの大きな環境で働き、実社会で暮らす、家族持ちの世俗の平均

1★ レジリエンスは、2011年の東日本大震災以降、日本でも使われる言葉となった。とくに近年は、ビジネスパーソンに必要なスキルとして注目を浴びるようになった。

的アメリカ人であり、その彼らが七週間という期間に合計二〇時間を教室で過ごすだけで人生を変えられるのだ。

ＳＩＹは次の三つのステップから成る。[2★]

1　注意力のトレーニング
2　自己認識と自制
3　役に立つ心の習慣の創出

注意力のトレーニング

注意力は高度な認知的能力や情動的能力の基礎だ。したがって、ＥＱを鍛えるためのカリキュラムはどんなものであれ、注意力のトレーニングから始めなければならない。その狙いは、注意力を鍛え、穏やかであると同時に明瞭な心を生み出すことにある。そのような心がＥＱの土台になる。

自己認識と自制

鍛え上げた注意力を使い、自分の認知的プロセスや情動のプロセスを高い解像度で知覚できる

2★現在 SIY は、本書の内容をベースに、定期的にバージョンアップされており、神経科学、マインドフルネス、EQ という３つの軸から成り立つ。また、２日間のコアプログラム、プラス４週間のフォローアッププログラムにバージョンアップされている。

ようにする。そうすれば、自分の思考の流れや情動のプロセスをとても明瞭に観察できるようになる――それも、第三者の視点から客観的に。それができれば、最終的に自制を可能にする深い種類の自己認識を生み出せる。

役に立つ心の習慣の創出

誰であろうと人と会ったらかならず、「この人が幸せになりますように」と、まず反射的に思う習慣が身についているところを想像してほしい。そんな習慣があれば、職場が一変する。このような誠実な善意にほかの人が無意識のうちに気づくし、とても建設的な協力関係につながる種類の信頼をあなたが生み出すからだ。そうした習慣は、自分の意思で身につけられる。

ＳＩＹを開発するために、私たちはこの話題に関する選りすぐりの科学的データを集め、一流の人材を結集した。そして、成功すること請け合いのカリキュラムを創り上げた。だから、これを見逃したら後悔するだろう。ＳＩＹによってあなたの人生も変わる。ほんとうに、根本から。

わくわくするような旅にあなたが乗り出すにあたって、この本は貴重な拠り所になると、私は自信をもって言える。あなたの旅が楽しく実り多いものとなりますように。そして、そう、その旅が世界の平和のためにもなりますように。

1

エンジニアでさえ EQで成功できる

ＥＱとは何か、ＥＱはどうやって育めばいいか

私たちの過去に残されたものも、私たちの未来に待ち受けているものも、
私たちの中にあるものと比べれば取るに足りない。
――ラルフ・ウォルドー・エマソン

私たちがいっしょに乗り出す旅を、楽観的な調子で始めたい。ひとつには、悲観的な調子で始まる本は売れないから。だが、もっと重要な理由がある。グーグルそのほかで私たちのチームが教えた経験から、ＥＱは仕事での成功と人生の充実を占ううえで優れた判断材料になるし、誰にでも教えられるという楽観的な見方を私はしているからだ。正しいトレーニングを受けさえすれば、誰もが今よりＥＱを伸ばせる。「メンに料理ができるなら、あなたにもできる」というわけで、私のようにはなはだ内気で理性的なエンジニアでもうまくいくなら、おそらくあなたもうまくいくはずだ。

ＥＱの最善の定義はＥＱの理論的枠組みの父と広く見なされているピーター・サロベイとジョン・Ｄ・メイヤー★のふたりによるものだ。彼らによるとＥＱとは次のように定義される。

> 自分自身と他人の気持ちや情動をモニターし、見分け、その情報を使って自分の思考や行動を導く能力(1)。

ＥＱというトピックを社会に浸透させたのが、この分野の草分けとなる『ＥＱ——こころの知能指数』という本で、私たちの友人でアドバイザーのダニエル・ゴールマンが書いた。この本の中でもとりわけ重要なのは、情動的な能力は生まれつきの才能ではなく、学んで身につけた能力

★ ピーター・サロベイは、イェール大学の現学長であり、社会学者。ジョン・D・メイヤーは、ニューハンプシャー大学の心理学者。二人がEQの概念の基礎をつくった。

(1) Peter Salovey and John D. Mayer, "Emotional Intelligence," *Imagination, Cognition, and Personality* 9, no. 3 (1990), 185-211.

であるというメッセージだろう。つまり情動的な能力は、練習の積み重ねで意識的に獲得できるのだ。

ゴールマンはＥＱを五つの領域に分類することで、ＥＱの構造をとても捉えやすくしている。

1　自己認識――自分の内面の状態、好み、資質、直感を知ること
2　自己統制――自分の内面の状態、衝動、資質を管理すること
3　モチベーション（動機づけ）――目標達成をもたらしたり助けたりする情動的な傾向
4　共感――他人の気持ち、欲求、関心を認識すること
5　社会的技能――他人から望ましい反応を引き出すのに熟達していること

ＳＱ（社会的な知能）とＥＱに関する研究を行なったのはサロベイとメイヤーだけではない。たとえば、ハワード・ガードナーは複数の知能という考え方を提唱したことで有名だ。ガードナーによると、人はＩＱテストでは測定できない知能をもちうるという。たとえば、算数の問題を解くのが得意でない子供も、言語芸術あるいは作曲が得意かもしれない。したがって、彼らも高い知能をもっていると考えるべきなのだ。ガードナーは七つの知能を考え出した（後に、もうひとつ加えた）。そのうちふたつ（内省的《イントラパーソナル》知能と対人的《インターパーソナル》知能）はＥＱにとってとりわけ重要だ。

ガードナーはこのふたつを「人格的知能《パーソナル》」と呼んでいる。ゴールマンのEQの五領域は、ガードナーの人格的知能と見事に呼応しており、EQの最初の三領域は個人の内省的知能、残る二領域は対人的知能と見なせる。

おかしな話だが、EQとは学んで身につける能力であることを私に一番うまく納得させてくれたのは、学術的な出版物ではなく、『クリスマス・キャロル』に出てくるエベニーザ・スクルージの物語だ(2)。物語の冒頭では、スクルージは低いEQの権化として描かれている。彼の内省的知能はあまりにも低いので、お金はたっぷりあっても自分のために情動的に良好な状態を生み出せない。それどころか、自己認識があまりにお粗末なので、精霊に三人がかりで助けてもらわなければ、自分が何者かわからない体《てい》たらくだ。対人的知能の低さはもちろん知ってのとおり。だが、物語の結末が近づくと、スクルージはEQ向上の模範例となる。高い自己認識を育み、自分の情動的な運命を自らコントロールできるようになり、共感能力と社会的な技能が花開く。EQは伸ばせることをスクルージは実証してくれる（私がテレビで見た話では、彼はコマーシャルも含めてたかだか二時間でそれを成し遂げたが、個人差はあるだろう）。

本書でも後ほどEQの各領域をどう伸ばすかを詳しく検討するが、幸いクリスマスの精霊たちに訪ねてきてもらうには及ばないはずだ。

(2) このつながりを最初に私に教えてくれたのは、次に挙げた YouTube の短いビデオだ。"Scrooge and his Emotional Intelligence," https://www.youtube.com/watch?v=_7IsWs_m4vE.

EQの恩恵

トレーニング・ビジネスに勤《いそ》しむ友人たちが「だからどうなんだ？」クエスチョンと呼ぶ重要な疑問がある。たとえば、「ああ、とても素晴らしいね。でも、私にとってEQは何の得になるんだい？」というのがそれだ。職場というコンテクストでは、EQのおかげで三つの大切な技能を発揮できる。優れた職務遂行能力、抜群のリーダーシップ、幸せのお膳立てをする能力だ。

優れた職務遂行能力

EQが最初にもたらしてくれるのは、優れた職務遂行能力だ。さまざまな研究によって立証されているとおり、優秀さの要因としては純粋な知性や専門知識よりも情動面での能力のほうが二倍も重要だ(3)。現代のポジティブ心理学の父で、学習性の楽観という発想の創始者とされるマーティン・セリグマンの研究によると、楽観的な保険のセールスマンは悲観的な保険業者よりも、一年目で八パーセント、二年目で三一パーセント売り上げが多かったという(4)（そう。私はベストセラーを書けると楽観している。訊いてくれてありがとう）。

これは私には少しも意外ではなかった。なにせ、情動面での能力が明らかに物を言う仕事は、セールスや顧客サービスの分野にはたくさんある。誰もがすでに、この能力の効用を直感的に

(3) Daniel Goleman, *Working with Emotional Intelligence* (New York: Bantam, 1998)［邦訳：『ビジネスEQ――感情コンピテンスを仕事に生かす』（梅津祐良訳、東洋経済新報社、2000年）］。ここで触れた研究は第三章と付録2で説明されている。

(4) Martin E. Seligman, *Learned Optimism: How to Change Your Mind and Your Life* (New York: Vintage Books, 1990).

知っている。私が意外だったのは、テクノロジー部門の個々の貢献者、つまり純粋に知的な能力だけで成功することが見込まれる私のようなエンジニアにもそれが当てはまるという報告だ。ある研究によると、テクノロジー部門で業績が月並みな人から優れた人を際立たせている上位六つの能力は以下の順だ。

1　強い達成意欲と高い達成基準
2　影響を与える能力
3　抽象的思考力
4　分析能力
5　難題を引き受けるイニシアティブ
6　自信(5)

この六つのうち、純粋に知的な能力はふたつ（抽象的思考力と分析能力）だけだ。上位のふたつを含め、残る四つは情動的な能力にほかならない。

ＥＱが優れていれば、誰もが職場で秀でることができる。エンジニアでさえも。

(5) Daniel Goleman, "Social Intelligence: The New Science of Human Relationships" (講演、Authors@Google, Mountain View, CA, August 3, 2007), https://www.youtube.com/watch?v=-hoo_dIOP8k.

抜群のリーダーシップ

ＥＱが高いと良いリーダーになれる。たいていの人は、自分が率いる人や自分を率いる人と日常的に交流するなかで、それを直感的に理解している。その直感を裏づける科学的証拠もある。たとえばゴールマンが報告した分析によれば、卓越したリーダーを際立たせる能力の八〇～一〇〇パーセントを情動面での能力が占めるそうだ。(6) 彼は、コスト削減という痛みを伴うプロセスを実行しなければならなかったジェラルド・グリンスタインというＣＥＯの話を例に引いて説明している。グリンスタインはタフではあるが、卓越した対人的技能をもっているので、従業員の協力を勝ち取り、苦渋の決断を下さなければならなかったにもかかわらず、従業員の忠誠心と士気を高水準で維持しながら、一時は傾いていた企業を立て直した。それどころか、グリンスタインはこのマジックを一度ではなく二度やってのけた。一度目はウエスタン航空のＣＥＯとして、二度目はデルタ航空のＣＥＯとして。経営危機のさなかにデルタに着任したグリンスタインは、ただちに社内のさまざまなコミュニケーションのラインや信頼関係を復旧させにかかった。ポジティブな職場環境を生み出すことの重要性を理解していたからだ。そして、リーダーシップの並外れた技能（ＥＱ）を使い、険悪な職場環境をもっと家庭的な雰囲気に変えた。

私にしてみれば、これまた少しも意外ではなかった。リーダーシップにＥＱが重要なことを、私たちはすでに直感的に理解しているからだ。意外だったのは、これがアメリカ海軍にさえ当て

（6）Goleman, *Working with Emotional Intelligence*〔邦訳：前掲『ビジネスＥＱ』〕. そのデータ分析は第八章と付録２で説明されている。

はまることだ。リーダーシップの専門家、ウォレス・バックマンによる研究で、アメリカ海軍のとりわけ有能な指揮官たちは、「並みの指揮官たちよりもポジティブで、社交性に富み、情動表現が豊かで劇的で、温かくて愛想が良く（たくさん笑顔を見せ）、人懐こく、民主的で、協力的で、人好きがし、『いっしょにいて楽しく』、感謝の念を表し、他人を信用し、穏やかですらある[7]」ことがわかった。

私は軍隊のリーダーシップというと、厳格そのものの人が怒鳴り声で命令し、絶対服従があたりまえと考えている人が頭に浮かぶので、軍隊という環境においてさえ、並みのリーダーから卓越したリーダーを際立たせるのがＥＱだというのには、目を見張らされる。軍隊の一流の指揮官というのは、基本的に善良で、いっしょにいるのが楽しい人たちなのだ。バックマンの研究論文の題が「ナイス・ガイが一位になる」だったのだから愉快だ。

幸せのお膳立てをする能力

おそらくこれが一番重要なのだろうが、ＥＱは、私たちが自分自身の持続可能な幸せのお膳立てをするのを助ける技能をもたらしてくれる。マチウ・リカールは、幸せとは「ずば抜けて健全な心から湧き起こる、好調の極みにあるという深い感覚……ただの気持ちの良い感覚やはかない情動、あるいは気分ではなく、最適の存在状態[8]」と定義している。そして、その最適の存在状

(7) Wallace Bachman, "Nice Guys Finish First: A SYMLOG Analysis of U.S. Naval Commands," in The SYMLOG Practitioner, ed. *Polley, Hare, and Stone* (New York): Praeger, 1988): 133-153.

(8) Matthieu Ricard, *Happiness: A Guide to Developing Life's Most Important Skill* (New York: Little, Brown and Company, 2006)［邦訳：『幸福の探求——人生で最も大切な技術』（竹中ブラウン・厚子訳、評言社、2008）］.

態は「心がどう機能するかを鋭敏に理解することで到達する深遠な情動のバランス」だという。

マチウの経験では、幸せはトレーニングで身につけることのできる技能だ。そのトレーニングは心や情動、現象の経験に対する深い洞察で始まり、それがその後、私たちの内面の健やかさを深い水準で最大化する練習を促進し、最終的には、持続可能な幸せと思いやりを生み出す。

私自身の経験もマチウのものに似ている。若いころの私は、当然とても不幸せだった。何も良いことが起こらないと、基本設定によって不幸せになった。ところが、今はまったく逆だ。何も悪いことが起こらないと、基本設定によって幸せでいられる。あまりにも自然に陽気でいられるので、「陽気な善人」というのがグーグルでの仕事の肩書の一部になった。誰もが、愉快な経験の強烈な幸福感や、不愉快な経験の痛みが薄れたあとに戻り着く、幸せの設定値というものをもっている。私たちの多くは、この設定値は固定されていると思い込んでいるが、私の個人的な経験からも、また、マチウをはじめとする大勢の人の経験からも、意識的なトレーニングによって変えられることがわかる。

幸い、EQを養うのに役立つ技能は、健やかさの深い感覚に貢献する内面的な要因を識別して育むのにも役立つ。EQを鍛えてくれるのと同じものが、私たち自身の幸せのお膳立てをするのを助けてくれる。したがって、幸せはEQを養うのに伴う、避けようのない副作用なのかもしれない。回復力、楽観、優しさなど、副作用はほかにもある（かかりつけの医師に電話して、幸せになっても大丈夫かどうか確かめたほうがいいかもしれない)。

じつを言うと、ＥＱがもたらしてくれる三つの良いことのうち、これにこそ私は一番関心がある(シーッ! あなたひとりと、残る一〇〇万人の読者の胸の内に収めておいてほしいのだが、優れた職務遂行能力と抜群のリーダーシップという最初のふたつは、役には立つし、本物だし、科学的な証拠の裏づけもあるとはいえ、私はそれをおもに、上層部の承認を得るために使っている)。私がほんとうに関心があるのは、同僚の幸せだ。だからＥＱに私は胸を躍らせている。ＥＱは、仕事で素晴らしい成功を収めるお膳立てをするだけではない。すべての人の個人的な幸せを実現するためのお膳立てにもなる。そして、私は幸せが大好きだ。

汝自身を最適化せよ

これまでに述べたことをひと言でまとめる言葉があるとしたら(ヒント ある)、その言葉は「最適化」だ。ＥＱを伸ばす目的は、あなたが自分自身を最適化して、すでにできる以上の水準でも機能するのを助けることだ。たとえあなたが、すでに自分の仕事を見事にこなしていても(グーグルの私たちのクラスでは全員がそうしている)、情動面の能力を研ぎ澄まし、深めれば、あなたはさらに進歩できる。あなたが優れた状態からさらに優れた状態へと進むのに、本書に書かれたトレーニングが役立つことを私たちは願っている。

ＥＱを養う

ＳＩＹのように「ＥＱ講座」と銘打つ講座にやって来る人のほとんどは、純粋に行動に関する講座を期待している。仲良く遊び、キャンディを分け合い、同僚に噛みついたりしない方法を教えてもらえると思っている。

私たちはまったく違うアプローチをとることにし、人々の情動面での能力の範囲と深さを増すことにもっぱら焦点を絞った。ＥＱはさまざまな情動面の技能の集まりであり、あらゆる技能と同じように、情動面の技能もトレーニングで身につけられるという洞察が私たちの出発点だ。私たちはそれらの技能を身につける講座を創り上げた。私たちは、技能を伸ばせば行動面の問題は自動的に解消すると感じている。たとえば、自分の怒りを巧みに管理する能力を獲得すれば、怒りにまつわる行動面での問題は「自動的に」すべて解決されるだろう。情動面で熟達すれば、情動的な衝動から解放される。私たちが問題を起こすのは、情動に駆り立てられて行動を起こすときだが、情動の扱いが上手になって、もう情動的な衝動に負けなくなれば、自分にとっても誰にとっても最善の、分別ある行動がとれる。そして、仲良く遊び、キャンディを分け合い、同僚に噛みついたりしなくなる。

ＥＱは大人になっても鍛えることができる。この主張は、「神経可塑性」という、かなり新しい科学分野の考え方に基づいている。これは、私たちが考えたり、したり、注意を払ったりすることが、脳の構造と機能を変えるという考え方だ。ロンドンの昔ながらの黒いタクシーの運転手たちが、じつに興味深い例を提供してくれる。試験に合格してそうした黒いタクシーの運転免許を取得するには、ロンドンの二万五〇〇〇もある通りとめぼしい場所をすべて頭の中の地図に入れておかなければならない。これは難しい試験で、準備には厳しいトレーニングを二年から四年続ける必要がある。記憶と空間ナビゲーションにかかわる「海馬《かいば》」という脳の領域が、ロンドンのタクシー運転手のほうが平均的な人よりも大きくて活動が盛んであることが研究からわかっている。それだけではない。ロンドンでタクシーを運転している期間が長いほど、海馬は大きく活動的になるのだからおもしろい(9)。

神経可塑性は重大な意味合いをもっている。私たちはトレーニングによって脳を意図的に変えられるのだ。たとえば、私の友人でＳＩＹの講師仲間のフィリップ・ゴールディンが研究で示したように、社交不安障害の人はわずか一六回の認知行動療法（ＣＢＴ）セッションを受けるだけで、自己統制や言語処理や注意と結びついている脳の領域の活動を、ネガティブな自己信念に対処しているときに増やすことができる(10)。考えてみてほしい。脳を鍛えれば、深刻な情動障害で

(9) Katherine Woollett, Hugo J. Spiers, Eleanor A. Maguire, "Talent in the Taxi:A Model System for Exploring Expertise," *Philosophical Transactions of the Royal Society* 364, no. 1522 (2009): 1407-1416.

(10) 未発表のデータ。Philippe Goldin, Ph.D. "Cognitive reappraisal of emotion after Cognitive-Behavioral Therapy for Social Anxiety Disorder." Presented at the annual conference of the Association of Behavioral and Cognitive Therapies, Orlando, Fl, November 2008.

さえ克服できるのなら、それを応用して私たちの人生の情動面をどれだけ改善できることか。これこそ、この本で語られる科学と練習が約束するものなのだ。

　思わず目を奪われるような神経可塑性の応用例が、クリストファー・デシャームらによる研究から得られる[11]。デシャームらは慢性的な痛みに苦しむ人たちを磁気共鳴映像法（ＭＲＩ）のスキャナーの中に横たわらせ、リアルタイムの機能的磁気共鳴映像法（ｒｔｆＭＲＩ）テクノロジーを使いながら、ビデオ画面で炎の映像を見せた。その映像は、痛みと結びついている脳領域の神経活動が盛んになれば炎が大きくなり、下火になれば炎も小さくなるように設定してあった。デシャームらはこの視覚ディスプレイを使い、被験者に脳活動を抑え込むことを学習してもらった。すると、被験者は痛みのレベルが下がったことを報告した。デシャームはこれを「神経イメージングセラピー」と呼んでいる。

　脳は訓練できる。素晴らしいではないか！

注意力を鍛える

　ＥＱのトレーニングはどこから始めればいいだろう？　まず、注意力を鍛えることだ。これは一見すると直感に反する気がするかもしれない。注意力が情動面での技能とどう関係があると

(11) R. Christopher deCharms, et al., "Control Over Brain Activation and Pain Learned by Using Real-Time Functional MRI," *Proceedings of the National Academy of Sciences of the United States of America* 102, no. 51 (2005): 18626-18631. PubMed. R. Christopher deCharms, "Reading and Controlling Human Brain Activation Using Real-Time Functional Magnetic Resonance Imaging," *Trends in Cognitive Sciences* 11, no. 11 (2007): 473-481 も参照のこと。

いうのか？

じつは、穏やかさや明瞭さをもたらす強くて安定した鋭敏な注意は、ＥＱを築き上げる土台なのだ。たとえば、自己認識は自分を客観的に眺める能力があってこそのもので、客観的に眺めるには、自分の思考と情動を第三者の立場から眺める能力を必要とする。情動に翻弄されるのではなく、情動と同化するのではなく、ひたすら情動を明瞭に客観的に眺めることだ。そのためには、安定していて、明瞭で、評価や判断とは無縁の注意が求められる。別の例からは、注意力が自己統制と結びついていることがわかる。「反応柔軟性」という能力がある。たいそうな名前だが、行動を起こす前に間《ま》を置く能力ということだ。強い情動的刺激を経験しても、普通するようにただちに反応する（たとえば、むかつくドライバーにブーイングを浴びせる）かわりに、一瞬だけ間を置く。するとそのあいだに、その情動に満ちた状況でどう反応したいか選ぶことができる（たとえば、そのドライバーにブーイングを浴びせるのをやめることにする。すると、ひどく面倒なことにならずに済むかもしれない。相手が頭に血の上った老人で、手元にゴルフクラブが何本もあって、しかも、あなたがつき合っている女性の父親ともかぎらないから）。この能力も、明瞭で揺らぐことのない注意力があってこそのものだ。

ヴィクトール・フランクルの言葉を借りれば、「刺激と反応とのあいだには間隔がある。その間隔に、反応を選ぶ私たちの自由と力がある。私たちの反応の中には、成長と幸せがある」。穏

★ ヴェトナム出身の禅僧、平和運動家、詩人。ダライ・ラマ14世と並び、世界的な平和活動に取り組む。キング牧師に大きな影響を与え、ノーベル平和賞候補にも推薦された。仏教、マインドフルネスを世界に伝える活動を行なっている。

（12）Jon Kabat-Zinn, *Wherever You Go, There You Are: Mindfulness Meditation in Everyday Life* (New York: Hyperion, 1994).

やかで明瞭な心は、私たちのためにその間隔を広げてくれるのだ。

注意力のこの特質を鍛える方法は、「マインドフルネス瞑想」と呼ばれる。ジョン・カバットジンはマインドフルネスを、「特別な形、つまり意図的に、今の瞬間に、評価や判断とは無縁の形で注意を払うこと[12]」と定義する。ヴェトナムの有名な禅師、ティク・ナット・ハン★は、マインドフルネスを、「自分の意識を今の現実に敏感に保つこと[13]」ととても詩的に定義している。私はこれがとても気に入っているが、経験から言うと、ジョンの定義のほうがエンジニアには説明しやすいし、私はエンジニアが好きだ。マインドフルネスは私たちの誰もがときどき経験し、楽しむ心の特質だが、練習によって大幅に強化できるし、いったん十分強化されれば、ＥＱの土台となる穏やかで明瞭な注意に直結する。

注意を統制する能力を伸ばせば、情動に対する自分の反応のしかたに大きな影響を与えられるという、科学的な証拠がある。神経画像研究者のジュリー・ブレフツィンスキー＝ルイスらによる興味深い研究によってわかったのだが、瞑想の達人（一万時間以上の瞑想修行を終えた人）たちにネガティブな音声（たとえば、女性の悲鳴）を聞かせると、扁桃体と呼ばれる情動的な脳の領域が、未熟な瞑想者と比べてあまり活性化しなかった[14]。そのうえ、瞑想修行に長い時間をかけてきた達人ほど、扁桃体の活性の度合いは低かった。これはおおいに注目に値する。扁桃体は脳の中で特権的な地位にあるからだ。扁桃体は、いわば脳の門番で、生存に対する脅威を見つけ

(13) Thich Nhat Hanh, *The Miracle of Mindfulness: An Introduction to the Practice of Meditation* (Boston: Beacon Press, 1999).

(14) J. A.Brefczynski-Lewis, et al., "Neural Correlates of Attentional Expertise in Long-Term Meditation Practitioners," *Proceedings of the National Academy of Sciences of the United States of America* 104, no. 27 (2007): 11483-11488.

出すために、私たちが目にしているものを常時スキャンしている。

扁桃体は敏感に反応を示す。あとで後悔するよりは先に用心するにこしたことはないという主義なのだ。扁桃体は、あなたの生存に対する脅威と思える事態、たとえばサーベルタイガーが猛然と迫ってくるのや上司があなたを鼻先であしらっているのなどに気づくと、あなたを「闘争・逃走」に備えたフリーズモードにして、分別ある思考を損なう。注意力のトレーニングをするだけで、扁桃体のように原始的で重要な脳の部位を上手に統制できるようになれるのだから、素晴らしいことだと思う。

カリフォルニア大学ロサンジェルス校のマシュー・リーバーマンの研究室による研究の結果もある(15)。「情動ラベリング」と呼ばれる自己統制の単純なテクニックがあり、これはたんに気持ちに単語のラベルをつけるというものだ。たとえば、「私は怒りを感じる」というように、自分が経験している情動にラベルをつけると、どういうわけか、その情動を管理しやすくなる。リーバーマンはこのプロセスの裏にはどんな神経の仕組みがあるか推測している。証拠を見ると、情動ラベリングをしているときには、右の腹側外側前頭前野《ふくそくがいそくぜんとうぜんや》の活動が増えるらしい。この部位は、一般に脳の「ブレーキ・ペダル」と見なされており、内側前頭前野《ないそくぜんとうぜんや》と呼ばれる脳の執行中枢の一部を活性化させる。すると、扁桃体の反応が抑制される。

これと関連したデイヴィッド・クレスウェルとマシュー・リーバーマンの研究もある。マイン

(15) Matthew Lieberman, et al., "Putting Feelings into Words: Affect Labeling Disrupts Amygdala Activity in Response to Affective Stimuli," *Psychological Science* 18, no. 5 (2007):421-428.

(16) J. D. Creswell, et al., "Neural Correlates of Dispositional Mindfulness during Affect Labeling," *Psychosomatic Medicine* 69, no. 6 (2007):560-565.

ドフルネスが得意な人は、今説明した神経プロセスがさらにうまく働き、腹側内側前頭前野と呼ばれる脳の部位も動員される。どうやらマインドフルネスは、脳が自分の回路網をもっと活用し、情動をより効果的に管理するのを助けるらしい(16)。

生理的なレベルで鍛える

強力で安定していて鋭敏な注意力を養ったら、それを使ってどうすればいいだろう? もちろん、自分の体にその注意を向けるのだ。これもまた、少し直感に反するように思える。ＥＱを伸ばすのに体が何の関係があるというのか?

自分の体に働きかけるのには、とても大切な理由がふたつある。鮮明さと解像度だ。どの情動も体と結びついている。研究者から幸せの戦略家に転向したローラ・デリゾンナ博士は情動を、「識別可能な自律神経系の変化あるいは身体的な変化を特徴とする基本的な生理的状態(17)」ととてもうまく定義している。どんな情動経験もただの心理的経験ではなく、生理的経験でもあるのだ。

私たちはたいてい、心よりも体で情動をより鮮明に経験できる。したがって、情動を知覚しようとしているときには、注意を心ではなく体に向けたほうが見返りが大きい。

(17) Laura Delizonna and Ted Anstedt, "Enhancing Emotional Intelligence" (unpublished manuscript, 2011). ウィリアム・ジェイムスとカール・ランゲによる有名なジェイムス＝ランゲ説もこれと関連がある。この説は、身体的反応における変化は情動的経験が起こるための必要条件であるというものだ。

さらに重要なのだが、注意を体に向ければ、情動の高解像度の知覚が得られる。「高解像度の知覚」というのはつまり、知覚が時間的にも空間的にも高度に洗練されるため、情動が湧き起こってくる瞬間にその情動を眺めたり、それが増減するときの微妙な変化を知覚したり、消えてなくなる瞬間にもその情動を見守ったりできることを意味する。この能力が重要なのは、自分の情動をうまく知覚できるほど、その情動をうまく管理できるからだ。情動が湧き起こり、変化するところをスローモーションで知覚できれば、情動の管理が素晴らしく上達する。映画『マトリックス』でキアヌ・リーヴズ演じるネオが、弾丸が発射された瞬間にそれを知覚して、飛んで来る弾丸をスローモーションで見られるようになり、うまくかわす見事なシーンを、あなたも実際に演じているようなものだ。まあ、そこまで見栄えはしないかもしれないが、私の言いたいことはわかってもらえるだろう。私たちはネオとは違って、時間の流れを遅らせることで自分の離れ業をやってのけるわけではなく、情動の経験を知覚する能力を大幅にアップグレードすることでそれを可能にする。

情動を高解像度で知覚する能力を育むには、マインドフルネスを体に向けることだ。怒りを例にとれば、自分の心をたえず観察し、怒りが心に湧き起こる瞬間を捉えられるように、自分を訓練できるだろう。とはいえ、私たちの経験から言うと、体の中でそれをやるほうがはるかに簡単で効果的だ。たとえば、胸と額を締めつけられる感覚や浅い呼吸といった身体的な感覚と怒りが結びついているのであれば、対人関係で厄介な状況に陥って、胸が締めつけられ、息が浅くなり、額がこわばった途端、怒りが湧き起こってくるのが予期できる。そうとわかれば、自ら選んだやり方で反応できる（たとえば、あとで後悔するのがわかっていることをする前に部屋を出るとか、その状況にふさわしいのであれば怒りが燃え上がるのを許すとか）。

基本的に、情動はとても強い生理的要素を伴うので、私たちは生理的レベルで処置をしないかぎり、ＥＱを育むことは望めない。だからこそ、マインドフルネスをそこへ向けるのだ。

最後になったが、これまた重要なことがある。体を高解像度で知覚する能力を育むと役立つのは、直感力を強められるからでもある。直感の多くは体に由来する。だから、体に耳を傾けることを学べば、とても実りが多い。ここで、マルコム・グラッドウェルの『第１感――「最初の２秒」の「なんとなく」が正しい』から格好の例を引こう。

想像してほしい。私があなたにとても単純なギャンブルのゲームをするように頼んだとしよう。あなたの目の前にはカードが四組ある。ふた組は赤、ふた組は青だ。この四組からどのカードを引いても、もらえる報酬あるいは支払わされる罰金が記されている。あなたの仕事は、利益を最大にするような形で、どの組からでもかまわないから一枚ずつカードをめくること。ただし、最初あなたは知らされていないが、赤のカードの組はいわば地雷原だ。……このゲームに勝つには、青いトランプの組からだけカードを取らなくてはいけない。……問題は、あなたがそれに気づくのにどれだけかかるかだ。

数年前、アイオワ大学の科学者たちがこの実験を行なったところ、たいていの人は五〇枚ほどめくったころに、なんとなく状況が呑み込めてくるようだった。その時点で、なぜ自分が青いカードの組を好むのかはわからないけれど、青のほうが望ましいことを確信するようになる。そして、八〇枚ほどめくったころには、ほとんどの人が仕掛けを見破り、なぜ赤の組のカードをめくるのが良くないか、はっきり説明できる。だが、アイオワ大学の科学者たちはほかにもやったことがある。そして、実験はそこから奇妙な展開を見せ始めた。彼らは被験者にポリグラフ（嘘発見器）をつけ、手のひらの皮膚の内側にある汗腺の活動を測定した。汗腺の大半は温度に反応するが、手のひらの汗腺はストレスを受けたときに開く。だから私たちは不安になると手が湿っぽくなるのだ。アイオワ大学の科学者たちは、被験者たちが一〇枚めくったころに赤の組に対してストレス反応を起こし始めることを発見した。これは、赤の組はどうも良くないという気がすることを口に出せる四〇枚も前だ。さらに重要なことがある。手のひらに汗がにじんでくる、ちょうどそのころ、被験者の行動にも変化が現れだした。彼らはしだいに青の組を選び始めたのだ[18]。

（18） Malcolm Gladwell, *Blink: The Power of Thinking Without Thinking* (New York: Little, Brown and Company, 2005)［邦訳：『第１感――「最初の２秒」の「なんとなく」が正しい』（沢田博・阿部尚美訳、光文社、2006年）］．

直感が体で経験される理由は神経学的に説明できるかもしれない。マシュー・リーバーマンがさまざまな研究を再検討すると、「大脳基底核が潜在学習と直感の両方の神経解剖学的基盤であることを示唆する証拠」が見られた。大脳基底核の背景説明は、またしても私たちの友、ダニエル・ゴールマンが見事にやってくれる。

大脳基底核は、私たちがやることなすことのいっさいを観察し、そこから決定の規則を引き出す。……どんなトピックに関するものであれ、私たちの人生の知恵は大脳基底核にしまわれている。大脳基底核はあまりに原始的なので、言語を司る大脳皮質とはまったくつながっていない。だから、自分が知っていることを言葉で私たちに伝えられない。脳の情動中枢や内臓とはよくつながっていて、気持ちという形で語りかけてくる。これは正しい、これは間違っているということを直感的な感覚として伝える。[19]

だから直感は体や腹の底で感じられるものの、言葉ではなかなか言い表せないのかもしれない。

マインドフルネスからＥＱへ

ＥＱを養う私たちのアプローチはマインドフルネスから始まる。私たちはマインドフルネスを

(19) Daniel Goleman, "Social Intelligence: The New Science of Human Relationships" (lecture, Authors@Google, Mountain View, CA, August 3, 2007), https://www.youtube.com/watch?v=-hoo_dIOP8k.

使って注意力を鍛え、明瞭で安定したものにする。それから、その強烈な注意力を情動の生理的な面に向け、鮮明に高解像度で情動を知覚できるようにする。情動経験を高水準の明瞭さと解像度で知覚する能力は、ＥＱの土台となる。

そして、私たちはいつまでも幸せに暮らせる。めでたし、めでたし。

これからの章では、このアプローチをもっと詳しく取り上げ、その上に新たな技能を積み上げ、ＥＱの五領域のすべてを伸ばすことにする。

二分間でできるマインドフルネス

私と娘はたいてい毎晩寝る前に腰を下ろして、マインドフルな状態で二分間過ごす。よく冗談で言うのだが、二分というのは、子供やエンジニアが注意を持続できる時間だからだ。私たちは生きていていっしょにいることを毎日二分間、静かに楽しむ。もっと根本的には、存在していることを毎日二分間楽しむ。たんに、あるがままでいることを。たんに存在するというのは、人生で一番あたりまえであると同時に一番貴重な経験だ。

私はたいてい、子供相手の経験を踏まえて大人に教える。だから、この毎日二分の経験が、大人向けの入門クラスで私がマインドフルネスの練習を導入するときの基礎になっている。

マインドフルネスを学んだり教えたりする際にありがたいのは、マインドフルネスが呆れるほどやさしいことだ。なぜやさしいかといえば、私たちはそれがどんなものかをもう知っていて、すでにときどき経験しているからだ。ジョン・カバットジンによるマインドフルネスの巧みな定義を思い出してほしい。「特別な形、つまり意図的に、今の瞬間に、評価や判断とは無縁の形で注意を払うこと」。ごく簡単に言ってしまえば、マインドフルネスとはただあるがままでいるときの心だと思う。評価や判断を下すことなく一瞬一瞬に注意を払いさえすればいい。それほど単純なのだ。

マインドフルネスの練習で難しいのは、マインドフルネスを深め、強め、持続させること、とりわけ、試練の時にそうすることだ。人生のどんな瞬間にも、たとえ苦境にあってさえ、深い穏やかさとその時点における鮮明な存在感覚に満ちているほど強力なマインドフルネスを身につけるのはとても難しく、それには長い時間がかかる。だが、マインドフルネスそのものはやさしい。理解するのもやさしいし、私たちの中に簡単に湧き起こる。私は教える立場として、そのやさしさをおおいに利用する。

私のクラスでは、マインドフルネスの背景にある理論と脳科学を少し説明してから、試しにマインドフルネスを経験する方法をふたつ紹介する。「やさしい手法」と「もっとやさしい手法」だ。

「やさしい手法」（なんと独創的な名前だろう）では、たんに二分間、穏やかで一貫した注意を自分の呼吸に向ける。ただそれだけのことだ。まず呼吸していることを自覚し、次に呼吸のプロセスに注意を払う。気がそれるたびに、そっと注意を向け直す。

「もっとやさしい手法」は、その名のとおり、これに輪をかけてやさしい。とくに何をするでもなく、二分間座っているだけでいい。人生でこれ以上単純なことなど、まずないだろう。狙いは、二分間だけ、何かを「する」モードから「あるがままでいる」モードへ切り替えることにある。それが何を意味するかは人それぞれだろうが、とにかく、ただあるがままに存在することだ。

さらに簡単にしたければ、二分のあいだ、いつでも「やさしい手法」と「もっとやさしい手法」を切り替えてかまわない。呼吸に意識を向けたくなったら、さっと「やさしい手法」に替えればいい。何をするでもなくただ座っていたくなったら、あっさり「もっとやさしい手法」に替えればいい。とやかく言う人など誰もいないから。

この単純なエクササイズがマインドフルネスの練習になる。頻繁にやれば、心に本来備わっている穏やかさと明瞭さが深まる。人生の一瞬一瞬を十二分に味わう道が開ける。どの一瞬もかけがえのないほど貴重なのだ。これは、私を含め、多くの人にとって人生が変わるような練習になる。考えてもみてほしい。ただあるがままでいることを学ぶという単純な行為が、あなたの人生を変えうるのだ。

何よりも素晴らしいのは、そのやり方を子供でさえ知っていることだ。ああ、それから、エンジニアでさえも。

次の章では、マインドフルネスの中へと深く飛び込んでみよう。

2

命がかかっているかのように呼吸をする

マインドフルネス瞑想の理論と実践

道は常に無為にして而《しか》も為さざるは無し。

――老子

瞑想には謎めいたところは少しもない。じつのところ、瞑想はたんなる心のトレーニングにすぎない。

ジュリー・ブレフツィンスキー＝ルイスが提唱する、瞑想の科学的な定義は、「実践者を特別な種類の心のプロセスに馴染《なじ》ませるようにデザインされた、一群の心のトレーニング活動」(1)だ。瞑想の伝統的な定義は、この現代の科学的な定義にとても近い。チベット語で瞑想は「ゴム」という。「馴染ませる」あるいは「習慣づける」という意味だ。二六〇〇年前の最古の仏典で使われているパーリ語では、瞑想を指して「バーヴァナー」という。「培う」（農作物を植えて育てる）という意味だ。瞑想の長い伝統をもつ古代社会においてさえ、瞑想は魔法のようなもの、謎めいたものとは見なされてはおらず、ただの心のトレーニングだった。だから、あなたが瞑想に魔法のような効果を期待していたのだとしたら、おあいにくさま。魔法なら、この廊下の先、三番目のドアを叩いてほしい(2)。

先ほどの瞑想の科学的な定義が的確に示しているとおり、心のさまざまな能力を鍛えるようにデザインされた多くの種類の瞑想がある。ＥＱを伸ばすという目的で私たちが関心をもっている種類の瞑想はマインドフルネス瞑想で、第1章で簡単に紹介した。

もし瞑想が心のトレーニングなのだとすれば、マインドフルネスが鍛えるのはどんな心の能力だろう？　マインドフルネスはふたつの重要な能力を鍛える。注意とメタ注意だ。注意とは何か

(1) Brefczynski-Lewis, "Neural Correlates of Attentional Expertise."

(2) じつは、魔法の場所はロンドンのキングスクロス駅の9 3/4 線なのだが、それは言ってはいけないことになっていたので。

は誰もがわかっているだろう。心理学者のウィリアム・ジェイムズは、とても気の利いた定義をしている。「心によって明瞭で鮮明な形で占有すること(3)」

メタ注意というのは、注意に対する注意、つまり、注意自体に注意を払う能力だ。わけがわからない？　単純に言えば、メタ注意というのは、自分の注意がそれたことを知る能力ということになる。たとえば、あなたが何かに注意を向けていたとしよう。いずれ、あなたの注意は別のものへとそれる。しばらくすると、あなたの心の中で何かが「カチッ」と音を立て、ほら、注意がそれたぞ、と知らせてくれる。その能力がメタ注意だ。

メタ注意をもつのは、集中力を保つ秘訣でもある。自転車に乗っているところを思い浮かべるといい。自転車のバランスを保つには、たえず、わずかな復元を繰り返す必要がある。左に少し傾いたら、少し右へ重心をずらして復元する。右に少し傾いたら、今度は少し左に重心をずらす。わずかな復元をすばやく頻繁に繰り返すことで、結果的につねにバランスがとれた状態が保てる。注意についても同じだ。あなたのメタ注意が強くなると、注意がそれてもすばやく頻繁に復元できる。そして、注意をすばやく頻繁に復元できれば、結果的につねに注意を払っている状態を保てる。それが集中力だ。

(3) William James, *The Principles of Psychology*, vol. 1 (New York: MacMillan, 1890)［邦訳：『心理学の根本問題』（松浦孝作訳、三笠書房、1940年）］.

リラックスしていて、しかも隙のない状態

瞑想の（少なくとも最初の段階で）大きな秘密は、心がリラックスしていて、しかも隙のない状態に行きつけることだ。

注意とメタ注意の両方が強くなると、おもしろいことが起こる。心がしだいに集中し、安定するけれど、リラックスした形でそうなるのだ。平らな場所で自転車のバランスを保つようなもので、練習を積めば、ほとんど努力をしなくても、リラックスしながら進み続けられるようになる。行きたいところにきちんと行きつくし、着くまでの経験が楽しくさえある。リラックスできるからだ。

練習を積めば、いつでも意のままに心をそういう状態にして、その状態を保てるようにさえなる。心がとてもリラックスして、しかも隙のない状態になれば、心の素晴らしい特質が三つ、自然に現れてくる。穏やかさと、明瞭さと、幸せだ。

ひとつたとえ話をしよう。水の入った壺があって、底には澱《おり》がたくさんたまっている。その壺をたえず揺すっていたら、水は濁る。だが、揺するのをやめて床にそっと置いておけば、水は鎮まり、しばらくすると澱が全部底にたまり、水は透き通る。これこそが、リラックスしていて、しかも隙のない心の状態を表す古典的なたとえだ。この状態では、壺を揺するのをやめるのと同

じように、心を揺り動かすのをしばらくやめたわけだ。やがて水が鎮まり、透き通って見えるのと同じで、心も穏やかで明瞭になる。

幸せなのは心の基本設定状態

穏やかで明瞭な状態の心のもつ際立った特質は、先ほどのたとえには出てこなかった。その特質とは、幸せだ。心が穏やかでしかも明瞭なとき、幸せが自発的に湧き起こる。心が自発的に、自然に、喜びに満ちあふれるのだ！

だが、それはなぜか？　そうした心の状態に意のままに行きつけるようになったあとも、私はそれが腑に落ちなかった。穏やかで明瞭な心は、なぜ自動的に幸せになるのか？　私はこの疑問を友人のアラン・ウォレスにぶつけてみた。彼は、リラックスした集中力を養う練習（「シャマサ」）に関しては、欧米で屈指の専門家だ。

理由は単純そのものだとアランは答えた。幸せなのは心の基本設定状態だからだ、と。心は穏やかで明瞭になると、基本設定に戻る。そして、その基本設定が幸せな状態なのだ。ただそれだけのこと。魔法などまったくない。心を自然な状態に戻しているだけだ。

叡智に満ちたアランはいつもの穏やかで、うれしそうで、控え目な調子でさりげなくそう言った。

だが、私にとって彼の言葉は、単純であるもののじつに深遠で、人生を変えるような洞察の表れだった。つまり、幸せは追い求めるものではなく、自ら可能にするものであるということだ。幸せは、ただあるがままでいることなのだ。この洞察が私の人生を変えた。

私にすれば、一番のジョークは、これまで世界中でさんざん幸せが追い求められてきたというのに、持続可能な幸せは、自分の呼吸に注意を向けるだけで達成できるということだ。人生とは、おかしなものだ。少なくとも私の人生は。

瞑想は運動のようなもの

澱のたまった水の壺という伝統的なたとえは、少なくとも二六〇〇年前までさかのぼる。瞑想のたとえはほかにもあり、現代人にはもっとわかりやすいものもある。体を鍛える運動というのがそれで、瞑想は、いわば心の運動だ。

スポーツジムに行くときには、体を鍛えて身体能力を伸ばそうとする。ウェイトトレーニングをすれば、やがて力がつく。定期的にジョギングをすれば、タイムが縮まり、長い距離を走れるようになる。それと同じで、瞑想は心を鍛えて心的能力を伸ばそうとするようなものだ。たとえば、瞑想のエクササイズをたくさんやれば、心が前より穏やかで鋭敏になったり、注意を強く長く集中させられるようになったりする。

私は冗談にこう言う。瞑想はスポーツジムで汗を流すようなものだ――ただし、汗を流すこともジムも抜きで。

運動と瞑想にはほかにも重要な類似点がある。どちらの場合も、抵抗を克服することで進歩する。たとえば、ウェイトトレーニングをしているとき、ダンベルの重さに抵抗して筋肉を収縮させるたびに、筋肉が少し強くなる。瞑想のときにも同じプロセスが起こる。呼吸から注意がそれ、それをもとに戻すたびに、筋肉を収縮させるのと同じで、注意の「筋肉」が少し強くなる。

そう悟ると、悪い瞑想などというものはないことがわかる。私たちの多くは、瞑想中にしばしば注意が呼吸からそれ、注意を向け直すことを繰り返さざるをえないので、やり方が間違っているように思えてくる。だがじつは、それが良いエクササイズになっている。さまよいだした注意をもとに戻すたびに、注意の筋肉に発達する機会を与えているからだ。

運動と瞑想には、こんな類似点もある。どちらも、人生の質を大きく変えうるのだ。これまで運動をしたことのない人が、定期的に運動をし始めたら、数週間後、あるいは数か月後には、自分がさまざまな点で大きく変わっていることに気づくだろう。前より活力が増し、多くのことがこなせ、具合が悪くなる回数が減り、鏡に映る姿も見栄えがし、自分におおいに満足する。瞑想も同じだ。定期的に瞑想し始めてから数週間か数か月たつと、活力が増し、心が穏やかで明瞭になり、喜びに満ちあふれ、具合が悪くなる回数が減り、微笑むことが増え、そのために社会生活が改善し、自分におおいに満足する。しかも、汗を流す必要さえない。

マインドフルネス瞑想の練習

マインドフルネス瞑想のプロセスは、図に示したとおり、とても単純だ。

このプロセスは**意図**から始まる。まず、意図（マインドフルネスの状態でいたいと望む理由）を生み出す。たとえば、ストレスを減らすことでもいいし、自分の健やかさを増すことでもいい。あなたは楽しみと実利のためにEQを養いたいのかもしれない。あるいは、世界平和か何かのお膳立てをしたいと願っているだけかもしれない。

じつは、ほんとうに面倒だったり、時間がなかったり、その両方だったりするのなら、これでもう瞑想は終わったと言ってしまってもかまわない。良い意図を生み出すという行為自体が、瞑想の一形態なのだ。意図を生み出すたびに、あなたは心の習慣をそっと形作ったり強化したりしている。同じ意図を何度も生み出せば、いずれそれが習慣化し、さまざまな状況で心の中に湧き起こり、あなたの行動を導いてくれるようになる。たとえば、自分の健やかさを気づかう意図を一日に何度も生み出せば、しばらくすると、どんな状況にあっても、あるいは、どんな決定を下すときにも、健やかさを増すような行動や決定に向かって（無意識のうちにかもしれないが）すべてを偏らせるようになるだろう。そしてそのせいで、あなたの健やかさが現に増す。

あなたの意図が他人の健やかさに向かっているときには、その傾向がさらに強まる。その意図をたっぷり生み出すだけで、ほかに何もしなくても、（やはりときには無意識のうちに）他人に対して自分が少しずつ優しく親切になっているのに、あなたは気づくかもしれない。ほどなく、多くの人があなたに好感を抱き、あなたといっしょにいたがるようになるのに、あなたにはさっぱり理由がわかりないこともあるだろう。私のルックスの良さに惹かれているのだろうなどと思うだけかもしれない。

意図を生み出したら、今度は**呼吸をたどる**。呼吸のプロセスにそっと注意を向けるだけでいい。それだけだ。

このプロセスの古典的なたとえは、町の入り口に立って出入りする人を見張っている門番だ。門番は何をするわけでもなく、出入りする人にただ目を光らせている。これと同じように、心のことを、

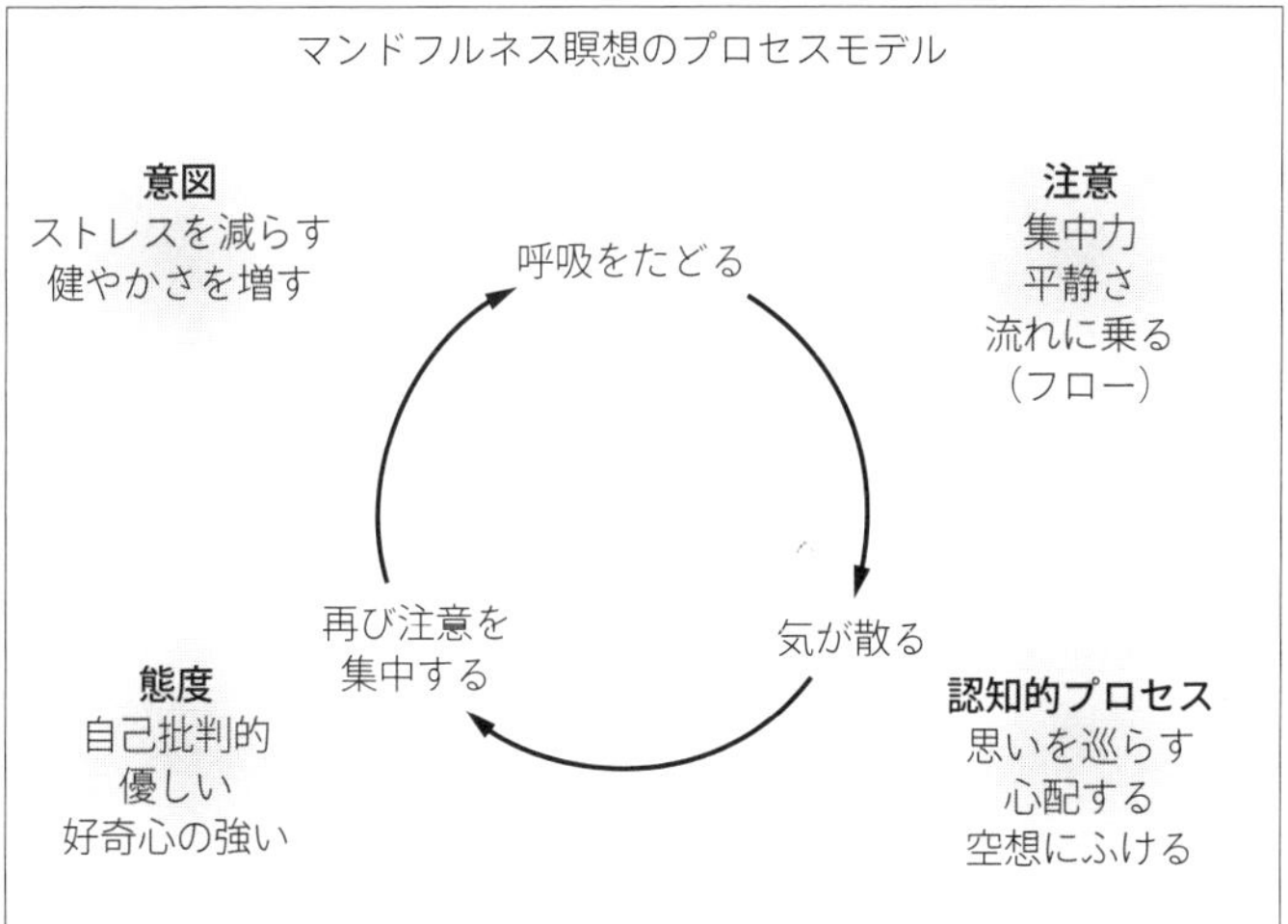

（ショーナ・シャピロの研究に基づく。フィリップ・ゴールディンの許可を得て転載）

息の出入りに目を光らせている門番と考えればいい。強そうに感じたければ、丈夫な棍棒《こんぼう》を手にしているふりをしてもかまわない。私の友人でＳＩＹの講師仲間のイヴォンヌ・ギンズバーグのもっときれいなたとえを使うと、このプロセスは、花びらにとまった蝶の体が、そよ風で上下しているところ、ということになる。あなたの注意が蝶で、花びらが息にあたる。

この時点で、**注意**が増してくる。気がつくと、心が穏やかで集中した状態になっている。フローの状態に入り、ただひたすら呼吸とひとつになってさえいるかもしれない。練習を積むと、この状態は長く続くが、たいていの人は、数秒だけだ。そして、**気が散った状態**に陥る。

その状態で、私たちはあれこれ思いを巡らせたり、心配したり、空想に耽ったりする。私は心配していないところを空想することさえある。しばらくすると、注意がそれたことに気づく。そのとき、たいていの人が見せる、基本設定された反応は、自己批判だ。私は瞑想するのがとても下手だ、だから、とくに良い人間でもないという話を自分に語り始める。幸い、これにはうまい対策がある。

第一にやるべきなのは、呼吸のプロセスに注意を戻し、たんに**注意の集中を回復する**ことだ。第二に、この章ですでに述べた重要な洞察を思い出す。さまよう注意をもとに戻すこのプロセスは、筋力トレーニングで筋肉をぎゅっと収縮させるのに等しい。これはけっして失敗ではなく、成長のプロセスであり、強力な心の「筋肉」を発達させているのだ。

第三に、自分自身に対する**態度**を自覚することだ。自分をどう扱っているか、自分についてどれほど頻繁にひどい陰口をつぶやいているか、考えてみる。できれば、その態度を、自分に向けた優しさと好奇心に替えてほしい。この変化自体も瞑想だ。そして、これまた心の習慣を形作ることにほかならない。自分に対する優しい態度を生み出すたびに、その習慣が少しずつ深まり、それを何度も繰り返せば、自己嫌悪の多くを克服できるし、自分の親友になることさえできる（映画『スペースボール』のとてもおかしい台詞《せりふ》が頭に浮かんでくる。「犬は人間にとって最良の友と言うが、私は半分人間で半分犬だから、自分自身の最良の友というわけだ」）。

　これにはいろいろやり方があるが、美しい方法として、禅の人たちが「老婆心」と呼ぶものを生み出すという手が挙げられる。愛情に満ちた祖母の心を取り入れるのだ。愛情に満ちた祖母にとって、あなたはあらゆる意味で美しく、申し分ない。どれだけ悪さをしても、あなたは非の打ち所がなく、祖母はあるがままのあなたを愛してくれる。あなたの欠点が目に入らないわけではないし、あなたが自分を傷つけるのを黙認するわけでもない。ときには断固として口を出し、あなたが大きな面倒を起こすのを防ぐことさえある。とはいえ、何があろうと、祖母にとってあなたは申し分がなく、祖母はあなたのことを愛してくれる。そんな愛情に満ちた祖母の目で自分を眺めるというのが、この練習だ。

　そして最後に、自分の呼吸をたどるところに戻り、役立ちそうなときにはいつも、自分の意図を思い起こす。お帰りなさい。

姿勢

じつは、瞑想は好きな姿勢でしてかまわない。伝統的な仏教では、おもな瞑想の姿勢が定められている。座る、立つ、歩く、横たわるの四つで、これなら、たいていの姿勢が含まれてしまいそうではないか。まったく、仏教徒は欲張りだ。

自分に合った瞑想の姿勢を選ぶとき、心に留めておくべきことがひとつだけある。ひとつだけだ。最善の瞑想姿勢というのは、**隙がなく**、しかも**リラックスした**状態を長時間保てる姿勢だ。ということは、たとえばぐたっと前屈みになった姿勢はおそらく望ましくないだろう。隙のなさにはつながらないから。背筋にぎゅっと力を入れる必要のある姿勢も望ましくない。リラックスできないだろうから。

幸い、隙をなくし、しかもリラックスするのに最適な姿勢が、瞑想家たちによって何千年もかけてすでに開発されている。この伝統的な座った姿勢は、「毘盧七支坐法」と呼ばれることがある。その七点を手短に言うとこうなる。

1　「矢のように」背筋をまっすぐ伸ばす
2　「蓮華座《れんげざ》」に足を組む
3　肩の力を抜き、「ハゲワシのように」高く、引きぎみにする
4　あごは「鉄のフックのように」心もち引く
5　目は閉じる。あるいは、虚空を見つめる
6　舌は口蓋《こうがい》につける
7　口をわずかに開き、歯は噛みしめない

この伝統的な姿勢についての詳しい説明は省く。私たちはあまり床には座らないので、この姿勢のフォーマルな形は、たいていの現代人にとって最初は難しいのがわかっているからだ。私たちは背もたれのついた椅子やソファに座り慣れているので、この伝統的な姿勢には、少なくとも最初のうち、違和感を覚える人が多い。そこで、機能的に最適化された伝統的な姿勢が存在するのを知っておいてもらいさえすればいいと思う。それをガイドラインにし、自分にとって快適な姿勢を見つける。このとき一番大切なのは、それが隙がなくリラックスした状態を保ちやすい姿勢であることだ。たとえば、足を組もうが、背もたれを使おうがかまわない。ほんとうにやりたければ、頭の上にハローキティのぬいぐるみを載せてもいい。隙がなくリラックスした状態を

保てさえすれば、それでいいのだ。
世界的に有名なチベット仏教の師、ソギャル・リンポチェは、自分にふさわしい姿勢を見つけるのに役立つ愉快な方法を提案している。堂々とした山のように座るといいと彼は言う。富士山でもキリマンジャロでも、好きな山を思い浮かべ、その山になったつもりで座るのだそうだ。ミスター（あるいはミス）富士山となり、堂々と威厳をもって、まわりに畏敬の念を抱かせながら、そこに座る。堂々として、威厳があり、眺める者に畏敬の念を抱かせるように感じられる座り方ができれば、それは、隙がなくリラックスした状態になるのを助ける姿勢だろうし、おもしろくもあるだろうから、これは良いアイデアだ。うまくいくか、ぜひ試してほしい。
ＳＩＹの講師、イヴォンヌ・ギンズバーグも、単純でありながら役に立つ提案をしている。

大きく息を吸い込み、胸郭を引き上げます。背骨の位置をそっと保ったまま、息を吐き出し、力を抜いて肩が下がるのにまかせます。こうして、川の流れと山の安定感を同時に体現するのです。

瞑想するときに目は開けておくべきなのか、閉じておくべきなのか、とよく訊かれる。おかしな答え方をすれば、「どちらでも」、「その両方」、「どちらでもない」となる。ほんとうの答えは、それぞれ長所と短所があるので、それを理解したうえで、いろいろやってみるといいということだ。

瞑想のとき目を閉じるのは良い。穏やかでいられるし、視覚的に気が散らなくて済む。問題は、眠ってしまいやすい点だ。目を開いていれば、逆の問題が出てくる。もう簡単には眠りに落ちないかわりに、目に映るもののせいで気が散る。困った。どうしたらいいだろう？　時間的なものと空間的なものという、ふたつの妥協案がある。時間的妥協というのは、目を閉じた状態から始めて、眠りそうになるたびに目を開けるという方法だ。空間的妥協は、可能であれば、目をなかば開けたままにすることだ。これは私にはやさしい、私は中国人だから、とよくジョークを言う。なにせ、中国人は目が細いと言われているから。冗談はさておき、目をうっすらと開けて、心もち下に向け、何にも焦点を合わせないことが肝心だ。自分の経験から言うと、この第三の選択肢が一番良い。三つのやり方をそれぞれ試してみて、どれが自分に向いているか確かめてほしい。

私たちは瞑想中、音や考えや身体的な感覚のせいで気が散ることがよくある。それには次の四つのステップで対処するといいだろう。

1　認める

2　評価や判断も反応もせずに経験する

3　反応する必要があっても、マインドフルネスは保ち続ける
4　放してやる

認める

何かが起こっていることをただ認める。

評価や判断も反応もせずに経験する

何を経験しているのであれ、ただそれを経験する。良い、悪いといった判断は下さない。有名な歌の文句ではないけれど、放《レット・イット・ビー》っておく。可能なら、反応しないようにしてみる。反応しなくてはならないなら（たとえば、かゆくてどうしても体をかきたくなったら）、反応する前に五回息を吸ったり吐いたりしてみよう。なぜそうするかと言えば、刺激と反応のあいだに間《ま》を置く練習になるからだ。刺激と反応のあいだに間が置けるようになればなるほど、自分の情動生活をコントロールできるようになる。瞑想しているあいだに伸ばすこの技能は、日常生活にも広げられる。

反応する必要があっても、マインドフルネスは保ち続ける

体をかいたり立ち上がったりする必要があって、どうしても反応しなければならないときには、

意図と動きと感覚の三つに対してマインドフルな状態を保ち続ける。思い出してほしい。この練習の目的はじっとしていることではない。マインドフルネスだ。だから、マインドフルネスを保てるかぎり、何をしてもかまわない。つまり、顔がかゆくてかきたくなったら、まずかゆい感覚に注意を向け、次にかこうという意図に注意を向け、最後に腕と指の動きと、顔をかいている感覚とに注意を向けるということだ。それ以上でもそれ以下でもない。

放してやる

気を散らす原因が去りたがっているなら、放してやればいい。そうでなければ、放っておく。放してやるというのは、無理やり追い払うのとは違う。選択権を与えているのだ。相手がそれを受け入れようが受け入れまいが、寛大に認めてやる。そして、どちらであれ満足する。気を散らすものを放してやるときには、私たちは気を散らすのをやめてくれるように、やんわり促しているのだが、相手がそこにとどまりたいかどうか決めるのを、寛大に認めている。相手が去っていくことに決めたら、それはけっこうなことだ。とどまることに決めたら、それもけっこう。相手がいるあいだ中、優しく寛大に扱う。これが、放してやる練習だ。

最後に、この章でこれまで読んだことを何ひとつ思い出せないなら（ひょっとしたら、あなたは特別読みたかったわけではないのに、奥さんに読まされているのかもしれない）、幸い、ジョン・カバットジンがこの章全体を一文に凝縮してくれている。

命がかかっているかのように呼吸をする。

もしこの章で一文しか覚えられなければ、これを覚えておいてほしい。そうすれば、マインドフルネス瞑想が理解できるから。

座る

さて、マインドフルネス瞑想の理論と実践法について学んだところで、今度は少し時間をかけて、マインドフルな状態で座ってみよう。

やり方はたくさんある。一番単純なのは、第1章に出てきた二分間のマインドフルネスのエクササイズをたんに延長することだ。まず、隙がなくリラックスもできる瞑想の姿勢で座ろう。次に、気楽にできそうになったら、「やさしい手法」（呼吸のプロセスに注意を向け、注意がそれるたびにもとに戻す）か、「もっとやさしい手法」（とくに何をするでもなく、何かを「する」モードから「あるがままでいる」モードへ切り替える）の練習をする。お望みなら、いつでも「やさしい手法」

と「もっとやさしい手法」のあいだを行き来していい。この練習を一〇分ほど続ける。あるいは、それより短くても長くてもいい。それがあなたの瞑想の練習だ。

もっとフォーマルでしっかりした形の練習がよければ、先ほどこの章で取り上げた、「マインドフルネス瞑想のプロセスモデル」を応用するといい。まず、隙がなくてリラックスもできる瞑想の姿勢で座る。その姿勢がしっくりきたところで、意図が湧き起こるように促す。あなたがここで座っている理由に基づく意図で、その意図が練習を続けるように励ましてくれるだろう。次に、呼吸のプロセスに注意を向ける。心が穏やかで集中していたら、その心の中にとどまる。音や考えやかゆさなどで気が散ったら、気を散らせるもとを認め、評価や判断をせずにそれを経験し、それが放してもらいたがっていれば、放してやる。動く必要が出てきたら、意図と動きと感覚に対するマインドフルネスを保つ。呼吸にそっと注意を戻す。自己批判や自己評価が湧き起こったら、自分に向けた優しさに満ちた考えが浮かぶように促そう――もし、その考えに浮かんでくる気があれば。もし、その気がないようなら、ただ放っておく。すべて大丈夫だから。これを一〇分間、あるいは、好きなだけやる。

エクササイズ――**マインドフルネス瞑想**

楽な姿勢で座るところから始めましょう。リラックスして、しかも隙がない状態（それが意味するところは、人それぞれですが）になれる姿勢で座ってください。堂々とした山のように座りたければ（これが意味するところも、人それぞれですが）、それでもかまいません。

では、ゆっくり三回深呼吸し、エネルギーとリラクセーションの両方をこの練習に注入しましょう。

今度は自然に呼吸し、とても穏やかな注意を呼吸に向けます。鼻の穴か、お腹か、呼吸する体全体（これが意味するところも、人それぞれでしょうが）に注意を向ければいいのです。吸気と呼気と、そのあいだの間《ま》を意識してください。

（ここで少し間を置く）

このエクササイズを、心を呼吸の上に置くというふうに考えたければ、そうしてもかまいません。呼吸が休息の場所かクッション、あるいはマットレスであるかのように想像し、その上でそっと心を休ませます。あるがままに、そこにいるようにします。

（ここで長い間を置く）

感覚や考えや音によっていつ気が散っても、ただそれを認め、経験し、とても優しくそれを放してあげましょう。それから、そっと注意を呼吸に戻します。

（ここで長い間を置く）

お望みなら、喜ばしい内面の平穏が湧き起こるように促して、この瞑想を終わりにしましょう。

息を吸い込みます。私は穏やかです。

息を吐き出します。そして微笑《ほほえ》みます。

今のこの瞬間は

素晴らしい。

（ここで少し間を置く）

おつかれさまでした。

それで、どこが科学的なのか？

瞑想には科学との重要な共通点が少なくともひとつある。探究心を重視する点だ。瞑想では、探究心にふたつの側面がある。第一に、瞑想の多くは自己発見を目的とする。たしかに、注意力を鍛えるところから始めるが、瞑想の伝統のほとんどでは、注意は最終目的ではなく、真の目的は悟りにある。注意という強力な特質を生み出すのは、自分の心と自分自身を洞察する力を伸ばせるようになるためだ。強い注意力をもつのは、強力な懐中電灯をもつようなもので、もっているだけでもおもしろいが、本当の目的は、私たちの心という暗い部屋の中に光を当て、そう、「サーチ・インサイド・ユアセルフ（己の内を探る）」のを可能にすることだ。そして、探究心の究極の目的は悟りに達することだから、少なくとも内面を知ろうという探究心は、瞑想の実践にとって不可欠の要素とならざるをえない。

この探究心の第二の側面は、内面の範囲を超え、外の世界にまで及ぶ。瞑想をする人はとても探究に慣れているので、科学も、瞑想自体に対する科学的探究も、まったく気兼ねなく受け入れられる。これは、仏教のような古代からの瞑想の伝統の中で古典的な修行を積んだ人にさえ当てはまる。私の友人の多くにとって、科学に対するこの気安さの一番驚くべき例は、ダライ・ラマだ。ダライ・ラマはこう述べた。「もし科学的分析によって、仏教の主張の一部が誤りであることが決定的に立証されるようなことがあれば、私たちは科学の発見を受け入れ、誤った主張は捨てなくてはならない(4)」

これを心に留め、同分野の学者による審査を受けた、瞑想にまつわる科学文献のいくつかに、さっと触れてみよう。

瞑想に関する調査研究のうち、とくに印象的なのは、瞑想の神経科学という分野の草分け、リチャード・デイヴィッドソンとジョン・カバットジンのふたりによるものだ(5)。この研究には、多くの理由で目を見張らされる。ビジネス環境で行なわれた初の本格的な研究で、バイオテクノロジー企業の従業員が被験者となった。これは、実業界に生きる私のような人間にとって、とりわけ関係が深い。この研究の結果、わずか八週間のマインドフルネス・トレーニングのあとで、被験者たちの不安レベルがはっきり下がった。これは素晴らしいが、驚くことではない。なにしろ、ジョン・カバットジンのトレーニング・プログラムの名前は、「マインドフルネスストレス低減法」だからだ。もし不安レベルが目に見えて下がらなかったら、じつに困ったことになっていただろう。

意外だったのは、被験者の脳の電気的活動を測定すると、瞑想グループの被験者は、ポジティブな情動と結びついている脳の部位の活動が大幅に上がっていた点だ。一番興味深いのは、免疫

(4) H. H. the Dalai Lama, *The Universe in a Single Atom: The Convergence of Science and Spirituality* (New York: Three Rivers Press, 2006)［邦訳：『ダライ・ラマ科学への旅——原子の中の宇宙』（伊藤真訳、サンガ、2007年）］.

(5) Richard Davidson, et al., "Alterations in Brain and Immune Function Produced by Mindfulness Meditation," *Psychosomatic Medicine* 65, no. 4 (2003): 564-570.

機能に関する発見だった。研究の終わり近くに、被験者たちはインフルエンザの予防接種を受けた。すると、瞑想グループの被験者のほうが、インフルエンザ・ワクチンに対する抗体をたくさん生み出した。つまり、わずか八週間、「マインドフルネス瞑想」をしただけで、被験者は前よりはっきり幸せになり（脳の活動で測定された）、抗体を作り出す能力が大きく伸びた。思い出してほしい。この研究は、僧衣をまとって僧院に暮らす、頭を丸めた人たちを対象としたものではなく、実社会で暮らし、アメリカの実業界でストレスの高い仕事に就いている一般人を対象としたものだ。

ヘリーン・スラグター、アントワーヌ・ルッツ、リチャード・デイヴィッドソンらが後に行なった研究は、注意に焦点を絞ったものだった。(6) 具体的に言うと、彼らは、「注意の瞬き」による欠落という興味深い現象との関連で瞑想を調べた。注意の瞬間的欠落は、とても単純に説明できる。かりにあなたが、一連の字（数字かアルファベット）をひとつずつ短い間隔（およそ五〇ミリ秒、つまり一〇分の一秒の半分）でコンピューター画面に映し出されるのを目にしたとしよう。そして、そのなかには数字がふたつだけ交じっていたとしよう。たとえば、P、U、H、3、W、N、A、9、T、Yといった具合だ。文字の合間に、ふたつだけ数字がある。あなたの課題は、そのふたつの数字を識別することだ。

するとと、おもしろいことが起こる。ふたつの数字が二分の一秒以内の範囲で映し出されたとき

(6) Heleen Slagter, et al., "Mental Training Affects Distribution of Limited Brain Resources," *PloS Biology* 5, no. 6 (2007): e138.

には、二番目の数字が感知されないことが多い。この現象が「注意の瞬き」だ。なぜか、最初のターゲットを感知したあと、心の注意が「瞬き」し、脳が次のターゲットを感知するまでにしばらく時間がかかるのだ。

以前、この「注意の瞬き」は、脳の配線の特徴で、変えようがないと思われていた。ところが、スラグターの研究によって、マインドフルネス瞑想をわずか三か月間、集中的・徹底的に行なうだけで、「注意の瞬き」を大幅に減らせることがわかった。この現象を説明する理論によれば、マインドフルネス瞑想のトレーニングによって、脳は刺激をより効率的に処理することを学べるので、目につきやすい最初のターゲットを処理したあと、二番目のターゲットを処理する余力が残っているのだという。

この研究は、マインドフルネス瞑想によって脳の作動効率をアップグレードする可能性を垣間見させてくれて、じつに興味深い。もしあなたの仕事が、長時間にわたって情報に注意を払い続ける能力にかかっているとすれば、瞑想は昇給につながるかもしれない。

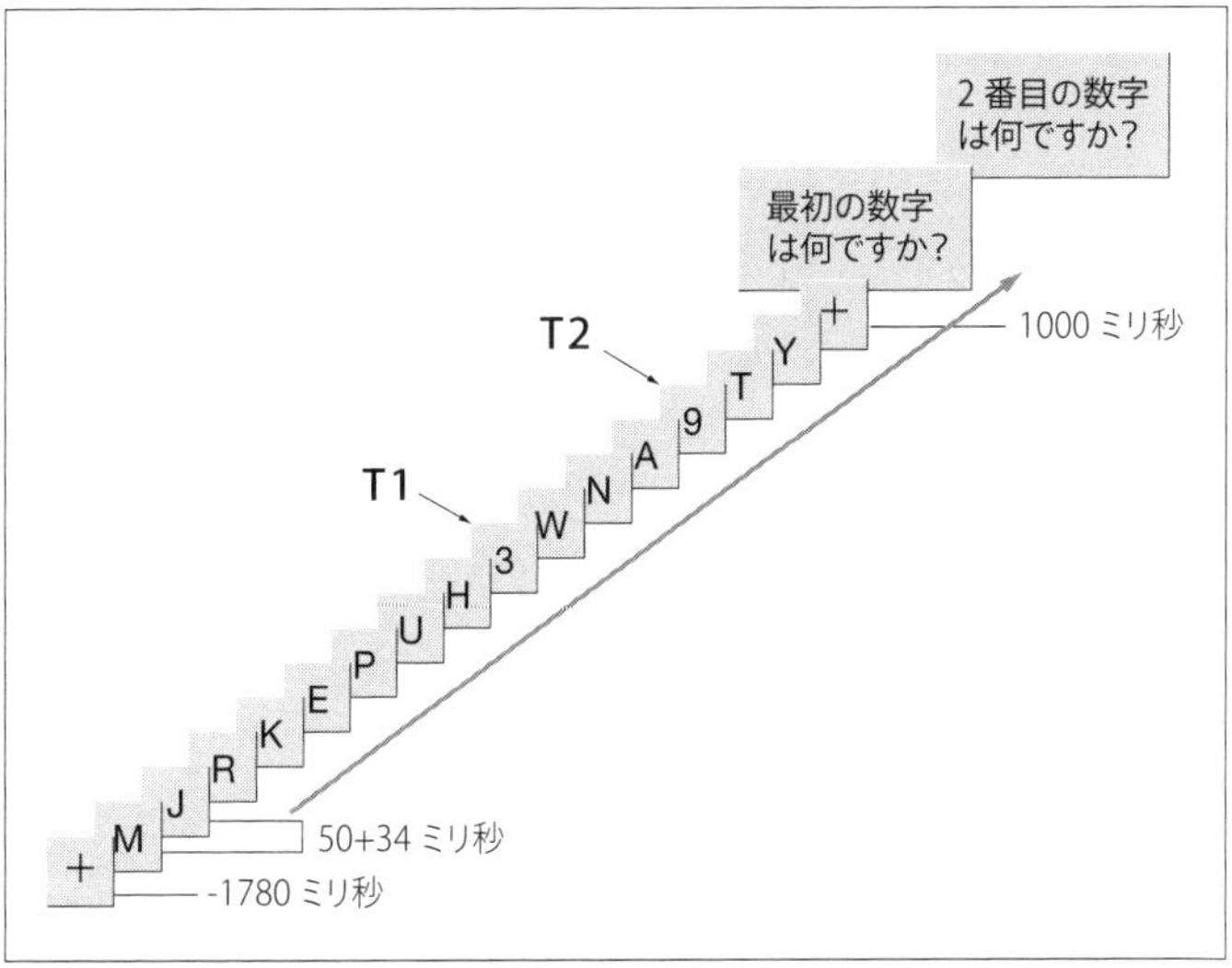

瞑想についてのおもしろい科学研究はまだたくさんある。際立ったものを少しだけ紹介しよう。アントワーヌ・ルッツは、仏教の瞑想の達人たちが振幅の大きいガンマ波という脳波を生み出せることを示した。ガンマ波は効果的な記憶・学習・知覚と結びつけられることが多い(7)。そのうえ、こうした達人は、瞑想をしていない標準状態でもガンマ波の活動が盛んで、ここから、瞑想トレーニングによって休息状態にある脳も変えられることがうかがえる。ウェイトトレーニングをたっぷりやれば、スポーツジムで鍛えている以外のときでさえ、筋肉が隆々としている。それと同じように、瞑想トレーニングをたっぷりやれば、何もしていないときにさえ、穏やかさ、明瞭さ、喜びという、心の筋肉が隆々としていることだろう。

この分野で早い時期にジョン・カバットジンが行なった研究から、乾癬《かんせん》という皮膚の病気の治癒をマインドフルネスが大幅に速めることが明らかになった(8)。やり方は単純だ。被験者は全員通常の治療を受けたが、そのうち半数の治療中にはカバットジンが瞑想を指導するテープをかけた。すると、テープをかけているだけで、治癒のプロセスが大幅に速まった。私はこの結果に強く心を惹かれるが、この研究にとても説得力があるのは、乾癬が実体をもつ、目に見えるものであるからだ。乾癬は皮膚病で、悪化するにつれ、赤い斑点が大きくなる。だからこの場合、瞑想が治癒を助けると言うとき、それは超自然を信じるニューエイジの信奉者が口にする絵空事ではなく、現実のものであり、目で見ることもできれば、実際に物差しで大きさを測ることさえで

(7) Antoine Lutz, et al., "Long-Term Meditators Self-Induce High-Amplitude Gamma Synchrony during Mental Practice," *Proceedings of the NationalAcademy of Sciences of the United States of America* 101, no. 46 (2004): 16369-16373.

Psychosomatic Medicine 60, no. 5 (1998): 625-632.

きるのだ。
最後に、瞑想によって脳の新皮質の厚みが増すことを示す研究がある。サラ・ラザールが行なったこの研究では、マインドフルネス瞑想をする人としない人の脳を磁気共鳴映像法（ＭＲＩ）で撮影したところ、瞑想をする人のほうが、注意と感覚処理に関連する脳領域の皮質が厚いことがわかった。(9) もちろんこうした測定値は因果関係ではなく相関関係を示しているだけ、つまり、この脳領域の皮質が厚い人がたまたま瞑想をするという可能性も十分考えられる。とはいえ、この研究からは、瞑想の実践歴が長い人ほど脳のこの部分が厚いこともわかったので、瞑想の実践が脳に見られるこの変化の原因であることがうかがわれる。

これまで紹介したのは、過去二五年間に行なわれた研究のごく一部にすぎない。マインドフルネスが注意や脳の機能から免疫や皮膚病の治癒まで、ありとあらゆる面で向上につながるとは驚きだ。まるでマインドフルネスは、テレビの冒険ドラマの主人公、マクガイヴァーが愛用しているスイス・アーミー・ナイフのようにさえ思えてくる。どんな場面でも役に立つのだから。

覚えておいてほしい。メンが瞑想できるのなら、あなたにもできる。

(8) Jon Kabat-Zinn, et al., "Influence of a Mindfulness Meditation-Based Stress Reduction Intervention on Rates of Skin Clearing in Patients with Moderate to Severe Psoriasis Undergoing Phototherapy (UVB) and Photochemotherapy (PUVA),"

(9) Sara Lazar, et al., "Meditation Experience Is Associated with Increased Cortical Thickness," *Neuroreport* 16, no. 17 (2005): 1893-1897.

3 座らないでやるマインドフルネス・エクササイズ

マインドフルネスの恩恵を座った姿勢以外にも広げる

まこと、正念（マインドフルネス）はどんな場面でも役に立つ。
――仏陀《ブッダ》

マインドフルネスは、あなたが人生で学べることのうちで、とりわけ重要かもしれない。だが、そう言っているのは私だけではない。近代的な心理学の父、ウィリアム・ジェイムズは次のように言っている。

> そして、さまよう注意を自発的に繰り返し引き戻す能力は、分別や人格、意志の根源にほかならない。それなしでは、いかなる者も自分の主とは言えない。この能力を育む教育は卓越した教育だろう。(1)（強調は原著者による）

これでわかってもらえただろう。マインドフルネスは、さまよう注意を自発的に繰り返し引き戻す能力を与えてくれる技能で、ジェイムズが言っているように、「卓越した教育」であり、あなたが学びうる最良のものだ。この本にお金をかけただけのことはあると思ってもらえればありがたい。

前の章では、マインドフルネス瞑想がＥＱを伸ばすカギを握る手立てであることを学んだ。この章では、マインドフルネスを日常生活のあらゆる側面に広げる方法を学ぶ。マインドフルネス瞑想をしながら座っているときに経験する穏やかで明瞭な心は、とても素晴らしいが、日々の暮らしの中でその心を意のままに引き出せるようになって初めて、人生が変わる。この章では、そ

(1) James, *The Principles of Psychology*［邦訳：前掲『心理学の根本問題』］.

のやり方を示そう。それを見て、この本を買ってほんとうによかったと思ってもらえればと願っている。

一般に、マインドフルネスを一般化する

マインドフルネス瞑想をする人がしなくてはいけないことはたくさんあるが、そのうちでも重要なのは、マインドフルネスの恩恵を、座っている状態から人生のあらゆる部分へと広げることだ。座って瞑想しているあいだ、ある程度の穏やかさと明瞭さと幸せを経験できるかもしれないが、座って行なうフォーマルな瞑想の外にある、人生のさまざまな状況にまでその心を一般化するのが次の大きな課題となる。

幸いマインドフルネスの恩恵はもともと一般化可能だ。別の言い方をすれば、人生のあらゆる領域に楽々取り込める。たとえば、注意はとても快いものやとても不快なものにおのずと向かうから、訓練によって、呼吸のようにどちらでもないものへ注意を向け続けられるようになれば、ほかのどんなものにも注意を向け続けられるはずだ。自分の呼吸は、注意にとってニューヨークのようなもので、もしそこで注意を保てるなら、ほかのどんな場所でもうまくいく。したがって、呼吸に注意を落ち着かせるのがとても上達すれば、クラスでも会議でも注意を払うのがずっと

うまくなるだろう。瞑想の名高い教師、シャイラ・キャサリンは、大学時代に瞑想を集中的に学んでから、A以外の成績はとったことがないそうだ。

これは素晴らしい。だが、もっと素晴らしいことがある。マインドフルネスのトレーニングを人生のほかの領域にいっそう応用しやすくするために、できることがあるのだ。

マインドフルネスを自然に、そしてただちに取り込み始められる領域がふたつある。ひとつは、じっとしているときのマインドフルネスを活動中のマインドフルネスへと広げること。もうひとつは、自分に向けたマインドフルネスを他人に向けたマインドフルネスへと広げることだ。お望みなら、これを、一方は静から動へ、もう一方は自己から他者へというふたつの軸に沿ってマインドフルネスを広げること、あるいは一般化することと考えてもいい。これからの数節で、それぞれのためのエクササイズを提案しよう。

活動中のマインドフルネス

マインドフルネスを実践するのに最適の場は日常生活だ。いったん日常生活のあらゆる瞬間にマインドフルネスをもち込めるようになったら、人生の質が劇的に変わるだろう。ティク・ナット・ハンは、歩くという単純な経験を語ることで、これを見事に説明してくれる。

人は普通、水の上や空中を歩くのを奇跡だと考える。だが、ほんとうの奇跡とは、水の上を歩くことでも空中を歩くことでもなく、大地の上を歩くことだと私は思う。私たちは毎日、自分では気づきもしない奇跡に従事している。青い空、白い雲、緑の葉、子供の好奇心に満ちた黒い瞳――自分自身のふたつの目。すべてが奇跡なのだ(2)。

マインドフルな状態にあるときには、大地の上を歩くという単純な経験さえも美しい奇跡となりうる。

私自身の経験では、マインドフルネスはほかのものを何ひとつ変えずに私の幸せを増すことができる。私たちは、痛みがないこと、日に三度食事をすること、Aという場所からBという場所まで歩けることなど、人生の苦でも快でもない事柄の多くはごくあたりまえのことだと思っている。だが、マインドフルな状態では、これらが喜びのもとになる。もうあたりまえだと感じていないからだ。そのうえ、もともと快い経験はいっそう快くなる。そこに注意が向けられていて、めいっぱい経験できるからだ。たとえば、おいしい食事はマインドフルな状態で食べるともっと楽しめる――その食事を楽しむことに注意をすべて向けるという、ただそれだけの理由で。マインドフルな状態で生きていると、苦でも快でもない経験は快くなることが多く、快い経験はさら

(2) Thich Nhat Hanh, *The Miracle of Mindfulness.*

に快くなる。それにはコストもかからなければ、マイナス面もない（手付け金も払わなくていい）。なんとうまい話だろう。

まだとても小さかったころ、父が家族を高級な中華料理店に連れていって、とびきり上等な料理を頼んでくれた。食べているとき、ふと気がつくと、私はこの経験に注意をすべて傾けていた。料理がほんとうにおいしかったから、そして、高価な料理だったから、また、めったにない経験だと思っていたからだ。わが家では毎日食べ物にぜいたくをするなどということはなかった。そんなわけで、私は食事のあいだ中、深いマインドフルな状態にあった。やがて、はっと思い当たった。これほどマインドフルな状態でいるのは、なにも高価な食事をしているときだけでなくてもいいではないか。どの食事も珍しく高価であるふりをし、できるかぎりの注意を向けたらどうだろう？　私はこれを「高級料理の瞑想」と呼んでいる。そして、あれ以来ほとんどの食事で実践している。これは皮肉な話だ。私はたいていグーグルで食事をする。そして、グーグルでは食べ物は無料なのだから。

座って瞑想する練習だけしていても、いずれマインドフルネスは日常生活にまで広がって、コストも手付け金もゼロで幸せを増してくれるだろう。とはいえ、この一般化のプロセスは、意図的にマインドフルネスを活動にもち込むことで加速できる。一番単純なのは、どんな課題をこなしているときにも、評価や判断とは縁のない心をもって、一瞬一瞬の注意をすべて向け、注意がそれだすたびに、ただそっともとに戻してやることだ。座ってやる瞑想とそっくりだが、瞑想の対象が呼吸ではなく、そのとき取り組んでいる課題である点だけが違う。それだけだ。

もっとフォーマルな練習をしたい人にとって、私の一番のお薦めは「歩く瞑想」だ。フォーマルな歩く瞑想のどこが素晴らしいかと言えば、それは、座ってやる瞑想の重々しさと集中と厳しさを備えつつも、動きながら、当然目を開けたまま行なう点で（そうでなければ「人や物にぶつかる瞑想」になってしまう）、そのため、座ってやる瞑想で得られる心の穏やかさを、活動の中へとてももち込みやすい。実際、これはとても役に立つ練習なので、多くのフォーマルな瞑想トレーニングでは、参加者は座ってやる瞑想と歩く瞑想を交互にするように求められる。

歩く瞑想は、看板どおりほんとうに単純だ。歩いているときに、一瞬一瞬の注意を体の動きと感覚のひとつひとつに向け、注意がそれるたびに、ただそっともとに戻してやればいい。

エクササイズ──**歩く瞑想**

まず、じっと立ちます。そして、体に注意を向けます。床や地面についている足にかかる圧力を意識しましょう。少し時間をかけて、床や地面に立っている体を経験します。

次に、一歩前に踏み出してください。注意しながら片足を上げ、注意しながらその足を前に進め、注意しながら自分の前にしっかりと下ろし、注意しながら体重をその足に移します。少し間《ま》を置き、今度はもう一方の足で同じようにします。

お望みなら、足を上げるときに、「上げている、上げている、上げている」と自分に向かって心の中で繰り返し、足を前に動かしてしっかり下ろすときには、「動いている、動いている、動いている」とやはり自分に向かって心の中で繰り返してもかまいません。

何歩か歩いたら、止まって向きを変えます。止まることにするときには、少し間を置いて、立っている姿勢にある自分の体に注意を払いましょう。お望みなら、「立っている、立っている、立っている」と自分に向かって心の中で繰り返してもかまいません。向きを変えるときにも、注意しながらやり、やはりお望みなら、「向きを変えている、向きを変えている、向きを変えている」と心の中で繰り返してもいいでしょう。

お望みなら、自分の動きを呼吸と合わせてもかまいません。足を上げるときに息を吸い込み、動かすときと、しっかり下ろすときには吐き出します。こうすると、穏やかさをこの経験に注ぎ込みやすくなります。

歩く瞑想をしているときには、ゆっくり歩く必要はない。この瞑想はどんなスピードでもできる。つまり、歩くたびに歩く瞑想ができるということだ。

私はと言うと、オフィスでトイレへの行き帰りに毎回やっている。マインドフルな歩行は心に安らぎを与えてくれることがわかった。そして、心がリラックスしていると創造的な思考をしやすい。だから自分の仕事にとても役立つように思う。私の仕事は創造的な問題解決を必要とすることが多いので、トイレ休憩をとるたびに、私の心は安らぎを得て創造的な状態に入る機会に恵まれるわけだ。トイレ休憩のあいだに頭の中で問題が解決することがよくある（そう、私は休憩のあいだが一番生産性が高いらしい。私の雇用主は私に給料を払って休憩をとらせるべきなのかもしれない。上司がこれを読んでくれているといいのだが）。

行ったり来たりするのというのは、私たちの文化では受け入れられている行為だからありがたい。つまり、一日のうちでいつでも歩く瞑想ができ、ほかの人はあなたがただ行ったり来たりしているものとばかり思ってくれる。歩く瞑想をするのには、トイレ休憩を待つまでもないわけだ。

他人に向けたマインドフルネス

マインドフルネスを練習する素晴らしい方法（しかも、あなたの社会生活を向上させることがほぼ請け合いの方法）は、他人のために、マインドフルネスをその人に向けることだ。発想はとても単純で、評価や判断とは縁のない心をもって、一瞬一瞬の注意をすべて別の人に向け、注意がそれるたびに、そっともとに戻してやるだけでいい。これまで練習してきた瞑想とそっくりだが、対象が他人である点だけが違う。

あなたはマインドフルな傾聴《リスニング》をフォーマルな形でもインフォーマルな形でも練習できる。フォーマルな練習では、ひとりが話し、もうひとりが注意して耳を傾けるという、人工的な環境を作る。インフォーマルな練習では、普通の会話のときに、相手に話す時間をたっぷり与え、注意深く耳を傾ける練習をする。

エクササイズ――**マインドフル・リスニングのフォーマルな練習**

このエクササイズでは、普通の聴き方とは違うやり方で聴く練習をします。これは、家族や友人とペアになってやり、交替で話し手と聴き手になります。

話し手のすること

あなたはひとりで話し続けます。遮られることなく三分間話します。もし言うことがなくなったら、それでもかまいません。黙って座って、言うことを思いつくたびに、また話し始めればいいのです。この三分間はそっくりあなたのものです。好きなようにその時間を使ってかまいません。そして、話す気になったときにはいつでも耳を傾けてくれる人がいることを、心に留めておきます。

聴き手のすること

耳を傾けるのがあなたの役割です。耳を傾けるときには、注意をすべて話し手に注ぎます。この三分間は、けっして質問をしてはいけません。顔に表情を浮かべたり、うなずいたり、「なるほど」とか「ごもっとも」とか言ったりして、聴いているという意思表示をするのはかまいません。そうした意思表示以外には口を利いてはいけませんし、意思表示もやりすぎないようにします。話し手を誘導してしまいかねないからです。もし、話し手が言うことがなくなったら、そのまま黙っているのにまかせ、また話し始めたら、耳を傾けてあげればいいのです。

それでは、三分間、ひとりが話して、もうひとりが耳を傾け、次の三分間は役割を交替しましょう。そのあと、三分間のメタ会話★をし、前の六分間が自分にとってどんな経験だったかをふたりで話し合いましょう。

以下にひとり語りの話題の候補を挙げておきます。

- 今この瞬間、感じていること。
- きょうの出来事で話したいこと。
- そのほか、何でも話したいこと。

エクササイズ——**マインドフル・リスニングのインフォーマルな練習**

友人や家族があなたに話しているときに、自分の注意をそっくり向け、相手に話す時間をたっぷり与えるという、気前良い態度をとります。そして、自分に言い聞かせましょう。相手は私にとってとても大切な人で、私の注意を一身に集め、言いたいことを言うのに必要な時間をとる権利があるのだ、と。

耳を傾けるときは、注意をすべて話し手に向けます。注意がそれていくのに気づいたら、

★ 振り返りの会話

ただそっと注意を話し手に戻します。相手が瞑想の神聖な対象であるかのように。話したり、質問したり、話し手を導いたりするのは、なるべく控えましょう。思い出してください。あなたは相手に話す時間という貴重な贈り物を与えているのです。顔に表情を浮かべたり、うなずいたり、「なるほど」とか「ごもっとも」とか言ったりして、聴いているという意思表示をするのはかまいませんが、話し手を誘導することがないように、そうした意思表示はやりすぎないようにしましょう。もし、話し手が言うことがなくなったら、そのまま黙っているのにまかせ、また話し始めたら、耳を傾けてあげればいいのです。

私たちがクラスでフォーマルな練習をするときに、最もよく聞かれるフィードバックは、耳を傾けてもらえてほんとうに感謝しているという言葉だ。私たちは、七週間のＳＩＹ講座の最初に、よくこのフォーマルなエクササイズをやる。参加者はたいてい、お互いに知らない人どうしだ。そして、このエクササイズの直後に、参加者からこう言われることがよくある。「この人とは六分過ごしただけですが、もう友達です。仕切りの隣どうしで何か月も仕事をしていながら、お互い知りもしない人がいるというのに」。これこそ注意の威力だ。注意をすべて向けるという贈り物を六分間与え合うだけで、友情を育むのには十分なのだ。私の友人で、ＳＩＹの講師仲間で、禅師のノーマン・フィッシャーは、こう書いている。「耳を傾けるというのは魔法だ。それによって、他人が、理解しがたい、あるいはどことなく脅威を感じさせる外界の存在から、親しい経験へ、したがって、友人へと変わるのだから。このように、耳を傾けることで、聴き手は穏和になり、一変する(3)」

自分の注意は、私たちが他人に与えることのできる最も価値ある贈り物だ。誰かに注意をすべて向けると、その瞬間、この世界で私たちが気にかけているのは唯一その人だけであり、ほかのことはいっさい関係なくなる。私たちの意識の領域内で、相手ほど強いものは何ひとつないからだ。それ以上に価値のある贈り物がありうるだろうか？　いつもながら、ティク・ナット・ハンはそれをもっと詩的に表現している。「他人に差し出せる最も貴重な贈り物は、私たちの存在だ。愛する者たちをマインドフルネスが抱き締めたとき、彼らは花のように咲き誇るだろう(4)」

あなたの人生で気にかけている人がいたら、毎日かならず数分間でも注意をすべて彼らに向けてほしい。彼らも花のように咲き誇るだろう。

マインドフルな会話

私たちはマインドフルなリスニングを、**マインドフルな会話**のとびきり有効な練習にまで広げ

(3) Norman Fischer, *Taking Our Places: The Buddhist Path to Truly Growing Up* (San Francisco: HarperOne, 2003).

(4) Thich Nhat Hanh, *Living Buddha, Living Christ* (New York: Riverhead, 1995)［邦訳：『生けるブッダ、生けるキリスト』（池田久代訳、春秋社、1996 年）］.

ることができる。この練習は、法曹界に身を置く友人たちに由来するもので、瞑想にとりわけ役に立つ。具体的には、瞑想の達人、ゲーリー・フリードマンが禅師のノーマン・フィッシャーに教え、フィッシャーがそれをグーグルで私たちに教えてくれた。

マインドフルな会話には、カギとなる要素が三つある。その第一で、ごくわかりきったものはマインドフルなリスニングで、それは先ほどすでに練習した。第二はゲーリーが「**ルーピング**」と呼ぶもので、これは「コミュニケーションのループを完結させること」の略称だ。ルーピングは単純だ。仮に、アレンとベッキーのふたりが会話をしていて、アレンの話す番だとしよう。アレンがひとしきり話すと、ベッキー（聴き手）は、アレンがこう言ったと思う内容を口に出すことで、ループを描くようにもとに戻る。そのあとアレンは、自分のもともとの独白をベッキーが説明したときに、見落としたことや誤解したことについてフィードバックを与える。アレン（最初の話し手）がベッキー（最初の聴き手）に正しく理解してもらえたと満足できるまで、それを繰り返す。ルーピングは協同作業で、ベッキー（聴き手）がアレン（話し手）を完全に理解できるように、ふたりが協力する。

マインドフルな会話の第三のカギとなる要素は、ゲーリーが「**ディッピング**」と呼ぶもので、これは自分自身と会話することだ。他人の話に耳を傾けないのは、自分の気持ちや心の中のおしゃべりに気がそれるのが一番の原因だ。相手の言ったことに反応して、気がそれることが多い。

このような、心の中で気を散らすものに応じるには、それに気づき、それを認めるにかぎる。気を散らすものがそこにあるのを知り、それに対する評価や判断をしないようにし、それに去っていく気があれば、放してやる。気持ちなどの、心の中で気を散らすものがそこに居座るつもりなら、そのままにさせ、自分が耳を傾けるのにどんな影響を与えうるかを意識するだけでいい。

ディッピングは、耳を傾けているあいだに自分に向けるマインドフルネスと考えることができる。ディッピングは話し手のためにもなる。話し手もディッピングをして、自分が話しているときにどんな気持ちが湧き起こってくるか確認すると、得るものがある。お望みなら、それについて話してもいいし、あるいは、たんに認めるだけにして、評価や判断をせず、その気持ちが去っていくつもりであれば、放してやる。

話し手に注意をすべて向けながら、同時にディッピングをすることなどどうして可能かと、私たちのクラスの参加者によく訊かれる。そんなときは、周辺視力をたとえに引く。何かを見つめているときには、中心視力と周辺視力がある。ターゲットにしたものは（中心視力で）はっきり見え、同時に、（周辺視力で）そのまわりにあるものを捉える。これと同じように、注意にも中心的要素と周辺的要素があると見なすことができ、耳を傾けるために「中心注意」を話し手に向け、同時に、ディッピングをするために「周辺注意」を自分自身に向け続けることが可能なのだ。

マインドフルな会話は、フォーマルな形でもインフォーマルな形でも練習できる。フォーマルな練習では、リスニングとルーピングとディッピングという三つのテクニックをそれぞれの参加者が学べるような人工的な環境を作る。インフォーマルな練習では、そうしたテクニックを日常の会話の中で使うだけだ。

エクササイズ――**マインドフルな会話のフォーマルな練習**

この技能は、リスニングとルーピングとディッピングという三つの部分から成ります。リスニングというのは、注意という贈り物を話し手に与えることです。ルーピングとは、相手の話をあなたがほんとうに聞いていたことを示し、それによって会話のループを完結させることです。すべてを記憶にとどめようとする必要はありません。ほんとうに耳を傾けていれば、すべて聴き取れますから。ディッピングとは、自分自身と会話すること、耳にしている内容について自分がどう感じているかを知ることです。この練習では、話し手に注意をすべて向けつつ、自分自身の気持ちを完全に自覚できるようになることが大切です。

やり方

パート1　ひとり語り

Aさんが四分間、ひとりで話します。話しているときは、マインドフルネスの一部を体に向け続けます（これがディッピングです）。この四分間はすべてAさんのものですから、言うことがなくなったら、聴き手といっしょに、黙って座っていてかまいません。やがて、何かほかにも言うことが見つかったら、それをそのまま口に出します。

Bさんは耳を傾けます。自分の注意をすべて贈り物として話し手に与え、同時に、マインドフルネスの一部を自分の体に向け続けます（これまたディッピングの部分です）。Bさんは、自分の体を自覚するのをやめることなく、Aさんに自分の注意という贈り物を与えているのです。Bさんは、聴いているという意思表示をしてもかまいませんが、やりすぎないようにします。そのような意思表示する以外は、口を利いてはいけません。

パート2　分析

そのあとBさんは自分が聞いたと思うことをAさんに向かって繰り返します。たとえば、「あなたはこういうことを言ったと思うのですが……」というふうに切り出します。それを受けて、Aさんはすぐにフィードバックを行ない、正しく理解してもらえたと思うことや誤解されたり聞き逃されたりしたと思うことを伝えます。Aさんが Bさんに完全に理解してもらえたと納得できるまで、これを繰り返します。六分間を上限に、必要なだけ時間をかけます（これがルーピングの部分）。

次に、役割を交替し、Bさんが話し手に、Aさんが聴き手になります。

それから、このエクササイズで経験したことについて、四分間、メタ会話をしてください。

以下に会話の話題の候補を挙げておきます。

●自己査定。自分自身の印象や、好きなもの、変えたいことなど。

●最近あるいはずっと以前に起こった厄介な状況で、話してみたいもの。

自分にとって有意義な話題なら、ほかのどんなものでもかまいません。

マインドフルな会話のインフォーマルな練習は、フォーマルな練習の内密《ステルス》バージョンと考えることができる。友人に、「あのね、とても素晴らしい本で読んだ練習を試してみたいんで、これから君にルーピングして、自分にはディッピングするよ」などと言う必要はない。そんなことを言ったら、気まずくなるだけだ。ただ、こう言えばいい。「あなたの言っていることは、とても重要みたいだから、きちんと理解できているか確かめるために、こういうことを言っていたんだって私が思っていることを言ってもいいかな？　もし、あっていたら、そう言ってくれる？

いい？」。おそらく、あなたの友人は心から喜んでくれるだろう。あなたがわざわざ手間暇かけて耳を傾け、正しく理解しようとしてくれるというのだから。こんなふうに頼むとき、あなたはその友人を大切に思って敬意を表していることを、暗に示しているのだ。

これは人間関係にとって、とてもためになる。

エクササイズ――マインドフルな会話のインフォーマルな練習

どんな会話のときにもマインドフルな会話を練習することはできますが、たとえば対立の状況にあるときのような、難局でのコミュニケーションの場合が一番効果的です。

この技能は、リスニングとルーピングとディッピングという三つの部分から成ります。リスニングというのは、注意という贈り物を話し手に与えることです。ルーピングとは、相手の言っていることをあなたがほんとうに聞いたということを示し、それによって、会話のループを完結させることです。ディッピングとは、自分自身と会話すること、耳にしている内容について自分がどう感じているかを知ることです。

マインドフルなリスニングから始めます（この章の、「マインドフル・リスニングのフォーマルな練習」を参照してください)。自分の注意を贈り物として話し手に与え、同時に、マインドフルネスの一部を自分の体に向け続けます。もし、強い情動が湧き起こってきたら、それを認め、できれば、放してやりましょう。

話し手が自分の意見を言い終わったら、自分が聞いたことを繰り返す許可をもらって、かならず完全に理解するようにしてください。こんなふうに言うといいでしょう。「あなたの言っていることは、とても重要みたいだから、きちんと理解できているか確かめるために、こういうことを言っていたんだって私が思っていることを言ってもいいかな? もし、あっていたら、そう言ってくれる? いい?」。話し手が同意したら、自分の聞いたことを言い、何を正しく理解し、何を正しく理解していないか、教えてくれるように促しましょう。話し手がコメントしてくれたら、訂正された箇所を自分の言葉で言い表し、きちんと呑み込めているかどうか確認してください。話し手が自分のことをすっかり理解してもらえたと納得するまで、このプロセスを繰り返します。

話し手の言葉を理解していることをはっきり示したら、今度はあなたが話す番です。気兼ねなく話せそうなら、ルーピングのプロセスを説明し、相手にその気があればいっしょにやってくれるように、ていねいに促しましょう。こんなふうに言えばいいかもしれません。「きちんと伝えそこねるといけないから、もしよければ、私が話し終わったら、あなたが聴き取ったことを言ってみてほしいんだけれど。やってみない？」相手が誘いに乗ってきたら、ルーピングのプロセスを実行しましょう。

練習を継続する

穏やかでしかも明瞭な心の特質を育むマインドフルネスの練習と、そのマインドフルネスを日常の場面にまで広げる練習について、これまで述べてきた。キーワードは「実践」だ。マインドフルネスは運動と似ている。頭で理解するだけでは不十分で、実践して初めて恩恵が得られる。

講師としての経験から言うと、マインドフルネスの練習を始めてもらうのは、かなり簡単だ。脳科学のデータを示し、恩恵を説明し、座ってやる二分間の短い瞑想を紹介するだけで、みんな取り組んでくれる。素晴らしい話だ。

あいにく、最初の数日が過ぎると、練習を続けるのが難しくなる人が多い。たいていの人は初めのうちはとても熱心で、この素晴らしい練習に毎日一〇分も二〇分も費やすが、この最初の熱が冷めると、だんだん面倒になってくる。座っても退屈で落ち着かず、どうして時間のたつのがこれほど遅いのかという立ち、そのうち、もっと大切なこと、おもしろいこと、その両方のことがあると思い始める。たとえば、仕事を片づけたり、猫がトイレの水を流すのをユーチューブで見たり、とか。そして、気がついたときには、毎日の練習をやめている。この状態をおもしろおかしく表現した人がいる。チベットの瞑想の達人、ヨンゲイ・ミンゲール・リンポチェ大師だ（ただし彼は、いや、ミンゲールと呼んでくれと言い張るが）。彼は自分がひどく若年の初心者だったころのことを、こう語った。「瞑想という発想は好きだったけれど、瞑想の実践はいやだった」

どうすればマインドフルネスの練習を続けられるだろうか？

幸い、マインドフルネスの練習を続けるのが難しいのは、ほんの数か月だけのことが多い。運動を始めるのと同じようなものだ。最初の何か月かはたいていとても苦しい。自分を叱りつけて定期的に運動する必要があるだろうが、二、三か月すると、自分の生活の質が劇的に変わっているのに気づく。活力が増し、具合の悪い日が減り、こなせる仕事の量が増え、鏡に映る自分の姿も前より見栄えがする。自分におおいに満足する。そこまでくると、もうやらずにはいられなくなる。これほど大幅な生活の質のアップグレードにはとうてい抗《あらが》えないのだ。それから先は、運動の日課が自然に持続するようになる。もちろん、自分を言いくるめてスポーツジムへ足を運ばなければならない日も、あいかわらずときどきあるが、それもたいした苦労ではなくなる。

マインドフルネスの練習を続けるのも同じだ。最初は自分を鞭打つことも必要だが、何か月かすれば、生活の質が劇的に変化するのに気づくだろう。前より幸せで、穏やかで、情動の面で立ち直りが早く、活力に満ち、ポジティブなものを発散させているので人に好かれる。自分におおいに満足する。そして、やはりそこまでくれば、もうやらずにはいられなくなる。もちろん、瞑想のベテランでも自分を言いくるめてクッションに腰を下ろさなければならない日も、あいかわらずときどきあるが、練習するのがたいした苦労ではなくなり、習慣化する。

では、おのずと続けずにはいられなくなるところまでは、どうやって練習を継続すればいいのか？　次の三つをお勧めする。

1　仲間を作ること——私たちはこれをノーマン・フィッシャーに教わった（私たちは彼のことを、グーグルの禅大僧院長とふざけて呼んでいる）。この場合にもスポーツジムのたとえを使おう。ジムにひとりで行くのはつらいが、いっしょに行く約束をした仲間がいれば、定期的に通う可能性がぐんと高まる。ひとつには、ひとりきりではないからで、また、こうすればお互いに励まし合い、相手に責任を負わせられるからでもある（私はこれを冗談に、相互ハラスメントと言っている）。

マインドフルネスの練習をする仲間を見つけ、毎週かならず一五分、言葉を交わして、最低でも次のふたつの話題について語ろう。

● 私は練習をするという約束をどれだけ果たしているか？
● 練習に関係のあることで、自分の人生でどんなことが起こったか？

また、その会話を、次の疑問で終えることをお勧めする。この会話のできはどうだったか？　これをＳＩＹで実施してみると、大きな効果があがった。

2　めいっぱいやらないこと――この教訓はミンゲール・リンポチェから得た。これは、自分が実際にできるよりも控え目にフォーマルな練習をするという発想だ。たとえば、マインドフルネスの練習を五分すると、毎日やるのが面倒になるのなら、五分やらずに、三分か四分だけ、日に二、三回やるといい。練習を負担にしないのがコツだ。マインドフルネスの練習が面倒になったら、続けることはできない。イヴォンヌ・ギンズバーグは、「瞑想は道楽」だと好んで言う。彼女の悟りは、ミンゲールの考え方を見事に捉えていると思う。
重荷になるほど長く練習をしてはいけない。短時間の練習を頻繁にやれば、マインドフルネスの練習はすぐに道楽のように思えてくるだろう。

3　一日ひと息だけやること――私は世界一怠惰なマインドフルネスの講師かもしれない。

なぜなら講座の参加者に、毎日かならずひと息だけ、マインドフルな呼吸をするだけで十分だと言っているからだ。ただひと息だけでいい。注意しながら一回息を吸って吐けば、その日のノルマを果たしたことになり、あとはすべておまけだ。

一回の呼吸が重要なのにはふたつ理由がある。第一に、勢いだ。一日一度マインドフルな呼吸をすると決めれば、このノルマは簡単に果たせ、練習の勢いを保つことができる。翌日、もっとやりたく感じたら、楽々再開できる。第二に、瞑想する意図を生み出すこと自体が瞑想だ。この練習によって、あなたは毎日自分に対して優しくてためになることをする意図を生み出すように促される。すると、やがて自分に向けられたこの優しさが、貴重な心の習慣になる。自分に向けた優しさが強ければ、マインドフルネスもやさしくなる。

覚えておいてほしい。一日ひと息だけ、これから一生やること。私がお願いしているのはそれだけだ。

瞑想の軽さと喜び

瞑想を始めたてのころ、私はこのうえなく単純で馬鹿げた問題につまずいた。息ができなかったのだ。いや、ほかのときは一日中うまく呼吸できるのだが、意識して注意を呼吸に向けようとすると、途端にうまく息ができなくなった。いっしょうけんめいやりすぎていたのだ。

ある日、もういっしょうけんめいやるのをやめることに決めた。座って微笑み、自分の体に注意を払う、ただそれだけにした。するど、わずか数分そうしただけで、隙がなく、しかもリラックスした状態に、すっと入っていけた。そして、気がつくと普通に息ができていた。自分の呼吸に注意を払いながら、同時にうまく呼吸することができたのは、そのときが最初だった。やろうとするのをやめて初めて、私はようやく成功したのだ。もし私がテレビドラマの登場人物だったら、その瞬間、天を仰いで皮肉っぽく言っただろう。「なんておかしな話だ」と。

瞑想は眠ろうとするのと滑稽な共通点がある。リラックスして、目標にこだわっていないほど楽で、良い結果が得られる。それは、瞑想と眠りに落ちることが、重要な特徴をひとつ共有しているからだ。どちらも、執着を捨てることにかかっている。

執着を捨てるのがうまい人ほど、瞑想も眠りに落ちるのもうまい。瞑想の指導者の多くが、練習に何も期待しないように教え子に言う理由もそこにある。結果にこだわっていたら、執着を捨てる心に差し支えるからだ。私はこのアプローチが正しいと思っているが、それは悩ましい問題を招くことにもなる。恩恵が期待できないとしたら、どうして練習する気になれるだろう?

私の知っているうちで最善の解決法を教えてくれたのはアラン・ウォレスだ。彼はこう言っている。「瞑想の前には期待をもっていい。だが、瞑想中は何も期待してはいけない」(5)。これで解決。

(5) 私信。

このような単純でエレガントな解決法には、私のようなつまらぬ年寄りのエンジニアは心が温まる。

心をリラックスさせておくと、瞑想がとてもはかどる。リラクセーションは深い集中の土台だ。心はリラックスしているときのほうが穏やかで安定する。そして、それがまた安らぎを深め、好循環が生まれる。矛盾しているようだが、深い集中はリラクセーションの上に築かれるのだ。

これと似た仕組みが、マインドフルネスの練習でも働く。自分の経験から言うと、軽さはマインドフルネスにとてもつながりやすい。軽さは心の安らぎをもたらす。心は、安らいでいると開放的で鋭敏で、評価や判断とは縁がなくなる。こうした特質は、マインドフルネスを深め、今度はそれが軽さと安らぎを強め、さらにマインドフルネスが深まるという好循環を生む。

したがって、**瞑想の対象として喜びを使う**のは、マインドフルネスの練習にとても有効だ。感覚を圧倒しないような、穏やかな種類の喜びなら、とくにいい。たとえば、愛する人と手をつないで気持ち良く散歩しているときや、ごちそうを楽しんでいるとき、すやすや眠る赤ん坊を抱いているとき、良書を読むわが子といっしょに座っているときなどは、一瞬一瞬の注意をその喜ばしい経験や心や体にすべて向けることでマインドフルネスを練習する絶好の機会だ。私はそれを「喜ばしいマインドフルネス」と呼んでいる。

喜ばしい経験にマインドフルネスを向けると、まず、その経験がなおさら楽しくなるという効果がある。それを楽しむ自分の存在が増すという単純な理由からだ。割増料金を払わずに楽しみが増えるのだから素晴らしい。それに加えて、もっと重要な効果がある。私の経験では、こうして深まったマインドフルネスは一般化できる。つまり、楽しい経験のあいだにマインドフルネスを練習して強めれば、それで深まったマインドフルネスはほかの経験にも及び、苦でも快でもない経験や不愉快な経験でも、前より強いマインドフルネスをもつことができる（楽しい思いをして瞑想ができるとは、まったく、なんというもうけものだ！）。

とはいえ、けっして忘れないでほしいのだが、「喜ばしいマインドフルネス」は、座ってやるフォーマルな練習の代わりではなく、あくまで補足としてやるのが最善だ。フォーマルな練習では、マインドフルネスを呼吸のような苦でも快でもないものに向ける必要がある。そして、注意は苦でも快でもない経験から自然にそれていくものだから、そこで深まるマインドフルネスは、ずっと一般化しやすい。というわけで、座ってやるフォーマルな練習と「喜ばしいマインドフルネス」を比べると、フォーマルな練習ではマインドフルネスが深まりやすいが、あいにく、自分を律する力が必要で、そういう力をもっている人は少ない。逆に、「喜ばしいマインドフルネス」では、それほどマインドフルネスが深まらないが、ずっと継続しやすい。しかも、楽しいし、楽しいことには誰も反対できない。いや、私にはできない。だから、「喜ばしいマインドフルネス」は自動車の低速ギアだと思えばいい。車をたやすく動かせるが、このギアだけを使っていたら、速くは走れない。対照的に、座ってやるフォーマルな練習は、高速ギアと見なせる。止まっている車を高速ギアで発進させるのは難しいが、高速ギアのおかげでスピードも出るし、燃費も良くなる。

良くしたもので、この二つの練習は互いにじつにうまく補い合う。毎日両方の練習をすれば、車のギアを全部活用するようなもので、車を滑らかに発進させられるうえ、スピードも出せる。もっと大切なことがある。しばらくすると、フォーマルな瞑想には、サンスクリットで「スッカ」と呼ばれる強力な特質が備わってくるのだ。スッカの訳としてよく使われるのは「至福」「心地良さ」「幸せ」といった語だ。私に言わせれば、スッカに一番ふさわしいのは、最も厳密な「エネルギー不要の喜び」という表現だろう。スッカという喜びは、エネルギーを必要としない。バックグラウンドに流れるホワイトノイズのようなもので、いつもそこにあるのだが、私たちはめったに気づかない。スッカのエネルギー不要の喜びの特質には、重要な意味合いがふたつある。第一に、エネルギーを注ぎ込む必要がないので、とても持続性が高い。第二に、エネルギーがいらず、はなはだ微妙なので、とても静かな心にしかアクセスできない。バックグラウンドに聞こえるかすかな雑音と同じだ。そういう音は、大きな声で話している人がいないときにしか聞こえない。これはつまり、スッカにアクセスするには心を鎮めるすべを学ぶ必要があるということだ。だが、それが上手になりさえすれば、とても持続性の高い幸せのもとが手に入り、そこから幸せを得るのには、感覚的なインプットは必要ない。人生が変わるとは、まさにこのことだろう。

私の知っている瞑想のベテランたちは、ほぼ例外なく瞑想人生の途中でスッカにたどり着く。だが、自分自身の経験から言うと、「喜ばしいマインドフルネス」をやれば、フォーマルな瞑想のときにスッカが加速する。「喜ばしいマインドフルネス」の練習のおかげで、私の心が安らぎやユーモア、軽さに慣れ、フォーマルな練習の最中にいっそう簡単にスッカを味わえるようになったのではないかと思う。そして今度はそのスッカが私の日常生活に静かに浸透し、日々の経験をもっと喜ばしいものにし、そうすることで、「喜ばしいマインドフルネス」の練習に使える楽しい経験の頻度と強烈さを増してくれる。こうして、またしても幸せな好循環が生まれる。「喜ばしいマインドフルネス」の練習はそれ自体でも有効だが、マインドフルネスのフォーマルな練習と組み合わせれば、とても強力になる。

集中した注意と開放的な注意の両方をマスターする

体の健康には、互いに補い合うふたつの要因がある。強さとスタミナだ。万能の運動選手になるには、その両方があるといい。同様に、注意にも互いに補い合うふたつの種類がある。集中した注意と開放的な注意だ。瞑想の達人になるには、その両方が優れているのが望ましい。

集中した注意というのは、特定の対象に対する強烈な集中を意味する。それは、安定していて、強く、揺らぐことがない。レンズを通して一点に集中し、強烈に輝いている太陽の光のようであり、風を受けてもびくともしない、どっしりした岩のようだ。それは、賓客しか入ることを許されず、ほかの人はすべて丁重に、しかしきっぱりと退けられる、守りの堅い王宮のような心だ。

開放的な注意というのは、心や五感を訪れるものなら何にでも喜んで応じる注意を意味する。開放的で、柔軟で、あらゆるものを惹きつける。万物に降り注ぐ日差しや、たえず風にそっと揺れている草、どんなときにも喜んでどんな形もとる水のようだ。それは、訪れる人が誰でも大切なお客として親切な主人に歓迎される、開放的な家のような心だ。

幸い、マインドフルネスの瞑想をやっていると、集中した注意と開放的な注意の両方を同時に鍛えることができる（まさに一挙両得！）。マインドフルネスの瞑想には両方の要素が含まれているからだ。そこには、一瞬一瞬の注意をたえずもとに戻すという要素があり、それが集中した注意を鍛える。評価や判断とは無縁で、執着を捨てる要素もあり、それが開放的な注意を鍛える。というわけで、マインドフルネスの瞑想をするだけで大丈夫なのだ。

ただし、そうは言ってもＳＩＹの参加者には、両者の違いを経験して、やりたければどちらか一方を鍛えることに重点を置いた手立てに親しんでもらうと、とても効果的であるのがわかっている。私たちが考え出したエクササイズは、一部の運動選手がやるサーキットトレーニングに似ている。サーキットトレーニングは、同じセッションの中に、循環機能を高める激しいカーディオ・トレーニングと筋肉に負荷をかける激しいレジスタンス・トレーニングを両方組み込んだものだ。ありふれた方法には、次のようなものがある。トラックを一周し（カーディオ）、次に腕立て伏せをし（レジスタンス）、またトラックを走り（カーディオ）、今度は腹筋運動をし（レジスタンス）……という具合だ。こうして、カーディオ・トレーニングとレジスタンス・トレーニングを交互に繰り返し、強さとスタミナの両方を同時に伸ばす。

同じように、私たちのサーキットトレーニングは、集中した注意の三分間エクササイズから始まり、次に開放的な注意の三分間エクササイズをし……という具合に進む。たいてい一二分間やり、それに加えて、最初と最後に二分間ずつ、心を呼吸に集中させる。具体的なやり方を示しておこう。

エクササイズ——瞑想のサーキットトレーニング

まず、楽にして座り、（それが何を意味するかは人それぞれでしょうが）リラックスできてしかも隙のない状態になれる姿勢をとります。

さあ、心を落ち着かせましょう。お望みなら、呼吸を休息の場所かクッション、あるいはマットレスと見なし、その上で心を休ませます。

（ここで少し間を置く）

次に、集中した注意に移ります。注意を呼吸に、あるいは何であれ自分が瞑想の対象に選んだものに向けてください。その注意を岩のように安定させ、何物にも気を散らさせてはいけません。もし気が散ったら、優しく、それでいてきっぱりと、心をもとに戻します。このエクササイズを三分間続けましょう。

（ここで長い間を置く）

今度は開放的な注意に移ります。何であれ、自分が経験しているものや心に浮かぶものに注意を向けてください。その注意は、風にそよぐ草のように柔軟にしましょう。この心の中には、気を散らすものなどありません。あなたが経験する対象はどれも瞑想の対象です。どんなものも格好の対象です。このエクササイズを三分間続けましょう。

（ここで長い間を置く）

（そのあと三分間、集中した注意に移り、それから三分間、開放的な注意に移る）

心を落ち着けることでこの練習をおしまいにします。お望みならまた、呼吸を休息の場所かクッション、あるいはマットレスと見なし、その上で心を休ませます。

（ここで長い間を置く）

おつかれさまでした。

集中した注意と開放的な注意には共通する重要な特徴がいくつかある。その特徴は、前に練習したもともとのマインドフルネスの瞑想とも共通している。

第一の特徴は、強いメタ注意（注意に対する注意）だ。なぜなら、どちらの瞑想のときにも、自分の注意の動き（あるいは動きのなさ）への明瞭な意識を保つからだ。したがって、十分に練習を積めば、心が動いているとき（開放的な注意）にも、心が静止しているとき（集中した注意）にもメタ注意が強くなる。第二の特徴は、第一の特徴と密接に結びついている。それは注意の明瞭さと鮮明さだ。どちらの瞑想のときにも、注意を高い明瞭さで維持できる。たとえて言えば、優れた懐中電灯で一か所を照らしても、動かしながら部屋のあちこちを照らしても、変わらず明るい。

第三の特徴は、どちらの瞑想にも努力とリラクセーションのバランスが必要な点だ。どちらの場合も、頑張りすぎるとくたびれてしまい、長続きしないが、怠けすぎると注意が維持できない。このバランスの古典的なたとえは、インドの楽器シタールの弦の張り具合だ。あまりにきつく張ると切れやすいが、緩すぎるときれいな音が出ない。だから、弦はきつすぎも緩すぎもしない、絶妙の張り具合でなければならない。

このバランスを保つには、どうすればいいだろう？　私のお薦めの楽しい方法がある。テレビゲームのようにするのだ。エックスボックスでゲームをするときには、難易度をうまく設定し、挑戦のし甲斐があるぐらい難しく、かといって、まったく歯が立たないほど難しくはないようにすると、一番楽しめる。だから私は初心者レベルでゲームを始め、うまくなるにつれてレベルを上げていく。瞑想にも同じように取り組めばいい。自分で難易度を設定できるのだから、なおさらだ。最初は簡単にしておく。たとえば、「もし五分間だけ座って、その五分間に一度でも、呼吸に一〇回連続でしっかり注意を向け続けられれば、私の勝ち！」と自分に言い聞かせる。この難易度設定で、仮に九〇パーセントの割合でゲームに勝てるようになったら、レベルを上げて、さらに楽しむといい。そのときにも、ちょうど挑戦し甲斐があって、しかも嫌気がさすほど難しくはないぐらいにするのがコツだ。この瞑想のゲームをやっていて、おかしなことに気づいた。とても上達したあと、一番簡単な設定が、ほんとうにおもしろくなったのだ。その設定は私にとって、「隙のないような形で、一〇分間ただ心を休める」レベルだ。そう、ただ心を休める。とても気に入ったので、もっと難しいゲームをやる日の合間に、この設定でずいぶん遊ぶ。これは、一番簡単な設定がけっして退屈にならないゲームだ。

最後の特徴は、第三の特徴と密接な関係がある。どちらの瞑想でも、安らぎとフローというとても良い状態に入っていかれる点だ。スキーやダンス、コンピューターのコードを書くことなど、自分がとても得意な活動をしていて、注意がすべてその活動に向けられ、それがおもしろく、楽で、しかも適度に難しければ、あなたはフローの状態に入り、思う存分力を発揮しながらも、心は安らいでいられる。それと同じで、練習を積めば、注意を操り、フローの状態に入るのが上達し、ただ座っているだけで、おもしろさと安らぎを同時に感じられるようになる。じつに素晴らしい。

禅と歩く赤ん坊

私がこれまで出くわしたなかでも、瞑想の練習のたとえとしてふるっているのが、赤ん坊が歩けるようになるところだ。

私は自分の娘が生後九か月のころに最初の一歩を踏み出した様子を今でも覚えている。とてもかわいい第一歩だった。そして、娘は一歩歩いただけで尻もちをついた。赤ん坊ならではの、愛くるしい尻もちだ（まわりの大人たちは、いっせいに「わあーっ」と目を細めた）。やがて、娘は一歩を卒業して二歩の段階に入った。そのあとしばらく足踏み状態が続いた。二か月以上、一歩か二歩歩いては尻もちをつく（「わあーっ」）。だが、最初の誕生日の数日後、ふと私が気づくと、四歩歩いていた。その日のうちに、娘は成果を倍増させ、八歩までいった（そう、私はちゃんと数えた。エンジニアだから）。翌日も八歩止まりになりそうだったが、午後遅くには一六歩歩けた。そしてその晩には三〇歩まで記録を伸ばした。その壁を破ったら、もう歩けるようになったのだ。その日、娘は歩行をマスターした（「わあーっ」）。

私はその経験と自分の瞑想の経験のあいだに重要な共通点を見つけた。瞑想の進歩には二段階あるようだ。それを私はそれぞれ「最初のアクセス」、「強化」と呼んでいる。最初のアクセスの段階では、ある心の状態に自分がアクセスできるようになるが、その心をあまり長くは保てない。たとえば、とても穏やかでしかも隙のない心の状態にたまたまなって、自分の心に深い喜びの感覚が広がるのを感じることもあるだろうが、わずか数分でその状態は失われてしまう。この段階は、赤ん坊が最初の一歩を踏み出すところと同じようなものだ。赤ん坊はようやく歩くという経験にアクセスできるようになった。それがどんな感じか、やっとわかったものの、それは一歩か、せいぜい二歩しか続かず、そこで終わってしまう。

強化の段階は、一歩歩くところから家の中を歩き回れるところまで進む、長いプロセスだ。それは瞑想をする人の場合には、特定の心の状態を意のままに引き出し、望みどおりの強さで望みどおりの時間にわたって保てるようになることだ。この段階での進歩は指数関数のようで、グラフに表せばホッケーのスティックに似た上昇カーブを描く。つまり、一見、進歩らしい進歩がない期間がいら立たしいほど長く続いたあと、突然、ほんの短期間にバーンと途方もない進歩を遂げ、完全に自分のものにできる。私の娘が二歩で数か月停滞したあと、わずか二日で急に歩けるようになったのと同じだ。何気なく眺めていると、たった二日で歩き方を覚えたかのように見えるが、実際には三か月かかった。三か月間たえず練習したからこそ、最後の二日で唐突な進歩を遂げ、歩けるようになったのだ。

自分の瞑想が進歩しているようには見えなくても、やる気をなくしてはいけないというのが、ここから得られる教訓だと思う。このプロセスが理解できれば、わかるだろう。変化の時は急に訪れるのであり、ひとつひとつの努力がそれに向かってあなたを少しずつ近づけているのだ、と。その古典的なたとえとして、凍った湖の表面で氷が解けるところが挙げられる。何気なく見ていると、それは突然の現象に見えるが、実際は、その下にある氷が長い時間をかけてゆっくり解けた結果だ。禅ではこれを「漸修頓悟《ぜんしゅうとんご》」と呼ぶ。

だから、今度赤ん坊が歩き方を覚えているのを見かけたら、気をつけてほしい。じつはその赤ん坊は禅師で、あなたの瞑想の進歩について、少しばかり教えてくれているのだから（さあ、みんなで言おう。「わあーっ」）。

4

100パーセント自然でオーガニックな自信

自信につながる自己認識

問題を生み出したのと同じ頭をもってしては、その問題は解決できない。
――アルベルト・アインシュタイン

むかしむかし、インドで番兵たちに追われていた泥棒が、暗い路地で寝ている物乞いに気づいた。そして、盗んだばかりの、小さいけれどとても高価な宝石を、その物乞いのポケットにこっそり入れてから逃げ去った。番兵たちをまいてから、戻ってきて取り返すつもりだった。ところが、番兵たちに追いつかれて争ううちに、図らずも殺されてしまった。今や物乞いは大金持ちだった。ポケットには死ぬまで何不自由なく暮らしていかれるだけの富が入っていたからだ。それなのに、一度として自分のポケットの中をあらためなかったので、とうとうそれに気づかなかった。そして、物乞いのまま一生を終えた。

自分の内をのぞいたときに、意外なものが見つかることもある。そこには宝が眠っているかもしれない。

明瞭さ

この章のテーマは、自分の内をのぞくことだ。章全体をたったひと言に凝縮できるとしたら、それは「明瞭さ」だろう。自己認識を深めるのは、自分の内側の明瞭さを向上させるということだ。ここで伸ばしたい具体的な特質がふたつある。次の写真を見ればわかるとおり、解像度と鮮明さだ。

右側の写真は、左側の写真とふたつの点で違う。第一に、解像度が高いので、細かいところまでよく見える。第二に、明るさとコントラストがあるので、画像がより鮮明に見える。この高い解像度と鮮明さの組み合わせのおかげで、画像が私たちにとって、ずっと意味のあるものになる。それと同じで、この章の練習をすれば、私たちは自分の情動をふたつの面で前より明瞭に知覚できるようになる。まず、自分の情動を知覚する時の解像度（精度）を高められるので、情動が現れたり消えたりする瞬間に捉えられるし、そのあいだの微妙な変化もわかる。第二に、明るさとコントラストが増すので、以前よりも鮮明に見ることができる。この組み合わせのおかげで、自分の情動生活について、とても役に立つ高忠実度《ハイファイ》の情報が得られる。

自己認識について

ダニエル・ゴールマンは自己認識を、「自分の内面の状態、好み、資質、直感を知ること」と定義している[1]。私はこの定義が気に入っている。自己認識は自分の一瞬一瞬の経験を洞察することだけに

(1) Goleman, *Working with Emotional Intelligence*［邦訳：前掲『ビジネスEQ』］.

とどまらず、自分の長所や短所を理解したり、自分のうちにある知恵にアクセスできたりといった、「自己」のもっと広い領域にも及んでいるからだ。

自己認識はEQのカギを握る領域で、ほかの領域はすべて自己認識にかかっている。なぜなら、自己認識は情動のプロセスに大脳の新皮質（思考する脳）を引き入れるからだ。自己認識は、思考する脳の、自分に向けた注意や言語と関係する領域と呼応しているので、強い自己認識をもっているときには、脳のこれらの領域が活性化し、それが、相手を怒鳴りつけるか、それとも思いとどまって、「この人を怒鳴りつけるわけにはいかない。CEOだから！」と自分に言い聞かせられるかを分けることにもなりうる。あらゆる情動経験に新皮質をかかわらせるのは、自分の情動生活をコントロールできるようになるうえで欠かせないステップだ。ミンゲール・リンポチェはそれを、詩的なたとえを使ってこう説明する。荒れ狂う川を目にできたら、その瞬間あなたはすでにその川より高い位置に自分を置いていることを意味するのだそうだ。同じように、情動を目にできた瞬間、あなたはもうその情動の虜にはなっていない。

自己認識の能力

ダニエル・ゴールマンは、「情動的能力」という概念を、「学習した能力で、EQに基づいており、仕事で抜群の実績につながる」[2]と定義している。彼によれば、自己認識の領域には三つの情動的能力があるそうだ。

1　情動の自覚——自分の情動とその影響に気づくこと
2　正確な自己査定——自分の長所と限界を知ること
3　自信——自分の価値と能力を強く実感すること

情動の自覚と正確な自己査定の決定的な違いは、前者がおもに生理的なレベルで働くのに対して、後者がおもに意味のレベルで働く点だ。情動の自覚は、自分の体で情動を正確に知覚し、その由来を知り、自分の行動にどう影響しているかを理解することを意味する。それとは対照的に、正確な自己査定は、自分の感じる情動を超え、人間としての自分についての知識にまで及ぶ。そこで、こんなことが問われる。自分の長所と短所は何か？　自分の資質と限界は？　自分にとって大切なことは何か？　正確な自己査定は、情動の自覚の上に成り立っている。

これら三つの能力はそれぞれ、仕事でも人生でもとても役に立つ。情動のしっかりした自覚、それもとくに体での自覚が直感へのアクセスを高めることは、第1章で述べた。情動の自覚は、セルフモチベーション（自己動機づけ）と直結している。私たちは、自分のすることを心の奥底

(2) Goleman, *Working with Emotional Intelligence*〔邦訳：前掲『ビジネスＥＱ』〕. 自己認識の定義については "Emotional Competence Framework" を参照のこと。

にある価値観と整合させることで、一番うまく自分を動機づけられる。そして、情動をしっかり自覚していれば、そうした価値観に意識的にアクセスできる。これについては、モチベーションを取り上げる第6章でもっと詳しく述べることにする。

情動の自覚は金銭面にさえ直接影響を与えかねない。たとえば、組織心理学者のケアリー・チャーニス博士とロバート・カプラン博士の報告によると、アメリカン・エキスプレス・ファイナンシャル・アドバイザーズ社でアドバイザーたちに情動の自覚の技能を教えたところ、ひとりあたりの収入が増えたそうだ。(3) ファイナンシャル・アドバイザーたちは、困難な状況で自分の情動的な反応を識別することを学び、自己不信や恥ずかしさにつながる非建設的なひとり言を前より意識するようになった。そして、情動の自覚があるおかげで、対策を講じて、最終的に前より効果的に仕事に取り組めるようになり、収入も上がり、おそらくクライアントにも優れた金銭的アドバイスを与えることができた（ちなみに、私は自分のファイナンシャル・アドバイザーに「マインドフルネスの瞑想」を教えた。すると、彼は私がただの親切心からそうしていると思ったようだ）。

正確な自己査定は「自己客観性」とも呼ばれる。誰にとっても役立つが、管理職はとくに得るところが大きい。ダニエル・ゴールマンの言葉を引こう。

一二の組織の数百人の管理職を調べると、正確な自己査定ができる人がたいてい優れた実

(3) Cary Cherniss and Daniel Goleman, *The Emotionally Intelligent Workplace: How to Select for, Measure, and Improve Emotional Intelligence in Individuals, Groups, and Organizations* (Hoboken, NJ: Jossey-Bass, 2001).

績をあげていた。……正確な自己査定能力をもった人は、自分の能力や限界を自覚しており、フィードバックを求め、失敗から学び、改めるべき部分も承知しているし、自分の短所を補うような長所をもつ人と協力すべきときも心得ている。正確な自己査定は、AT&Tや3Mといった企業の知識労働者（コンピューター科学者、監査役など）数百人を対象に行なった研究で、優れた実績をもつ人の事実上全員で見つかる能力だった。……平均的な実績をもつ人はたいてい、能力全般の査定で自分の長所を過大評価するのに対して、優れた実績をもつ人の場合、それは稀《まれ》で、彼らはどちらかと言えば、過小評価しがちだった。自分に対して高い基準を課している証拠だろう。(4)

本来、完璧な人などいない。だから、正確な自己査定ができれば、私たちは限界があるにもかかわらず成功しやすくなる。

自信は強大な能力だ。ノーマン・フィッシャーは、真の自信というものを見事に説明している。

自信はうぬぼれとは違う。……ほんとうに自信があれば、人はエゴに関して柔軟になる。必要なときにはエゴを活かせるが、他人の話に耳を傾けてまったく新しいことを学ぶためなら、その必要に応じて抑え込むこともできる。そして、もしエゴをうまく抑え込めないとき

(4) Cherniss and Goleman, *The Emotionally Intelligent Workplace.*

には、少なくとも、そうと気づくことができる。自分に対してそう認めることができる。自己非難せずに自分の限界に気づくのには、深い自信を必要とする。(5)

これまで何章かいっしょに進んできたので、私たちはもう古くからの友人のようなものだから、恥ずかしい秘密をひとつ明かしてもいいだろう。じつは、私はとても内気な人間なのだ。実際、子供のころ、内気で人づき合いが苦手で、将来はきっとエンジニアとして成功するだろうと誰もが思うようなガリ勉のイメージにぴったりだった。ところが、大人になった今、あいかわらずとても内気だとはいえ、静かな、それでいて紛れもない自信を示せるようになった。バラク・オバマのような世界の指導者と会っているときでも、大勢の聴衆の前で話しているときでも、交通巡査を相手にしているときでもそうだ。国連で話している自分のビデオを見たときには、いかにも自信ありげに見えたので驚いた。まったく、このビデオに映っている人のことをすでに知らなかったら、たいした人物だと思ったことだろう。

私がそんな自信を示せるのは、自信ありげに見えるように努力しているからではなく、自分のエゴやうぬぼれの感覚に対してユーモアのセンスをもっているからだ。人と接しているときにはたいていの場面で、自分のエゴを謙虚でほとんど物の数に入らないところまで縮ませ、誰であれ接している相手に優しさと利益をもたらすことに集中する。同時に、自分のエゴを十分な大きさ

(5) Fischer, *Taking Our Places.*

にまでふくらませ、ビル・クリントン元大統領だろうと、女優のナタリー・ポートマンだろうと、交通巡査だろうと、ユーチューブで私を見ている厖大な視聴者だろうと、誰と接していても気後れしないようにする。その意味で、自信とは、富士山ほど大きくなると同時に、取るに足りない砂粒ほど小さくなれる能力だと思っている。私は自分のエゴをふくらませると同時に縮ませ、その不合理をこっそり笑う。これが内気なエンジニアの自信の秘密だ。

別に驚くことでもないが、自信はおおいに仕事の役にも立つ。抜群の職務遂行能力を発揮するには自信が重要であることを示す研究はたくさんある。たとえば、ＥＱの有名な専門家、リチャード・ボヤツィス博士による研究からは、自信が一流の管理職と並みの管理職を分ける特徴的な要因であることがわかった[6]。それればかりか、一一四の研究を対象とした大規模なメタ分析によると、自信の一形態である「自己効力感」は職務遂行能力と正の相関関係にあるそうで、職務遂行能力を向上させることが広く知られている目標設定のような戦略と比べてさえ、もっと効果的かもしれないとのことだ[7]。

情動の自覚から自信へ

手軽に自信を強めるには、動機づけのセミナーに参加するといい。私と違って変な訛りのない完璧な英語を話す人が、「あなたはたいしたものだ！　あなたは成功できる！　あなたはすごい！

(6) Richard Boyatzis, *The Competent Manager: A Model for Effective Performance* (New York: Wiley, 1982).

(7) Alexander Stajkovic and Fred Luthans, "Self-Efficacy and Work-Related Performance: A Meta-Analysis," *Psychological Bulletin* 124, no. 2 (1998): 240-261.

あなたならやれる！」と大声でまくしたて、拍手が湧き起こり、全員が自分におおいに満足しながら家路につく。その満足感は、まあ、三日ぐらいもつだろう。だが、私の経験では、とても持続しやすい自信は、深い自己認識と自分に対する赤裸なまでの正直さからしか生まれてこない。

私はエンジニアだから、それをこんなふうに考えている。自分の失敗モードと復元モードという、私が機能するうえで重要なふたつのモードを理解すれば自信につながるのだ。あるシステムを完璧に理解し、それがどんなふうに故障するかを正確に知っていれば、それがどんなときには故障しないかも知っていることになる。その場合、私はそのシステムが完全ではないことを知っていながら、そのシステムに対して強い自信をもつことができる。なぜなら、どんな状況でも何をどう調節すればいいか、わかっているからだ。そのうえ、故障のあとシステムがどう復元するかも正確に知っていれば、故障したときにさえ自信をもっていられる。システムがすばやく復旧して、故障が取るに足りないものとなる条件がわかっているからだ。これと同じように、自分の心や情動や能力について、両方のモードを理解していれば、これほど多く欠点を抱えていようと、こんな外見をしていようと、私は自分に自信をもつことができる。

最近、ベルリンで開催された世界平和祭で話したときに、これを実際に試してみる機会が得られた。私は、最後に全体で行なうパネルディスカッションがとりわけ心配だった。ほかの参加者が全員私の一〇倍もりっぱな人たちだったからだ。ノーベル平和賞受賞者、大臣、高名な慈善活動家、そして、友人のディーパク・チョプラ……。それにひきかえ、私はグーグルの一社員にすぎない。大人たちの食卓に座っている子供のような気がした。それに、英語の単語を正確に発音するには意識して頭の中で処理する必要があるので、人前で話すときにはたいてい準備にたっぷり時間がかかるからなお悪かった。話すのと考えるのを同時にこなすのは、私には大変なのだ。ところがこのディスカッションでは、司会者に何を質問されるかは、このイベントが始まる文字どおり一分前までわからなかった。だから、きちんと準備することはできない。

幸い、マインドフルネスのトレーニングの効果が出た。まず思い出した。自分のエゴをユーモアをもって扱い、私の「自己」などどうでもいいほどエゴを縮ませつつも、平和に関する会合でノーベル平和賞受賞者と並んで、対等の立場で何の気兼ねもなく物を言えるだけの大きさを保たせるのだ。それから、自分の長所と限界も思い出した。たとえば、私は企業という環境で仏教の教えを実践する専門家だが、国家の幸せのインフラを生み出す方法については

情動の自覚
- 自分の情動を明瞭に捉える
- 自分を第三者の視点から眺められる
- 情動経験について客観的になれる

▼

正確な自己査定
- 自分の長所と短所について正直になれる
- 自分の優先事項と目標がはっきりしている
- ありのままの自分がしっくりくる

▼

自信

まったく知らない。だから、自分が最大の貢献ができる分野に価値を付加することに集中した。また、平穏やユーモアの面でその場の雰囲気を良くする能力が自分の一番の長所であることも思い出した。そこで、「喜ばしいマインドフルネス」（第3章を参照）の状態にできるかぎりとどまるようにした。そして、自分にとって目下最大の失敗モードと、復元モードの対策に思い当たった。話しているときに英語の単語につまずくのが問題だから、深呼吸し、微笑み、マインドフルな状態を保ち、ときどき舌がもつれても気にしなければいい。自己認識に基づくこうした対策を総動員し、私は最後まで自信を保つことができた。こういう対処法を学んでおいてよかった。

持続可能な自信に必要なこの種の深い自己認識や自分に対する赤裸なまでの正直さをもつというのは、自分に対して隠すものがいっさいないことを意味する。自己認識や正直さは、正確な自己査定から生まれる。自分を正確に査定できれば、自分の最大の長所も最大の短所も、明瞭に、客観的に見て取れる。自分の最も神聖な志についても、最も邪《よこしま》な欲望についても、自分に対して正直になれる。人生における最優先事項を知り、何が自分にとって重要で、何が重要ではないので手放してかまわないかわかる。やがて、あるがままの自分でいるのがしっくりくるようになる。まだ知らない不面目な秘密がなくなる。自分に関して、対処できないことが何ひとつなくなる。これが自信の基礎だ。

正確な自己査定自体は、情動を強く自覚することから得られる。情動の強い自覚というのは、とても高い信号対雑音比（SN比）で情動データを受信する（つまり、とても明瞭な信号を受け取る）ようなものだと思う。情動の自覚を強めるには、自分の情動経験を念入りに調べなくてはいけない。私たちは馬をじっくり眺めている調教師に似ている。さまざまな状況で馬を念入りに観察すればするほど、その傾向や行動が理解でき、上手に調教できる。情動が明瞭に見て取れれば、客観的な第三者であるかのように自分の情動生活を眺められるような距離が生まれる。言い換えると、私たちは客観性が得られ、ひとつひとつの情動経験を、あるがままに明瞭で客観的に知覚し始める。これこそが、正確な自己査定のもととなる明瞭な信号なのだ。

ここから、自己認識の三つの情動的能力のあいだの直線的な関係が浮かび上がってくる。情動の強い自覚がより正確な自己査定につながり、今度はそれが、前より強い自信を生むのだ。

自己認識を育む

世の中には、あまりにあたりまえすぎて、目の前にあっても気づかないことがある。その好例が、自己認識とマインドフルネスの類似だ。たとえば、それぞれの分野の巨人による定義を比べてほしい。

自己認識とは……情動の嵐のただなかにあってさえ、自己省察を維持できる、偏りのないモードのことだ。

――ダニエル・ゴールマン(8)

マインドフルネスとは、特別な形で注意を払うことを意味する。それは、意図的に、今の瞬間に、評価や判断とは無縁に、注意を払うことだ。

――ジョン・カバットジン(9)

ふたりとも実質的に同じことを述べているではないか！（ダンが定義する）自己認識とは、（ジョンが定義する）マインドフルネスにほかならない。じつは、そう悟ったために、私はＳＩＹの開発に取りかかったようなものだ。自分自身がマインドフルネスの練習をしていたので、マインドフルネスがトレーニング可能であることはすでにわかっていた。そして、自己認識が実質的にマインドフルネスと同じなら、自己認識も同じようにトレーニング可能に違いない。これだ！こう悟り、その線で進んでいった結果、私と私のチームはＥＱのためのカリキュラムをそっくりひとつ開発することになった。

心の古典的なたとえは、旗竿《はたざお》で翻《ひるがえ》る旗だ。旗は心を表す。強い情動があるときには、心は

(8) Daniel Goleman, *Emotional Intelligence: Why It Can Matter More Than IQ* (New York: Bantam, 1995)［邦訳：『ＥＱ――こころの知能指数』（土屋京子訳、講談社、1996年）］.

(9) Kabat-Zinn, *Wherever You Go, There You Are*.

強風にはためく旗のように揺れ動く。旗竿はマインドフルネスを表す。情動がどれほど荒れ狂っても、心を安定させ、しっかりつなぎとめる。この安定のおかげで、私たちは第三者の客観性をもって自分を眺められる。

旗と心のことを書いていたら、禅にまつわるジョークを思い出した。ある禅師の話を聞きに、大勢の人が集まった。そのうちのひとりが、はためく旗に気を取られて言った。「旗が動いている」。すると、別の人が言った。「いや、風が動いているんだ」。さらに、聴衆のなかで一番賢い人が言った。「いや、みなさん、心が動いているのだ」。最後に、おしゃべりにうんざりした人が言った。「みんなの口が動いている」

ノーブランドでごく普通のマインドフルネス瞑想だけでも、自己認識を育む助けになる。とはいえ、フォーマルな練習をすればなおさら効果的だと思うので、私たちの講座では、ともにマインドフルネスに基づくふたつのフォーマルな練習を導入した。ひとつ目は「ボディ・スキャン」で、生理的なレベルで機能し、情動の自覚を育むのに最適だ。ふたつ目は「ジャーナリング」で、意味のレベルで機能し、正確な自己査定能力を伸ばすのに最適だ。

このふたつの練習は、自己知識と自分に対する正直さを促進することで、自信をもつためのお膳立てをしてくれる。

ボディ・スキャン

第1章で述べたように、情動は生理的経験なので、情動を高解像度で自覚するには、マインドフルネスを体に向けるにかぎる。一番単純なのは、マインドフルネスをたえず自分の体に向けることだ。マインドフルな注意を体に向けるたびに、神経の変化のきっかけが生まれ、あなたは自分の体になおさら鋭敏になり、その結果、情動のプロセスにも鋭敏になる。

物事を体系的にやるのが好きな人のためには、ボディ・スキャンというフォーマルな練習がある。これは、大成功を収めているジョン・カバットジンの「マインドフルネスストレス低減法（MBSR）」講座の核心を成す練習のひとつだ。この練習自体はとても単純で、評価や判断とは縁のない、一瞬一瞬の注意を体のさまざまな部位に、ただ体系的に向けるというものだ。頭のてっぺんから始め、足の親指の先まで下ろしてくる（あるいは、その逆）。そのあいだずっと、あらゆる感覚（あるいは感覚の欠如）に注目する。肝に銘じてほしいのだが、大切なのは注意であって感覚ではない。したがって、感覚を経験してもしなくてもかまわない。注意を払うことだけが重要なのだ。

MBSRでは、この練習は二〇分から四五分続きうる。講師しだいだ。SIYではもっと短く、情動の経験と一番かかわりが深い体の部位だけに集中する。そのうえ、SIYはもともとEQの講座なので、参加者には練習の後半、生理面で情動に呼応するものを経験するように促す。

エクササイズ——**ボディ・スキャン**

注意を集中させる

二分間くつろいで座ることから始めましょう。（それが何を意味するかは人それぞれでしょうが）リラックスできてしかも隙のない状態になれる姿勢をとります。

今度は自然に呼吸し、とても穏やかな注意を呼吸に向けます。鼻の穴か、お腹か、呼吸する体全体（これが意味するところも、人それぞれでしょうが）に注意を向ければいいのです。吸気と呼気と、そのあいだの間《ま》を意識してください。

体をスキャンする

▼頭

さあ、頭のてっぺん、耳、頭の後ろ側に注意を向けます。感覚（あるいは感覚の欠如）に一分間注目してください。

▼顔

今度は注意を顔に移しましょう。額、目、頬、鼻、唇、口、口の中（歯肉と舌）に一分間注目してください。

▼首と肩

首、喉の内側、肩に注意を一分間移しましょう。

▼背中と腰

背中の上のほう、中ほど、腰に注意を一分間移しましょう。背中は体重の多くを担《にな》い、緊張の多くがたまっています。ですから、それに見合った、優しい、愛情のこもった注意を背中と腰に向けましょう。

▼胸と腹

次に、胸とお腹に注意を一分間移します。可能なら、（それが何を意味するかは人それぞれでしょうが）内臓にも注意を向けようとしてみてください。

▼全身同時に

さあ、今度は、全身に同時に注意を一分間向けましょう。

情動を探してスキャンする

体の中に何か情動は見つかりましたか？　見つかったら、体の中でのその情動の存在に、ただ注目してください。もし見つからなかったら、情動がないことにただ注目し、次の二分間に湧き起こったら、それを捉えましょう。

▼ポジティブな情動

今度は、体の中のポジティブな情動を経験するようにしてみましょう。

幸せで喜びにあふれた出来事か、自分が最大限に力を発揮して生産的だったときか、自信を感じたときの記憶を頭に蘇らせてください。

ポジティブな情動の感覚を経験しましょう。次に、注意を体に向けます。ポジティブな感情は、体の中ではどんなふうに感じられますか？　顔では？　首や胸や背中では？　呼吸はどうなっていますか？　緊張のレベルに変化はありますか？　三分間、ひたすらそれを経験しましょう。

もとの状態に戻る

ここで現在に戻りましょう。もし情動にあふれた考えが見つかったら、ただ放してやってください。

注意を体か呼吸のどちらかに向けます。心が安定するほうを選んでください。そして、二分間、ただそこに心を落ち着けていましょう。

（ここで長い間を置く）

おつかれさまでした。

このエクササイズでは、ネガティブな情動ではなく、ポジティブな情動を引き出すようにあなたを促しただけであることに注意してほしい。ネガティブな情動が絡むエクササイズは、次の章までお預けにする。ネガティブな情動を扱う手立てを紹介するのは次の章だからだ。私たちのクラスでも、そうした手立てを先に紹介することなしに、ネガティブな情動を引き出すように参加者を促したりはしない。そんなことをしたら、グーグルの大事な弁護士たちの神経を逆撫《さかな》でするることになるから。

私は誰もがフォーマルなボディ・スキャンの練習を試してみることを推奨したい。重要な恩恵がたくさんあるからだ。第一に、ただマインドフルネスを日常の活動に持ち込むよりもうまくいく。最大の理由は、集中にある。普通の活動をしているときには、ティク・ナット・ハンのように鍛え上げた心をもっていないかぎり、あるいは、競技ダンスをしているときのように体に注意をすべて向ける活動をしているか、あなたが競技ダンスをしているティク・ナット・ハンでないかぎり、注意のほんの一部しか自分の体に向けられそうにない。それとは対照的に、ひたすらフォーマルなボディ・スキャンだけをしていたら、注意のはるかに多くを体に集中できる。そして、この注意こそが、神経の変化の原動力なのだ。

私たちのSIYクラスの参加者に、ジムという管理職がいる。何週間かボディ・スキャンの練習をしたあと、彼はこう言った。「気がつきましたよ、私は、自分の体の中に情動を押し込めていたんです。そのせいで体の不調を招き、しょっちゅう仕事を休んでいました。この練習のおかげで、出勤する日が増えました」。ジムには直属の部下が九人いるので、彼がボディ・スキャンの練習を始めたために、少なくとも一〇人が恩恵を受けたわけだ（「ジム」というのは実名ではないが、彼が実在の人物であることは保証する）。

ボディ・スキャンの第二の恩恵は、眠りを助けることだ。MBSRでは、参加者は横たわってボディ・スキャンの練習をするので、クラスでは毎回少なくともひとりがいびきをかき始めることになる（ほかの人は全員、「いびきをかくのをやめろ！　瞑想しようとしているのに、しょうがないやつだ！」と考えていることだろう）。ボディ・スキャンをするとどうして眠くなるのか、正確なところはわからないが、自分の経験を振り返ると、いくつか思い当たる理由がある。体に注意を向けることで、体がリラックスしやすくなる。体の緊張は、体に注意を払っていないから積み重なることがとても多いので、注意を向けるだけで問題が解消される。また、ボディ・スキャンや、マインドフルネスに基づくほかの穏やかなエクササイズは、心を休ませる。このように、ボディ・スキャンは身も心もリラックスさせるから、横たわった状態でやれば、眠りに落ちやすい。不眠に悩まされていたら、この練習が役立つかもしれない。

ジャーナリング

ジャーナリングとは、自分に向けて書くことで自己発見する練習だ。心の中にありながら、明瞭で意識ある眺めには入っていないものを発見するのを助ける、重要なエクササイズだ。物を書くとき、私たちはたいてい別の人に考えを伝えようとしている。だが、このエクササイズは違う。誰か別の人とコミュニケーションをしようとしているわけではなく、自分の考えを紙の上に流れ出させ、何が出てくるかを自分で見られるようにするのだ。

このエクササイズ自体はとても単純だ。たとえば三分というふうに制限時間を自分に課し、きっかけとなる話題を与えてもらう（あるいは、自分で自分に与える）。私たちの場合は、「今、私が感じているのは……」といった、自由回答式の文章だ。その制限時間内に、頭に浮かんだことを何でもいいから書く。話題に関することでもいいし、頭に浮かんだほかのことでもいい。何を書こうかなどと考えようとしないで、ただ書くことだ。話題から離れてしまってもかまわない。考えていることのいっさいをひたすら紙の上に流れ出させてほしい。規則はひとつしかない。時間切れになるまで、書くのをやめてはいけない。書くことがなくなったら、ただ、「書くことがなくなった。書くことなど何もない。まだ書くことがない……」と書き続けながら、また何か書くことが出てくるのを待つ。思い出してほしい。あなたは自分に向かって自分のために書いているのであって、自ら望まないかぎり、誰にも見せる必要はない。だから、あくまで正直に書くことができる。

ジャーナリングは思考と情動を対象とするマインドフルネスと見なすことができる。思考と情動が湧き起こるそばから、一瞬一瞬の、評価や判断とは無縁の注意をそれに向け、紙に書くことで、その流れを助けるのだ。ほかにもいくつか見方がある。私はエンジニアとして、ジャーナリングのことをフィルターをかけずに行なう脳の内容表示作り《ダンプリスト》と見なしている。心の流れを紙の上にそのまま表示するわけだ。もう少し詩的な見方をすれば、考えは穏やかに流れる小川であり、それを紙の上に捉えようとする行為ということになるのだろう。

この練習はとても単純なので、少しでも役に立つのかどうか怪しく思えるかもしれない。ノーマン・フィッシャーが最初に説明してくれたときには、私もそう思ったが、効果を調べた研究結果を見て肝をつぶした。ステファニー・スペラとエリク・ブールファイントとジェームズ・ペネベイカーは、失業した知的職業人に、五日連続で毎日二〇分ずつ、自分の気持ちについて自分に向かって書いてもらった。(10) すると、ジャーナリングをしなかった対照群よりも、新しい仕事を見つける率がずっと高かった。八か月後、彼らの六八・四パーセントが就職できたのに対して、対照群の就職率は二七・三パーセントにとどまった。この数字に私は仰天した。普通、何らかの処置をして、パーセンテージで数ポイントの差が出たら、論文を発表できる。だがこの場合、三ポイント程度の話ではなく、四〇ポイント以上なのだ！　しかも、たった一〇〇分の処置しか必要なかった。これはすごい。

はっきりした変化を経験するまでに、どれだけジャーナリングをやる必要があるのだろう？ Very Short List (VSL): Science というニュースレターに二〇〇九年三月二日に現れた記事を引用しよう。(11)

二〇年前、テキサス大学の心理学者、ジェームズ・ペネベイカーが出した結論によると、

(10) S. P. Spera, E. D. Buhrfeind, and J. W. Pennebaker, "Expressive Writing and Coping with Job Loss," *Academy of Management Journal* 37 (1994): 722-733.

(11) "Know Thyself," Very Short List (March 2, 2009).

自分にとって一番意味のある個人的経験について、何日か連続で毎日一五分書いた学生は、体調と血行が良くなり、学業成績が上がったという。だが、ミズーリ大学の新しい研究によると、数分書くだけでも十分だそうだ。

研究者たちが大学生四九人に、情動的に重大だと思ったことについて二日連続で二分間書いてもらった。すると学生たちはただちに気分が良くなり、生理的健康状態の標準測定で成績が上がった。長期にわたる内省は必要なく、「ある日、話題を切り出し、翌日、それについて短時間考える」だけで、物事を客観的に捉えられるというのがこの研究の結論だ。

わずか四分間で測定可能な違いが生み出せるのだ。私が驚いた理由がこれでわかってもらえただろう。

毎日楽しくジャーナリングの練習を続けるには、何枚も紙を用意し、それぞれに別の話題を書いて、金魚鉢にでも入れておき（水の入っていないものを使うことをお勧めする）、毎日、一枚か二枚、ランダムに取り出す。いくつか、話題の例を挙げておこう。

- 今、感じているのは……
- 今、意識しているのは……

●私にやる気を起こさせるのは……
●私にインスピレーションを与えてくれたのは……
●きょう、やってみたいのは……
●私の心を傷つけるのは……
●こうだったらいいなと思っているのは……
●ほかの人たちは……
●愛とは……

正確な自己査定のエクササイズのやり方をこれから紹介しよう。普通のジャーナリングのほかに、このエクササイズをやる気になるような導入もつけ加えてあることに注目してほしい。

エクササイズ——**自己査定のためのジャーナリング**

導入
ジャーナリングを始める前に、心の準備をしておきましょう。

難しい状況にポジティブに対応し、結果にとても満足できた例をひとつ、あるいはいくつか思い出し、それについて二分間考えてください。よくやったと感じたでしょう。いくつかの例を考えているのなら、結びつきやパターンが何か見えてこないか考えてみてください。

次に、少し時間をとって、心をリラックスさせます。

（ここで三〇秒、間を置く）

ジャーナル

きっかけとなる話題（一項目あたり、二分）

● 私を愉快にしてくれるのは……

● 私の長所は……

導入

今度は、難しい状況にネガティブに対応し、結果にとても不満足だった例をひとつ、あるいはいくつか思い出し、それについて二分間考えてください。しくじったと感じたでしょう。そして、やり直せたらいいのにと願っているでしょう。いくつかの例を考えているのなら、結びつきやパターンが何か見えてこないか考えてみてください。

次に、少し時間をとって、心をリラックスさせます。
（ここで三〇秒、間を置く）

ジャーナル

きっかけとなる話題（一項目あたり、二分）
●私をいら立たせるのは……
●私の短所は……

しばらく時間をかけて、自分に向けて書いたことを読んでみましょう。

私の情動は私ではない

自己認識を深めていくと、ついにはとても重要な悟りが得られる。私たちは自分の情動ではないのだ。

私たちはたいてい、自分の情動が自分だと思っている。これは、情動を言葉で言い表すときにも反映されている。たとえば、「I am angry」「I am happy」「I am sad」という具合に、まるで怒りや幸せや悲しさが自分であるかのように、あるいは、自分になったかのように言う。私たちの心にしてみれば、自分の情動が自分の存在そのものになるのだ。

マインドフルネスの練習を十分に重ねれば、やがて、微妙ではあるが重要な変化に気づく。情動は自分が感じるものにすぎず、自分ではないのだと思えてくるのではないか。情動は自分の存在そのものから、自分の経験するものに変わる。さらにマインドフルネスの練習を続ければ、再び微妙ではあるが重要な変化が起こるだろう。情動がただの生理的現象に見えてくるのだ。情動は体で経験するものになり、たとえば、自分が怒りそのものである状態から、怒りを体で経験する状態へと移る。

この微妙な変化は途方もなく重要だ。なぜなら、自分の情動を克服できることを示唆しているからだ。もし情動が私だとしたら、ほとんど手の打ちようがない。だが、もし情動は私が体で経験するものにすぎないのなら、怒りを感じるのは、激しい運動のあとに筋肉痛を感じるのによく似ていることになる。どちらもただの生理的経験で、自分の影響が及ぶ。どちらも癒やすことができる。無視してアイスクリームを買いに行くこともできる。何時間かすれば不快感が薄らぐことがわかっているからだ。私は、どちらも注意深く経験することができる。つきつめて言えば、どちらも私の核を成す存在ではないので、私はその両方に働きかけることができるのだ。

瞑想の伝統の中には、この悟りの美しいたとえがある。思考と情動は雲に似ていて、美しいものもあれば、暗いものもある。一方、私たちの核を成す存在は空のようなものだ。雲は空ではなく、空で起こる現象で、現れては消える。同様に、思考と情動は私たち自身ではなく、心と体で起こるたんなる現象で、現れては消える。

この悟りをもっていれば、自分の中に変化の可能性を生み出せる。

5
情動を馬のように乗りこなす

自己統制の力を伸ばす

人は己を支配する以上の支配権も、それ以下の支配権ももちえない。
——レオナルド・ダ・ヴィンチ

この章のテーマは、次のようにまとめられる。

衝動から選択へ

むかしむかし、中国で馬に乗った男が、道端にたたずむ男の脇を通りかかった。立っている男が、「そこの馬のお方、どちらに行かれる？」と尋ねると、馬上の男はこう答えた。「わからん。馬に訊いてくれ」

この話は、情動生活のたとえになっている。馬が情動で、私たちは普通、自分の情動の言いなりになっているように感じている。馬は自分の手に負えず、行き先は馬に任せるしかないように思える。幸い、じつはその馬は調教して導くことができる。それにはまず、馬を理解し、その好みや傾向、行動を観察することだ。馬が理解できたら、今度はうまくコミュニケーションを図り、手なずける。やがて馬は、私たちの望みどおりの場所に運んでいってくれるようになる。こうして、私たちは自ら選択できるようになる。そうすれば、ジョン・ウェインのように格好良く夕日に向かって走り去ることもできるだろう。

自己認識を取り上げた先ほどの章は、いわば、馬を理解するためのものだった。この章では、自己認識を利用して、自分の情動を支配できるようになろう。言い換えれば、馬の乗り方を覚えよう。

自己統制について

自己統制というと、たいてい自制心しか頭に浮かばない。CEOを怒鳴りつけたりしない類の自制心だ。もしあなたがそれしか考えていないのだとしたら、おいしいところをそっくり見逃していることになる。自己統制は、たんなる自制心よりはるかに範囲が広い。ダニエル・ゴールマンは自己統制の領域で五つの情動的能力を挙げている。

1 自制心――破壊的な情動や衝動を抑える
2 信頼性――正直さと誠実さの基準を維持する
3 良心性――自分の振る舞いに責任をとる
4 適応性――変化に柔軟に対応する
5 革新性――新奇な考え方やアプローチや新しい情報を気兼ねなく受け入れる

これらの能力の根底には共通点がひとつある。**選択権**だ。誰もがこうした能力をすべてもちたいと願っている。たとえば、私たちはみな、適応性も革新性も備えていたいと思っている。正直さと誠実さの基準を維持することを望まない人などいるだろうか？　それなのに、私たちの多くは、こうした特質を常時守り通すことができずにいる。なぜだろう？　それは、情動によって別の方向に進むように強いられているように感じることが多いからだ。だが、もし衝動を選択に変える能力を持っていたら、これらの特質がすべて手に入り、私たちは望みさえすれば、それを実践することを選択できる。

衝動から選択へ移れれば、先ほどの五つの能力をすべて発揮できるようになるのだ。

自己統制は情動を避けたり抑え込んだりすることではない

私たちは、ＳＩＹをしばらく教えているうちに気づいた。自己統制とは何かを説明するのはとても重要だが、何でないかを説明するのも同じぐらい重要なのだ。理由は単純で、自己統制とは悩ましい情動をたんに抑え込むことだと考えている人が多いからだ。幸い、彼らの考えているとおりではない。

自己統制は情動を避けることとは違う。つらい情動を感じるのがふさわしい状況もある。たとえば、親友が悲しい知らせを伝えてくれたときには、その人と悲しさを分かち合うのがおそらく最善だろう。また、あなたが医師で、患者にとても深刻な診断結果を伝えるときには、不愉快に感じるのを避けたいとは思わないだろう。あと一か月の命ですと患者に伝えるときに、満面に笑みをたたえているわけにはいかない。そんな顔を見せるなど、もってのほかだからだ。

自己統制は、本当の気持ちを否定したり抑えつけたりすることでもない。気持ちは貴重な情報をもっているから、否定したり抑えつけたりしたら、その情報を失ってしまう。たとえば、グーグルのSIYのある参加者は、自分の気持ちに注意深く耳を傾けることを覚え、今の自分の役割に対する不満をそっくり理解し始めた。そして、講座が終わってからまもなく、社内の別の役割に移り、ずっと幸せになり、仕事も前よりてきぱきとこなしている。

自己統制は、特定の情動をけっして抱かないことでもない。情動のあしらいがとてもうまくなることだ。たとえば、私はこんなことを聞いた。仏教の心理学では、怒りと憤りのあいだには重要な違いがある。怒りは無力感から湧き起こるのに対して、憤りは力から湧き起こってくる。その違いがあるので、怒りを感じているときには自分をコントロールできなくなるが、憤りを感じているときには自分の心も情動も完全にコントロールし続けられる。だから、冷静さを失わずに、情動的になって、変化を求めて闘うことは可能だ。したがって、憤りは鮮やかな手並みを見せられる状態であり、自己統制の能力が本領を発揮している好例と言える。これを最も見事に体現したのはガンディーだと思う。ガンディーは怒りに満ちた人ではなかったが、それでも不正と闘ったり、大規模なデモ行進を率いたりした。彼は闘っているあいだ中、冷静さや思いやりを失うことは一度もなかった。私もそういう人間になりたい。

水面に字を書くように

とはいえ、実生活の中で忌まわしい考えや情動をどうしても鈍らせなくてはならないときには、いったいどうすればいいのか？

まず、こう問うべきだと思う。そもそも忌まわしい考えや情動が湧き起こるのを防げるのか？私は自分の経験に基づいて、これは不可能だと考えている。事実、世界でも有数の心理学者、ポール・エクマンは、まさにこの点をダライ・ラマと話し合ったそうだ。そして、思考や情動が湧き起こるのを防ぐことは不可能だということで意見が一致したという。これは正しい答えに違いない。ポールとダライ・ラマと私が三人そろって間違っているなどということがあるはずがない。そうではないか？

ただし、ダライ・ラマは重要な補足をした。私たちは、忌まわしい思考や情動が湧き起こるのは防げないものの、それを手放す力はもっているし、鍛錬を積んだ心ならば、そうした思考や情動は、湧き起こるそばから手放せるというのだ。

ブッダは、このような心の状態をじつに美しくたとえている。彼は、「水面に字を書くようなもの」と述べた(1)。悟りを開いた心に忌まわしい思考や情動が湧き起こるときはいつも、水面に字を書くようなもので、書いた途端に消える。

捨てる練習

瞑想からは、人生を変える重要な悟りがいくつも得られる。なかでもとくに重要なのが、痛みと苦しみは質的に別個のもので、痛みはかならずしも苦しみに結びつかないという悟りだ。そして、この悟りのもとは、執着を捨てる練習にたどれる。

執着を捨てるというのは並外れて重要な技能で、瞑想の練習にとって不可欠の基礎のひとつだ。毎度のことだが、禅の伝統では、この大切な悟りもおかしな表現で言い表す。禅宗の第三祖、僧璨《そうさん》はこう書いている。「至道無難《しいどうぶなん》、唯《た》だ揀択《けんじゃく》を嫌う(2)」。心が自由そのものになり、好みにさえ執着しなければ、至道（まことの道）はもはや難しくないのだ。

捨てるのがこれほど大切ならば、とても重要な疑問が生まれる。人生の浮き沈みを捨て、なおかつそれを味わったり十分経験したりできるだろうか？　私流の訊き方をするなら、カルマを味わいつつ、手つかずで残せるか？

(1) "Lekha Sutta," the Discourse on Inscriptions, Anguttara Nikaya.

(2) Xinxin Ming (XXX), 心への信頼についての銘文。日本語では「信心銘」として知られている。

私は可能だと思う。カギは、執着と嫌悪のふたつを捨てることだ。執着というのは、心が何かに必死にしがみついて放そうとしない状態を言う。嫌悪は、心が何かを必死になって遠ざけ、それに近づくのを拒む状態のことだ。これらふたつは、互いに表と裏の関係にある。執着と嫌悪を合わせると、私たちが経験する苦しみのうち、厖大な割合を占める。ひょっとしたら、九〇パーセント、あるいは一〇〇パーセントでさえあるかもしれない。

私たちが何かの現象を経験するときには、まず感覚器官と対象が接触をもち、続いて感覚と知覚が起こり、その直後に執着か嫌悪が湧き起こる（瞑想の伝統のうちには、心自体を感覚に分類するものもあり、この経験のモデルを肉体的現象ばかりか心的現象にまで巧みに広げている）。執着と嫌悪が感覚や知覚とは別個であるというのが、ここでカギを握る洞察だ。両者はほぼ同時に湧き起こるので、私たちは普通、この違いに気づかない。

だが、マインドフルネスの練習が深まると、それを区別できるようになり、両者のあいだのわずかなギャップにさえ気づくかもしれない。例を挙げよう。長いあいだ座って瞑想したあと、腰に痛みを感じ、その直後に嫌悪を感じたとする。そして、「この痛みは大嫌いだ。この感覚はいやだ。消えてなくなれ！」とつぶやく。マインドフルネスの練習を積むと、痛みと嫌悪が別個の経験であるのがわかる。肉体的な痛みがあり、それとは別に嫌悪の経験がある。未熟な心はこのふたつを、ひとつの分かち難い経験にまとめてしまうが、鍛えられた心はふたつの別個の経験を見分け、一方がもう一方をもたらしていることを悟る。

あなたの心がその水準の知覚の解像度に達すると、ふたつの重要な可能性が開ける。

その第一は、苦しみ抜きで痛みを経験する可能性だ。痛み自体ではなく嫌悪が苦しみの真の原因であり、痛みはその嫌悪を生み出す感覚にすぎないという理屈だ。だから、心がこれに気づき、嫌悪を捨てられるようになれば、痛みの経験がもたらす苦しみは大幅に減る。まったく苦しみがなくなるかもしれない。ジョン・カバットジンは、この理屈が実際にはどんなふうに作用するか、とてもわかりやすい例を示してくれた。彼は、自分のマインドフルネスストレス低減法（MBSR）クリニックにやって来た男の人について、次のように述べている。


七〇代初めの別の男性は、両足にひどい痛みを抱えてクリニックにやって来た。最初のクラスに出たときには、車椅子に乗っていた。……その最初の日に、痛みがあまりにひどいので、足を切り落としたいほどだとクラスの人たちに言った。瞑想などしたところで自分にとって何の役にも立たないと思っていたが、痛みがどうにもつらいので、藁《わら》にもすがる思いで、何でも試すつもりだったのだ。誰もが心の底から同情した。……二度目のクラスには、車椅子には乗らず、松葉杖にすがって現れた。そのあとは、杖だけ使うようになった。車椅子から松葉杖を経て杖に至る変化は、毎週彼を眺めていた私たち全員にとって、大きな意味

があった。最後に彼はこう言った。痛みにあまり変わりはないが、痛みに対する自分の態度は大きく変わった、と。(3)

この悟りを得た歴史上の興味深い人物のひとりが、五賢帝の最後を飾るローマ皇帝、マルクス・アウレリウスだ。彼はこう書いている。

何であれ外界のものに苦しめられているなら、その痛みは、もの自体のせいではなく、それに対する自分の評価のせいだ。そして、その評価なら、いつでも取り消す力を私たちはもっている。

(本書の文脈では)おもしろいことに、この引用は、『瞑想録』と題する彼の著作集からの引用だ。第二の重要な可能性は、あとで不満を覚えずに喜びを経験するというものだ。愉快な経験の最大の問題は、そうした経験にはいずれかならず終わりが来る点だろう。経験そのものは何の苦しみも引き起こさないが、私たちがそれにしがみつき、終わらないでほしいと必死に願うために、苦しみが生まれる。ティク・ナット・ハンは、これをとてもうまく言い表している。枯れる花は苦しみを引き起こさない。花が枯れないようにという非現実的な願いが苦しみを生み出すのだ。

(3) Jon Kabat-Zinn, *Full Catastrophe Living: Using the Wisdom of Your Body and Mind to Face Stress, Pain, and Illness* (New York: Delacorte Press, 1990).

したがって、心がこれに気づいて執着を捨てられるようになれば、愉快な経験はほとんど、あるいはまったく、苦しみにつながらない。花はいずれ枯れるものの、私たちは思う存分、楽しむことができる。

私たちは執着と嫌悪を捨てることで、捨てる心を完全に採用でき、人生をテクニカラーで細部まで十分経験することも可能になる。捨てる心があれば人生をより鮮明に経験できるのは、執着や嫌悪や苦しみのやかましい干渉から解放されるからだ。なんともおいしいカルマ、なんともおいしい人生ではないか。

苦悩に対処するための一般原理

悩ましい情動に対処するための一般原理が四つある。

1　痛みがないときを知る
2　いやになることにいやにならない
3　怪物どもに餌をやらない
4　あらゆる思考を優しさとユーモアをもって始める

痛みがないときを知る

痛みがないときには、痛みがないことを意識しよう。これは、何重もの意味でとても強力な練習だ。まず、これによって幸せが増す。私たちは痛みで苦しんでいるときには、「この痛みがなくなったら、とても幸せだ」といつも自分に言っているのに、痛みがなくなると、痛みから解放されたことを喜ぶのを忘れてしまう。苦悩の不在にたえず気づくというこの練習をすれば、痛みからの解放の心地良さを楽しむように促され、それによって、私たちはより幸せになれる。

また、たとえ痛みを経験しているときにさえ、痛みは連続的ではないものだ。とくに情動的な痛みは。痛みは募ったり和らいだりする。そして、（数分か数秒という短いものかもしれないが）切れ目があり、私たちは痛みから解放される。苦悩の不在に気づく練習をすると、その束の間の切れ目が訪れたときに、それに浸れるようになる。この切れ目のおかげで一時的に救われ、それを足場に回復を開始し、問題に直面する力を見つけられる。

いやになることにいやにならない

私たちには、いやになることにいやになる傾向がある（私はそれを「メタ苦悩」と呼んでいる）。これは、感じやすくて心根の優しい人にはとくによく当てはまる。私たちは、「いいか、もし私がとても良い人間なら、どうしてこんなに嫉妬を感じているんだ？」というふうに自分を叱りつける。瞑想のような沈思黙考の習慣のある善良な人はなおさらだ。私たちは自分を責める。「もし私がほんとうに優れた瞑想家なら、こんなふうには感じないはずだ。だから私は偽善者で、役立たずの○○［文脈にふさわしい名詞を選んでほしい］に違いない」

苦悩は自然に湧き起こる現象だと気づくことが重要だ。誰もがときどき苦悩を経験する。この世の中で悟りに基づく平穏の、まさに象徴であるティク・ナット・ハンでさえ、ある人にかんかんに腹を立て、立ち上がって殴りつけたくなったほどだ。

また、いやになることにいやになるのは、エゴの行為であることにも気づいてほしい。それは、エゴがそれ自体に対して抱いているイメージの反映であり、けっきょく、まったく理由もなく新たな苦悩を生み出す結果になる。それに対抗するには、エゴを捨てることだ。それも、可能なときにはいつも機嫌良く。

そして、覚えておいてほしい。メタ苦悩はじつに不経済だ。

怪物どもに餌をやらない

怪物どもが私たちの心を乗っ取り、情動を混乱させ、苦悩を引き起こしているということにしてみよう。それを止めるにはどうしたらいいだろうか？　怪物どもは圧倒的に強力に見えるし、私たちの心の中に現れるのを止めることもできないし、私たちには追い払う力もないようだ。

　幸い、じつは怪物どもは、私たちに餌をもらわなければ生きていかれない。私たちが餌をやらなければ、腹をすかせ、去っていくだろう。そこに私たちの力の源がある。私たちは怪物どもが現れるのを止められないし、やつらを追い払うこともできないが、餌をやるのをやめる力ならもっている。怒りを例にとろう。誰かにほんとうに腹を立てていて、その怒りをマインドフルネスをもって調べてみたら、その怒りがずっと一定してはいないことがわかるだろう。怒りはたえず微妙に募ったり和らいだりしている。また、自分の心が自分に向かってひとつ、あるいは複数の話を繰り返し語ることで、たえずその怒りをあおっていることにも気づくかもしれない。そこで、そんな話をするのをやめれば、怒りは燃料不足で消えてなくなっていく。怒りの怪物は、あなたの怒りに満ちた話という餌を必要としているのだ。怒りの怪物は、餌にする話がないと腹をすかせ、去っていくこともある。怒りの怪物に餌をやらなければ、あなたは心のエネルギーを節約でき、怒りの怪物はあなた放っておいて、ほかの場所に遊びにいってくれるかもしれない。怒りの怪物は、よそで人々が怒りの餌をたっぷり振る舞っているのを知っているからだ。

　怪物どもに餌をやらないのはじつに経済的だ。

あらゆる思考を優しさとユーモアをもって始める

悩ましい状況だろうが、そうでない状況だろうが、どんな場面でもあらゆる思考を自分と他人への優しさと思いやりをもって始めることは有効だ。

私の経験では、優しさの最も重要な特質は癒やしの効果だ。硬くて毛先の尖ったブラシで肌をごしごしと繰り返しこすっているところを想像してほしい。やがて、肌は腫れ上がり、触ると痛くなる。優しさは、ブラシでこするその有害な行動をそっとやめさせる特性だ。やめさせられれば、やがて肌は回復する。

自分のしくじりにユーモアを見いだすのも、とても役に立つように思う。腹を立てたり、欲張りな考えや悪意に満ちた考えにつきまとわれたりするのは、荷馬車から落ちるようなものだ。もちろん、落ちたことを恥ずかしくみっともない経験と見なすこともできる。だがそれを、古い白黒の喜劇映画の一場面と考えたほうがずっとおもしろい。テンポの速い、おどけた音楽が流れる中、男が荷馬車から落ち、変な顔をして埃を払うと、ぎくしゃくした動きでさっとまた馬車の上によじ登る。なんともおかしい。だから、私がしくじるたびに、それはひとつの喜劇だ。

そして、私はしょっちゅうしくじるので、私の人生は壮大な喜劇と言える。

情動の統制の神経モデル

脳内での情動の反応と統制は、こんな具合になっている(次頁の図)。スタンフォード大学の研究科学者、フィリップ・ゴールディンは、このプロセスをうまく説明している。

本物であれ想像上のものであれ、脅威を感じると、私たちの情動の状態は恐れあるいは不安へと急速に変化する。情動反応におけるこの変化は、大脳辺縁系(イラストでは「情動」という表示のある、いわゆる「情動脳」)の情動とかかわる領域で起こる。ここからボトムアップで脳のほかの領域に信号が送られて助けを求め、脳のほかの系に、情動反応の特定の側面をトップダウンの信号を通して統制する(イラストでは「統制」という表示)のを手伝ってもらう。このシステムが作動しているときには、統制にかかわる系は注意と思考と行動に変化を引き起こす。認知的視点取得★を使い、私たちは脅威の源が何かを調べ、進行中のその情動経験の強度と持続時間と解釈を調整するうえで、どんな戦略が最も効果的かを判断できる。さらにつけ加えれば、とくに人間では、これは私たちの自己観――それが肯定的なものであれ、否定的なものであれ、それ以外のものであれ――や、言語と思考を使って自分の経験を調整

(4) Philippe Goldin, "The Neuroscience of Emotions" (lecture, Google Tech Talks, Mountain View, CA, September 16, 2008), https://www.youtube.com/watch?v=tShDYA3NFVs.

★ 心理学用語。他者の視点から対象を解釈する能力。

したり理解したりする能力を通して実現する可能性が高い（4）。

このモデルは、この本に出てくるマインドフルネスなどの練習の捉え方を、ひとつ提示している。マインドフルネスは、私たちの思考を司る脳と情動的な脳がより明瞭にコミュニケーションをするのを助けるので、両者はうまく協力できるようになる。エンジニア・タイプの人は、マインドフルネスを、イラストの情動の表示と統制の表示を結ぶ矢印の回線容量を増やし、両者のあいだの情報の流れを良くすることと考えてもいい。また、マインドフルネスは、必要なときにはいつも、思考する脳の力を増強してくれる。マインドフルネスは、脳の統制システムのエネルギー出力を増やし、脳の働きをさらに高めるものと考えることもできる。事実、さまざまな研究がそれを裏づけている。マインドフルネスは脳の執行中枢である内側前頭前野の神経活動を盛んにすることで、実際に文字どおりそうしているのだそうだ。最後に、マインドフルネスは、この本に出てくるほかの練習や洞察とともに、イラストの自己と言語の部分を、さらに巧みに使えるようにしてくれる。

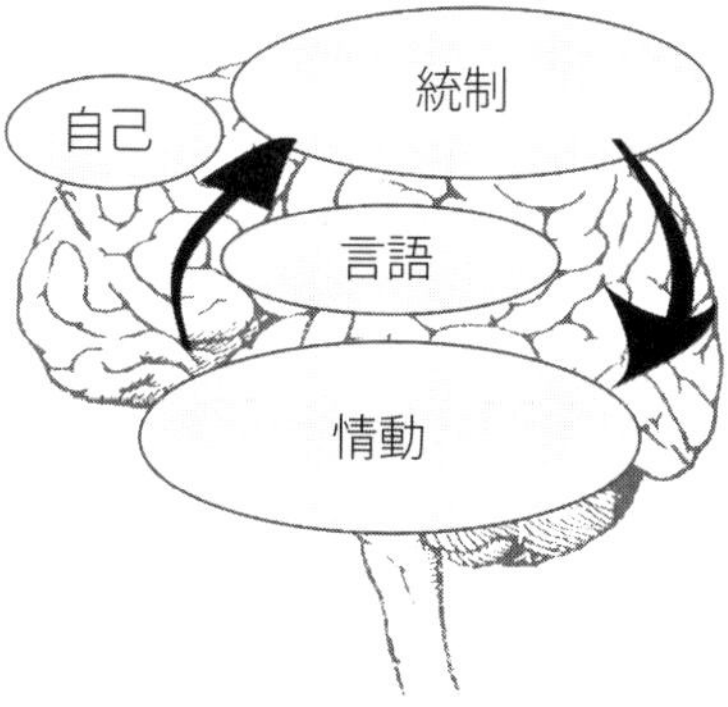

フィリップ・ゴールディンの許可を得て転載

誘発《トリガー》に対処する

自己統制の技能がとても役に立つ、ありふれた状況はいくつもあるが、誘発《トリガー》されたときもそのひとつだ。トリガーというのは、一見すると些細な事柄が、不釣り合いなまでに大きな情動反応を引き起こすことで、自分の行動について配偶者が何気なく口にした、害のない言葉に怒りを爆発させるような場合がそれにあたる。客観的な第三者の視点に立てば、つまらないことに大騒ぎしているように見えることが多い。たとえば、シンディが夫のジョンの髪の毛をふざけて指に絡めながら、「ここのところが、少し薄くなってきたわね」と言っただけなのに、ジョンはたちまち怒りで顔を赤らめ、選挙戦のスタッフの面前で罵倒するというような展開だ。

トリガーへの対処法を身につけるための最初のステップは、トリガーされたときに、そうと知ることだ。エグゼクティブコーチをしているマーク・レサー★は、注意を払うべき点について実用的な提案をしてくれた。

- 肉体――呼吸が浅くなる、鼓動が速まる、むかむかする
- 情動――闘争・逃走反応を経験し、情動の爆発（ゴールマンの有名な言葉を借りれば「扁桃体に

★ SIYのプログラム開発、企業導入、講師養成を行なっているSearch Inside Yourself Leadership Institute（SIYLI）のCEO。禅僧、エグゼクティブコーチ。

よるハイジャック」）を起こすか、「自動車のヘッドライトを浴びたシカ」のような気持ちになる

- 思考——被害者のような気持ちがする、非難や批判が頭に浮かぶ、注意を払うのが困難になる

ほとんどの場合、トリガーの裏には長い過去がある。私たちがトリガーされるのは、あの人はまたあんなことをしている、というように、過去の出来事が蘇ってくるからであることがとても多い。トリガーはまた、自分は不適格であるという思いと結びついていることもよくある。その思いが自分にとって痛みの源となっている。突かれると痛い向こうずねのようなものだ。たとえば、私が自分の仕事ぶりにとても不安を感じていたら、上司が私のプロジェクトの進み具合をわずかに心配している様子を見せただけで、私の中にトリガー反応が引き起こされかねない。逆に、私が自分の仕事に完全に自信をもっていれば、上司への反応はまったく違ったものになるだろう。

シベリア北鉄道

トリガーに対処するための、「シベリア北鉄道」と呼ばれる練習がある。これは、トリガーだけ

でなく、ネガティブな情動や悩ましい情動に対処する必要があるほかの状況でも役に立つ練習だ。

この練習は五つのステップから成る。

1 停止する
2 呼吸する
3 気づく
4 よく考える
5 反応する

私たちのクラスの参加者、ジェニファー・ベヴァンが、この練習の名前となる、覚えやすい言葉を思いついた。それぞれのステップの頭文字（「Stop（停止する）」の「S」、「Breathe（呼吸する）」の「B」、「Notice（気づく）」の「N」、「Reflect（よく考える）」の「R」、「Respond（反応する）」の「R」）を取り、「SiBerian North RailRoad（シベリア北鉄道）」という言葉を作ったのだ。私は記憶を助けるこの言葉が頭の中に呼び起こすイメージが気に入っている。情動的なトリガーの熱をすっかり冷ます必要があるようなものだから、熱を冷ますなら、シベリアという世界でも指折りのへんぴな寒冷地ほどふさわしい場所があるだろうか？

第一の最も重要なステップは、停止することだ。トリガーされたと感じたときには、いつもただちに停止する。トリガーの始まりのときに間《ま》を置くのは、とても強力で重要な技能だ。一瞬だけ反応するのを踏みとどまる。この瞬間は「聖なる中断」として知られている。この中断があってこそ、残りのステップがすべて可能になる。この練習でひとつだけステップを覚えておくとしたら、このステップを覚えてほしい。ほぼどんな場合でも、このステップだけで大きな違いを生み出せる。

次のステップは呼吸だ。心を呼吸に集中させることで、聖なる中断を強化する。さらに、意識して呼吸することで、心と体を鎮められる。深呼吸はなおさら効果がある。

呼吸をしたら、次は気づくことだ。注意を体に向けることで、自分の情動を経験する。この情動は体の中でどんなふうに感じられるか？　顔、首、肩、胸、背中でどう感じられるか？　緊張と体温の変化に気づいてほしい。評価や判断をせずに、その情動を一瞬一瞬経験することで、マインドフルネスを働かせる。この時点で最も重要なのは、情動的な難しさを自分の存在そのものにかかわる現象としてではなくたんに生理的な現象として経験しようとすることだ。たとえば、あなたが経験しているのが怒りなら、「私は怒りそのものだ」ではなく、「私は体で怒りを経験している」というふうに捉える。

そのあとで、よく考える。この情動はどこから来ているのか？　その裏には、何か過去があるのか？　自分は不適格だという思いがかかわっているのか？　正しいとか間違っているとかいった判断を下すことなく、この視点を目下の状況に持ち込もう。この経験にほかの人がかかわっていたら、その人の立場に立って自分を眺めてみよう。そして、次のふたつのことを考えてほしい。

- 誰もが幸せになりたいと望んでいる。

- この人は、このように振る舞うと何らかの形で幸せになれると考えている。

もう一度、正しいとか間違っているとか判断せずに、大局的に眺めてみよう。

最後に、反応する。目の前の状況にポジティブな結果をもたらしそうな反応のしかたを思い浮かべてほしい。たとえ実行しなくてもいいから、一番優しくてポジティブな反応を、ただ想像するのだ。それはどのような反応だろう？

私たちのＳＩＹのクラスでは、シベリア北鉄道のエクササイズをやる前に、自分がトリガーされた状況について参加者に話してもらう。それが、このエクササイズに取りかかる下準備になる。クラスでは、たいてい三人ひと組になって、二分ずつひとりひとりに話してもらう。このひとり語りの話題は、自分がトリガーされた状況の、以下のポイントだ。

1　どんな出来事があったときか？

2　どんな気持ちが湧いてきたか？　真っ先に感じた気持ちは？　怒り？　逃げ出したい気持ち？

3　体のどこでそれを感じたか？　今、感じるか？

最後に情動的にトリガーされたときのことについて、自宅で考え、以上の質問を自分に投げかけることをお勧めする。これが次の瞑想の準備になるだろう。

エクササイズ――**シベリア北鉄道**

注意を集中させる

まず、三回深呼吸をしましょう。

穏やかな意識を呼吸に向けます。吸気と呼気と、そのあいだの間《ま》に注意を向けてください。

ネガティブな情動

ここで二分間、ネガティブな情動にギアを入れ替えます。不幸せな出来事、いら立ったり、腹が立ったり、傷ついたりした経験、あるいはトリガーされた経験の記憶を思い起こしましょう。

その出来事と、それに心の中で結びついている情動を追体験できるかどうか、試してください。

ネガティブな情動を管理する

今度は、反応するための戦略を頭の中で七分間練習します。

最初のふたつのステップは、停止することと呼吸をすることです。トリガーされ始めたら、そこで停止するのが聖なる中断です。心を呼吸に集中し、情動に反応しないことで、この中断を強化しましょう。お望みなら、ゆっくりとした深呼吸を試してみてください。そして、この中断状態にあと三〇秒とどまりましょう。

（ここで三〇秒、間を置く）

次のステップは、気づくことです。情動を体で経験することで、気づきます。注意を体に向けましょう。苦しみを与える情動は、体の中でどのように感じられますか？　顔では？　首や肩、胸、背中ではどうでしょう？　緊張や体温のレベルには変化がないでしょうか？

評価や判断をせずに、それを経験してください。この時点で最も重要なのは、自分の存在にかかわる現象としてではなくたんに生理的な現象として情動的な難しさを経験しようとすることです。たとえば、「私は怒りそのものだ」ではなく、「私は体で怒りを経験している」というふうに捉えるのです。

一分かけて、情動の生理的な作用を体で経験しましょう。

（ここで一分、間を置く）

さあ、今度はよく考えましょう。

この情動はどこから来ていますか？　その裏には何か過去があるのでしょうか？　この経験にほかの人がかかわっていたら、その人の立場に立って自分を眺めてみましょう。次の言葉について考えてください。「誰もが幸せになりたいと望んでいる。この人は、このように振る舞うと何らかの形で幸せになれると考えている」。正しいとか間違っているとか判断せずに、大局的に眺めてみましょう。

（ここで三〇秒、間を置く）

次に、反応します。

目の前の状況にポジティブな結果をもたらしそうな反応のしかたを思い浮かべてください。たとえ実行しなくてもいいですから、一番優しくてポジティブな反応を、ただ想像するのです。それはどのような反応でしょうか？　一分ほどかけて、その反応を生み出しましょう。

（ここで一分、間を置く）

もとの状態に戻る

ここで、現在の状態に二分間戻ります。意識を呼吸に戻してください。

（ここで少し間を置く）

片手をぎゅっと握りしめ、残っている情動をすべてつかみます。それから、ゆっくりと手を開いて、その情動のエネルギーを放してやります。

そして、また注意を体か呼吸のどちらか、あなたの心が安定するほうに向けてください。

それから、一分が過ぎるまで、心をただそこに落ち着けておきましょう。

私たちのクラスでは、このエクササイズの直後に、いつも参加者がペアになって、「マインドフルな会話」（第3章を参照）をし、全員が自分の経験を処理する機会をもつ。気兼ねなくできそうな人は、自分の話をして、自分の経験を分かち合うこともできる。気後れする人は、このプロセス自体をやり通すのがどのような感じだったかを話すだけでいい。

この人工的な設定では、五つのステップから成るプロセスは、七分かかる。実生活では、ほんの数秒で全部終わるかもしれない。だから、十分練習を積んでおかないと、きちんとこなす時間がない。このプロセスの練習法のひとつに、前にさかのぼってやるという手がある。つまり、トリガーされる出来事が起こったあとで、よく考えるステップと反応するステップを練習するのだ。最初の三ステップ（停止する、呼吸する、気づく）は、座ってやるマインドフルネスの練習で強化できる。最後のふたつのステップ（よく考える、反応する）は、実生活の例で強化するのが最適だ。ひとつひとつの出来事はどんどん展開するから、リアルタイムで鍛えるのは難しいが、さかのぼって「オフライン」でやるのも、同じぐらい効果がある。よく考えるプロセスと反応するプロセスをオフラインで練習すればするほど、実生活の状況でもうまくやれるようになる。

次にトリガーされたら、シベリア北鉄道を利用することを忘れないように。

姑《しゅうとめ》を絞め殺さないためには

私たちのＳＩＹの参加者で、それまでマインドフルネスのトレーニングをしたことのなかったデリクは、こんな話をしてくれた。

私の姑は、一歳八か月になる私の娘が乗ったベビーカーのブレーキをかけ忘れました。ベビーカーは車庫の前の道を走っていって、うちの車の一台に突っ込みました。でも、ＳＩＹのおかげで私は動転したり馬鹿なことを口走ったりするかわりに、二度深呼吸して、発言を控えました。さらに素晴らしかったのは、ほとんど何も考えずにそうできたことです。ただ鼻の穴のところで呼吸に注意を向けただけで、うまくいったんです。鼓動が速まり、お腹のあたりで重苦しい、むかつく感じがするのにさえ気づきました。ほんとうに驚きました。

たいていは考えるより先に言葉が飛び出してくるような、とんでもない癇癪持ち（私がそうです）が、ＳＩＹのトレーニングをまんまと活用して、姑を絞め殺さないで済んだ例が必要になることがあったら、どうぞ、私の話をしてください。

デリクはその瞬間に馬鹿げたことをするのを我慢できたばかりか、そのあと、姑がどれほど後

(5) Kevin Ochsner, James Gross, "The Cognitive Control of Emotion," *Trends in Cognitive Sciences* 9, no. 5 (2005): 242-249.

悔しているかに思いを巡らせることさえでき、優しい言葉をかけて不注意を許してあげた。最後に聞いた話では、それ以後ずっと、みんな幸せに暮らしているという（デリクというのは仮名で、世の姑たちから彼を守るために使った）。

トリガーに対処するほかの方法

シベリア北鉄道のアプローチの捉え方はさまざまだろうが、注意のコントロールから始め、やがて認知的な変化に至る、情動の自己統制戦略と見ることもできる。そういうふうに見れば、それは一般的な枠組みとなり、トリガーのほかの対処法もつけ加えられる。この発想を示してくれたのはフィリップ・ゴールディンで、彼は、ケヴィン・オクスナーとジェイムズ・グロスの総説からヒントを得たそうだ[5]。

イラストにまとめてあるように、時間はトリガーを起こす出来事から始まり、左から右へと流れていく。私たちは注意のコントロール

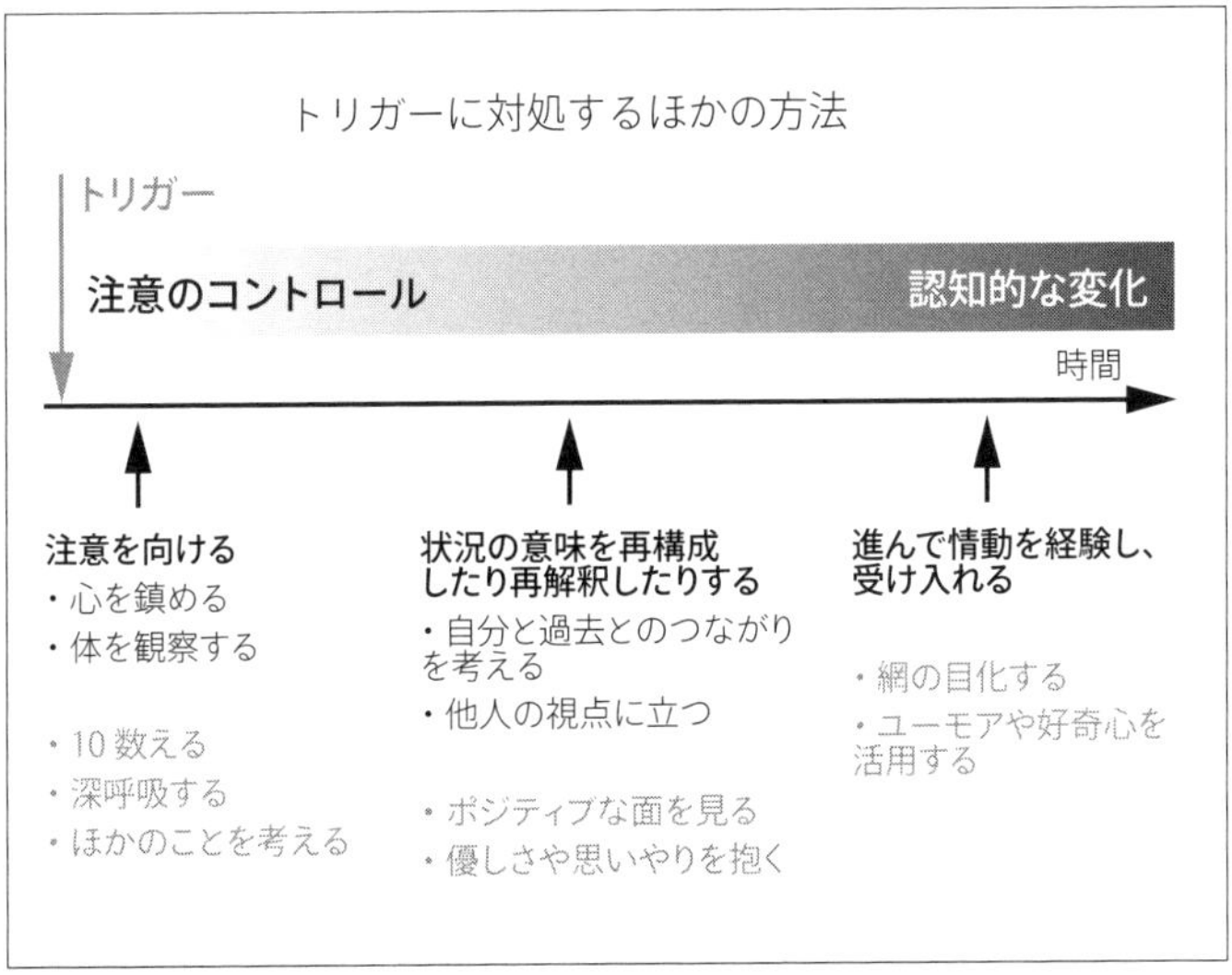

から始めるが、しだいに認知的な変化へと進む。

　トリガーされた直後、注意をコントロールする段階では、私たちは停止し、呼吸をし、気づくことを勧めた。これは、心を鎮め、体の中の情動経験を観察することと呼応している。これに加えて、ほかの方法を試してみることも可能で、そのほうが効果があるかもしれない。たとえば、一〇まで数えるという、お馴染みの手があり、これは、聖なる中断を引き起こす、より意図的な方法だ。これには、ほかにやることを心に与え、状況に対処できるまで一時的に情動から気をそらせるという利点もある。また、ゆっくりと深呼吸するという手法もある。深呼吸には心を鎮める効果がある。これは、迷走神経が刺激されるからかもしれない。迷走神経は、心拍数を減らし、血圧を下げることが知られている（迷走神経《ベガス》はラスベガス神経の逆に違いないと思う）。最後になるが、情動に圧倒されそうになったら、トリガーとはまったく関係のないことに注意を向け、しばらく気をそらすこともできる。たとえば、手元の読み物を眺めたり、トイレ休憩をとって部屋から出ていったりというように。

　注意のコントロールは良いことだし、必要でもあるが、それだけでは不十分な場合が多い。たとえ心を鍛え上げ、苦悩を手放して、すぐに穏やかな状態に戻れるようになったとしても、トリガーの背後にある問題は未解決のまま残っているので、あなたは将来また、あいかわらず同じようにトリガーされる。だから、認知的な作業も必要なのだ。ここで言う認知的な作業とは、状況の意味を再構成したり再解釈したりすることだ。それにはほぼかならず、より客観的に、そして自己と他人にもっと思いやりをもって、物事を眺めることが必要となる。私たちが薦める認知的な練習は、よく考え、反応することだ。つまり、このトリガーは自分の過去とどう結びついているのか、相手の視点に立つとどう見えるに違いないかをよく考え、もし選択肢があれば、どう反応するのが最善か決めるのだ。

それに加えて、もしあなたにとって効果があれば、このトリガーにポジティブな面を見てみることもできる。たとえば、新しいボーイフレンドの前で怒りを爆発させたばかりで、自分の情動のレベルに驚いているとしよう。こんなときにこそ、頭を冷やし、話し合いの余地を生み出し、ボーイフレンドに自分という人間をもっとよく知ってもらう機会として、この状況を利用するといい。あるいは、これを自己発見の機会にしてもいい。たとえば、もしあなたがすでに、しっかり瞑想の練習をしていて、上司に言われたことのせいで自分が突然とても弱い存在になった（「まるで、五歳児に逆戻りしたような」）気がしたら、あなたは自分の瞑想の練習のどんな面に焦点を絞るべきかについて、貴重な教訓をもらったのだ。最後に、もっと高度だがとても効果的な練習は、優しさと思いやりをその状況で働かせるというものだ。これについては、第7章と第8章で詳しく述べる。

この枠組みの仕上げは、進んで情動を経験し、受け入れる気持ちを生み出すことで、これは、空がどんな雲も楽々とたたえていられるように、どんな情動も楽々とたたえられるほど大きくなるように、心を開くようなものだ。そのために、ふたつの練習を紹介しよう。ひとつ目は、マーク・レサーが「網の目化《メッシング》」と呼ぶもので、自分が網戸のように小さな穴だらけになったところを想像する練習だ。強い情動（たとえば、怒りや憤り、恐れ）が湧き上がってくるのに出会ったら、そうした情動に、自分の体を通過させる。すると、このような強烈な情動が、あなたにくっつくことなく通り抜けていくのを観察し、それらが自分とは別個のものであるのを確認できる。ふたつ目は、私流の練習で、自分の人生がテレビの連続ホームコメディであるふりをし、馬鹿げた状況に陥るたびに、そこにユーモアを見出して楽しむというものだ。私はこれまでの人生で、ずいぶんたくさん不愉快な目に遭ってきたが、そのほとんどは、お粗末なコメディの一場面だったとしてもおかしくない。自ら招いた不愉快な状況は、なおさらそうだ。

自己統制から自信へ

私たちは不愉快な情動を経験するといつも、本能的に嫌悪感を覚える。そんな不愉快な気持ちはいやだから、消えてなくなってほしいと思う。この嫌悪感の結果、私たちは思考を自分ではなく、相手や環境へと外に向ける。たとえば、傷つけられたように感じたときには、相手がなんとひどいのだろうということばかり考える。これはすべて、不愉快な情動を経験するのを避けたいからだ。ほとんどの人は、このプロセスをたいてい意識していない。

ところが、マインドフルネスなどの練習によって、このプロセスを意識して自覚すれば、外に向けたネガティブな思考が、おもに自分の嫌悪感から湧き起こるものであることがわかる。そう悟り、自分の不愉快な気持ちを経験する能力も伸ばせば、嫌悪感を和らげ、それによって、いやな思いの反芻《はんすう》や強迫観念のような思考を骨抜きにできる。そうした思考を和らげる能力を自分の中に生み出しさえすれば、自信が強まる。

自己認識を取り上げた第4章で、自分の失敗モードと復元モードをよく理解すれば自信が湧いてくることは述べた。私のエンジニアの頭で考えると、自己統制がうまくなるのは、復元メカニズムをアップグレードするようなものだ。問題が発生したあと、システムがどう復元するかをしっかり把握していれば、問題が起こったときでも自信をもっていられる。システムがすぐに復元して、問題が取るに足りないもので終わるようにするには、どんな手を打てばいいかを知っているからだ。それに加えて、復元メカニズムをアップグレードし、ずっと速く、しかもきれいさっぱり復元できるようにする（つまり、問題の発生を減らす）ことが可能なら、私はなおさら自信を深め、さらに興味深くて能力を試されるような環境でそのシステムを使ってみられる。私たちは、この章に出てくる練習を、自分の復元モードのアップグレードと見なすことができる。

というわけで、この章の練習をすれば自信を深められる。

ＳＩＹに参加したジェイソンは、自己統制についての悟りを利用して、自分の自信を増すことを学んだ。彼は、自分がじつに簡単にトリガーされ、その結果、しばしば社会的に厄介な状況に陥る人間だと思っていた。ＳＩＹをやっているあいだに、呼吸に注意を向け、自分の怪物どもに餌をやるのをやめられるようになれば、トリガーされるのを「制限時間つきの」経験にできることを学んだ。そして、それには、穏やかに不愉快さを経験するだけでいいことに気づいた。「苦境をうまく乗り切り」、一五分から三〇分かけて「自分の体をリセットする」と、「また視界が開けて」心が明瞭になり、再び頭が正しく働くようになる。また、マインドフルネスの練習によって、「リセット」にかかる時間を徐々に減らせることも発見した。その結果、彼は自分に自信がもてるようになった。

　これには、意図していなかったおまけもついてきた。本人の言葉を借りると、「もし、これをまったく学んでいなかったら、仕事を辞めて、後悔していたでしょう」。ジェイソンは腕利きのエンジニアだから、辞職しなかったおかげで恩恵を受けたのは本人だけではない。彼を手元に置いておけたグーグルも、その恩恵にあずかったのだ。

情動と仲良くなる

自己統制は、煎じつめれば、情動と仲良くなることだ。シベリア北鉄道や、怪物どもに餌をやらないこと、トリガーの中にポジティブなものを見いだすことなど、この章に出てきた練習やテクニックはすべて、自分の情動の友となることを目指している。

ミンゲール・リンポチェは、情動の友となることを、身をもってはっきり示してくれている。彼は一三歳まで、本格的なパニック障害に苦しんでいた。一三歳のとき、瞑想修行の最中に、彼は自分のパニックを奥底までのぞいてみることにした。すると、自分のパニックを強大にする方法がふたつあることに気づいた。パニックを自分のボスのように扱い、その言いなりになること。そして、敵のように扱い、消えてなくなるように願うこと。ミンゲールは、そうせずに、パニックと仲良くすることを学ぼうと決めた。パニックの言いなりにもならず、消えてなくなれと願いもせず、ただ、好きなように現れたり消えたりさせ、優しさをもって扱うことにしたのだ。すると、わずか三日でパニックは消え、二度と戻ってこなかった。「パニックは私の親友になったけれど、三日で消えてしまったので、今ではいなくて寂しいよ」と、彼は冗談半分で私に言った。

この経験から悟ったことを、彼は次のようにまとめている。

私は三日間、自分の部屋にこもって瞑想した。……何年にもわたって私を悩ませてきた思考や情動が、じつはとても弱くはかないこと、そして、小さな問題に執着すると、それが大きな問題となることが、徐々にわかってきた。静かに座って、自分の思考や情動がどれほどすばやく、多くの点で不合理な形で、現れたり消えたりするかを観察しているだけで、それらが見かけほど堅固でも実体のあるものでもないのがはっきりとわかってきた。そして、それらが語るように思える物語を信じなくなるにつれて、その向こうにいる「著者」が見えてきた。心そのものの本質である、はてしなく巨大で、はてしなく開かれた意識だ。(6)

ペルシアのイスラム教神秘主義者で詩人のジャラール・ウッディーン・ルーミーは、「宿坊」という有名な詩で、情動と仲良くなる心を見事に謳《うた》っている。

この、人間というものは、宿坊だ
毎朝、新たな客人が到着する。
喜び、憂鬱《ゆううつ》、下劣さ
一時的な気づきが
予期せぬ客としてやって来る。
そのすべてを歓迎し、もてなそう！

(6) Yongey Mingyur Rinpoche, *The Joy of Living: Unlocking the Secret and Science of Happiness* (New York: Harmony, 2007).

たとえそれが悲しみの群れで
あなたの家から
荒々しく家具を一掃しようと、
それでも、ひとりひとりの客人をりっぱに扱うのだ。
彼らは新たな歓喜のために
あなたの中をすっかり片づけているのかもしれない。
邪悪な思考や恥辱、悪意も
戸口で笑って迎え、
中へと招き入れよう。
誰が来ようと感謝することだ。
なぜなら、誰もが
彼方から案内人として遣わされたのだから。

私はルーミーとミンゲールの言葉に感激したし、また詩人を気取るエンジニアでもあるから、「私の怪物たち」と題する自作の詩でこの章を終えたいと思う。

私の怪物たちは、さまざまな形や大きさをしている。
長い年月のうちに、私は彼らの扱いを覚えた。
捨てることで、彼らを扱う。

まず、彼らを抑えたいという願いを捨てる。
彼らがやって来ると、私は会釈する。
そして、放っておく。

次に、彼らをけなしたいという本能を捨てる。
彼らを理解しようと努める。
あるがままの彼らの姿を見る。
彼らは私の体と心が生み出したものにすぎない。
私は少しばかり彼らの機嫌をとる。
いっしょに冗談を言う。
彼らについて冗談を言う。
彼らに遊ばせておく。

それから、彼らに餌をやりたいという欲望を捨てる。
ここで好きなだけ遊ばせてやる。
だが彼らは、私から餌はもらえない。
彼らが望むなら、腹をすかせたままここにとどまってもかまわない。
いつまでもいさせてやる。
そのうち、彼らはほんとうに腹が減る。
そして、去っていくこともある。

最後に、彼らにしがみついていたいという自分の欲望を捨てる。
彼らは望むままに、好きなときに去っていけばいい。
私は彼らを放してやる。
私は自由だ。
とりあえずは。

私は彼らを打ち負かしたりしない。

彼らが私を打ち負かすこともない。
そして私たちは
仲良くいっしょに生きていく。

6

利益をあげ、海を漕ぎ渡り、世界を変える

セルフモチベーションの技術

この世の中で最も尊く、明瞭に理解され、賢明で、確かな不変の事実は、私たちが幸せを望むだけではなく、もっぱら幸せであることを望むというものだ。ほかならぬ私たちの本質が、私たちにそうさせるのである。

――聖アウグスティヌス

この章がうまくいくためには、モチベーションの専門家に登場してもらう必要がある。幸い、その人はもう見つかっている。あなただ。あなたを動機づけるものが何かを突き止めることにかけて、あなたほどの専門家はどこにもいない。あなたはすでに、自分にとって一番大切な価値観や動機づけを知っている。この章では、それをあなたが発見するのを助けるだけだ。

快楽と情熱と崇高な目標

トニー・シェイにはおおいに刺激される。トニーは自分が創立したリンクエクスチェンジという企業を弱冠二四歳のときに、マイクロソフト社に二億六五〇〇万ドルで売却した。そして、後にザッポス社のCEOになり、この零細企業を年商一〇億ドルの大企業に育て上げた。とはいえ、私の心を強く動かすのは起業家としての彼の成功ではない。私が心底感心しているのは、彼が企業環境で賢く、巧みに、勇敢に幸せを利用している点だ。トニーはザッポス社の成功の秘密が「幸せを届けること」であるのを見て取った（ちなみに、『*Delivering Happiness*（幸せを届ける）』という題の本も書いている）★。彼は従業員に幸せをもたらす企業文化を生み出した。すると、幸せな従業員は、業界随一の顧客サービスを提供し、幸せな顧客はザッポス社にさらにお金を費やす。つまり、幸せとは手に入ると楽しいだけでなく、ザッポス社のビジネス戦略の中核であり、同社

★　邦題は『ザッポス伝説』。原注（1）参照。

の成功の基盤でもあるのだ。これにはほんとうに心が奮い立つ。

トニーは、仕事というコンテクストでの幸せのプロセスを鋭く捉えている。彼は、喜びと情熱と崇高な目標という三種類の幸せについて語る(1)。

1　快楽――この種類の幸せは、次の高揚感をたえず追いかけるというもので、ロックスターのような幸せだ。ロックスターのような暮らしをしていなければ、維持するのがとても難しいからだ。

2　情熱――「フロー」とも呼ばれる。物事に没頭し、最高の仕事《ピーク・パフォーマンス》を見せ、時間が瞬く間に過ぎていく。

3　崇高な目標――自分より大きくて、自分にとって意味のあることの一部になる。

この三つに関して、おもしろい特徴がある。持続性の違いだ。快楽から生まれる幸せは、持続性が極端に低い。快楽を与えてくれる刺激がなくなったり、その快楽が習慣になったりすると、あなたの幸せは基本設定値に戻る。フローから生まれる幸せは、それよりずっと長続きするし、それが習慣になる可能性ははるかに低い。一方、崇高な目標から生まれる幸せは、持続性がとても高い。トニーの経験に基づくと（そして、これはまた私の経験でもあるのだが）、この種の幸せは

(1) Tony Hsieh, *Delivering Happiness: A Path to Profits, Passion, and Purpose* (New York: Business Plus, 2010).〔邦訳：『顧客が熱狂するネット靴店　ザッポス伝説――アマゾンを震撼させたサービスはいかに生まれたか』（本荘修二・豊田早苗訳、ダイヤモンド社、2010年）〕

回復力に富んでいて、じつに長く続きうる。その崇高な目標が利他的なものに由来するときはなおさらだ。

おもしろいことに、私たちは快楽が持続可能な幸せの源だと信じて、それを本能的に追い求める。多くの人が時間とエネルギーの大半を費やして快楽を追い、ときどきフローを楽しみ、たまに崇高な目標について考える。だがトニーの悟りに従えば、それと正反対のことをしていなくてはいけない。時間とエネルギーの大半を費やして崇高な目標に取り組み、ときどきフローを楽しみ、たまにロックスターのような快楽を味わうべきなのだ。少なくとも仕事に関しては、これが持続可能な幸せにつながる最も理にかなった道だ。

この悟りから、自分自身の崇高な目標を見つけるのが、仕事でのモチベーションを見つける最善の方法であることがうかがえる。自分が何を一番重視し、自分にとって何が最も有意義かを知っていれば、自分の崇高な目標を果たすために何に取り組めるかがわかる。そうなれば、自分の仕事は持続可能な幸せの源になりうる。そしてそのときには、私たちは仕事がとてもうまくなる。なにしろ、その仕事をするのが幸せだからだ。その結果、フローの幸せがしだいに頻繁に楽しめるようになる。最後に、仕事がほんとうに得意になれば、それが認められるだろう。ときどき高額のボーナスをもらったり、会社の副社長に特別に表彰されたり、『ニューヨークタイムズ』紙に記事が載ったり、ダライ・ラマから感謝されたりといった、高い評価を受けることさえある。これはときおり得られるロックスターのような快楽経験で、自分のモチベーションというケーキを飾る糖衣《アイシング》のようなものだ。崇高な目標の実現に向けて取り組み始めれば、その仕事自体が報酬となる（とはいえ、念のために言うと、ときどきたっぷりボーナスをはずんでもらうのも、あいかわらず良いものですよ、上司のみなさん）。

三つのやさしいステップでモチベーションを高める

この章では、モチベーションを高めるための三つの練習を紹介する。

1　整合性――自分の仕事を自分の価値観や崇高な目標と整合させる
2　想像――自分にとって望ましい未来を思い描く
3　回復力――自分の行く手に待ち受ける障害を克服する能力

この三つの練習を組み合わせれば、自分の人生がどう展開することを望んでいるかを突き止め、そこに至る道をたどるのを助けるのに必要な手立ての完全なパッケージとなることを願っている。

整合性

楽しいことをして生計を立てる

整合性とは、自分の仕事を自分の価値観や崇高な目標と整合させるということだ。

私は冗談半分でこう思っている。整合性というのは、死ぬまで二度と働かずに、それでもお金をもらう方法を見つけることだ、と。自分が楽しみとしてやっていることを仕事にするのがその秘訣だ。そうすれば、どのみち娯楽としてやっているのに、誰かがたまたまそれにお金を払ってくれることになる（そして、あなたは相手の気持ちを汲み、差し出されたお金を拒もうとは思わない）。

こういう立場で成功を収め、とても生産的な人生を送っている人を、私はたくさん知っている。有名な例がウォーレン・バフェットで、八〇代になってもまだ働いて……いや、仕事で楽しんでいる。ノーマン・フィッシャーは、これまでの人生で一日たりとも働いたことはないとかつて私に言ったことがある。彼はアメリカでも指折りの人気を誇る禅師であり、私の知っているシリコンヴァレーのプロフェッショナルのほとんどよりも忙しいというのに。もっと身近では、これまでいっしょに仕事をしたことのある一流のエンジニアの大半は、コンピューターのコードを趣味で書いている。だから、じつは彼らは趣味で時間を過ごしに職場にやって来て、給料をもらっているわけだ。

この手の仕事は、次のふたつの特質の少なくともどちらかを、多くの場合は両方を備えている。

1 その仕事はあなたにとって、とても意味がある
2 その仕事は、あなたの中にフローの状態を生み出す

これはもちろん、トニー・シェイの快楽と情熱と崇高な目標の枠組みと完全に合致している。

フロー

フローはとても重要なので、詳しく説明する価値がある。ダニエル・ゴールマンはフローを「究極の動機の与え手」と呼ぶ。フローはミハイ・チクセントミハイが発見したピーク・パフォーマンスの状態だ。二〇年以上にわたってフローを研究してきたチクセントミハイは、それをこう説明する。「ある活動に、その活動のために完全に没頭している状態。エゴは完全に消滅する。時間が飛ぶように過ぎていく。どの行動も動きも思考も、ジャズを演奏しているように、前の行動や動きや思考に必然的に続く。あなたの全存在がそれに没頭し、あなたは自分のもてる技能を最大限に活用している(2)」。運動選手はこの状態のことを、「ゾーンに入った」というふうに言う。

フローは、ロック・クライミング、脳外科手術、書類作成、座って行なう瞑想など、じつにさま

(2) John Geirland, "Go with the Flow," *Wired* 4, no. 9 (1996).

ざまな分野で広く報告されている（実際、フローは活動中の禅と考えることもできる）。

フローは、取り組んでいる課題がその人の技能水準に合っていて、適度に難しくてやりごたえはあるものの、圧倒されるほど難しくはないときに起こる。技能水準と比べて課題がやさしすぎると、やっている人は飽きたり関心を失ったりする。逆に、難しすぎると、その人は不安になったり心配になったりする。フローは程良い難しさのときに起こる。

フローは注意を集中した状態なので、瞑想家や武道の達人のような、注意を集中するのに長けた人は、フローの状態になりやすい。この本の前半に出てきたマインドフルネスのエクササイズをずっとやってきた人は、もう道なかばまで来たようなものだ。

自律、熟達、目標

ベストセラー作家のダニエル・ピンクは、これまでに述べたことをうまく補ってくれる枠組みを提唱している。ピンクは五〇年に及ぶ行動科学の研究を使い、こう主張する。優れた仕事ぶりを引き出すのに最善なのは、金銭のような外的な報酬ではなく、彼が「内発的モチベーション」と呼ぶ、自分の中に見つかる動機だ。真のモチベーションには次の三つの要素がある。

1　自律――自分の人生を自分で導きたいという衝動

2　熟達――大切なことがもっともっと上手にできるようになりたいという欲望

3　目標――自分のすることを、自分自身よりも大きいもののためにしたいという強い思い(3)

ピンクはＴＥＤ（Technology Entertainment Design）の講演（訳注　アメリカのグループが主催する講演会で、ネット上で無料配信されている）で、「ロウソク問題」に基づく研究の、とてもおもしろい話をしている(4)。ロウソク問題というのは、こういうものだ。被験者は画鋲ひと箱とロウソク一本とマッチひと箱を与えられ、ロウソクを壁に取りつける方法を見つけるように言われる。問題を解決するのにはしばらくかかるが、解決法は単純そのものだ。画鋲の箱を空にし、ロウソクを中に立て、その箱を画鋲で壁に留めればいい。この問題を解決するのに必要な、重要な創造的ひらめきの瞬間は、画鋲の箱も解決法の一部であることに気づくときだ。これは、一見したときにはわからない。最初はたいてい、箱はただ画鋲を入れておくためのものと考えている。だから、この場合の創造的飛躍は、ひと目ではわからない箱の使い方に気づくことだ。いわば、箱という思考の枠の外へ出て箱について考えるわけだ。

　これについては、興味深いことがある。被験者をふたつのグループにランダムに分ける。一方は動機を与えられたグループで、彼らには、速く問題を解決できるほど多くのお金が支払われると告げる。もう一方のグループが対照群で、彼らには、どれだけ時間をかけても支払われる金額

(3) Daniel Pink, *Drive: The Surprising Truth About What Motivates Us* (New York: Riverhead, 2009)［邦訳：『モチベーション3.0――持続する「やる気！」をいかに引き出すか』（大前研一訳、講談社、2010年）］.

(4) Daniel Pink, "The puzzle of motivation" (lecture, TEDGlobal, July 2009).［日本語字幕：「やる気に関する驚きの科学」http://www.ted.com/talks/dan_pink_on_motivation?language=ja］

は同じだと言う。すると、じつに興味をそそられる結果が出た。動機を与えられたグループのほうが、成績が悪かったのだ！　そう、みなさん、外的なモチベーションは効果がないばかりか、逆効果を生んだのだった。

だが、待ってほしい。話はさらにおもしろくなる。別の実験では、実験者が先ほどの品々（画鋲ひと箱、ロウソク、マッチひと箱）を、今度は画鋲は箱から出して被験者に与えた。この場合、箱が解決策の一部であることがたちまちわかり、創造的なひらめきの瞬間は必要なかった。そして、金銭的な動機を与えられたグループのほうが、対照群よりも成績が良かった。

これをはじめとする多くの類似の実験からは、昔ながらの金銭的モチベーションが、手順の決まった、規則に基づく仕事、つまり、あまり創造性を必要としない仕事には効果があることがわかる。創造性や、そのほかの認知的技能を必要とする種類の仕事には、金銭的なモチベーションはあまり効果がなく、逆効果になることさえある。この種の仕事に唯一うまくいくモチベーションは内発的なもの、つまり、自律と熟達と目標だ。実際、これらはとても効果的なので、死ぬほど退屈なはずの仕事でさえ、誇りに思える仕事に変えることができる。その好例がザッポス社の顧客サービスチームだ。彼らは自分たちのことを「ザッポス顧客忠誠チーム（ZCLT）」と呼んでいる。このチームのメンバーは、とても単純な指示を与えられる。顧客に対応すること、顧客の問題を解決すること、自分の望むやり方でやることというのがそれだ。この指示と、従業員のプロフェッショナルとしての成長に向けた注意、「幸せを届けること」という企業のモットーが相まって、ZCLTのメンバーの仕事に、自律と熟達と目標を注入している。その結果、幸せなメンバーが提供する顧客サービスは、フォーシーズンズ・ホテル&リゾート社さえしのぐほどの評価を受けることがある。(5)

汝自身を知り、整合させよ

整合性は自己認識の上に成り立っている。自分自身を深いレベルで知ると、自分の核となる価値観や目標、優先事項がわかってくる。自分にとって何がほんとうに重要か、何が自分に意味を与えてくれるか、わかる。それが明瞭になると、仕事で何が自分を幸せにしてくれるか、どうすれば世の中に一番貢献できるかがわかる。すると、自分のためにどのような仕事の状況を生み出したいかもわかる。そして、好機が訪れると、自分に自律と熟達と目標を提供してくれるような方法で働くことができる。そうすれば、自分の仕事が自分の幸せの源になる。

自分自身を知り、整合させるための要《かなめ》は、マインドフルネスだ。たとえ、マインドフルネスの練習しかしていなくても、やがて、整合性を見つけるのに必要な水準の自己認識を生み出せるだろう。マインドフルネスだけで十分なのだ。これは吉報だ。

だが、もっと良い知らせがある。自分の価値観や崇高な目標を自分自身にはっきりさせるのを

(5)『ビジネスウィーク』誌の2009年度顧客サービスチャンピオン・レポート(読者調査とJ・D・パワー調査による評価)によれば、サッポス社が第7位だったのに対して、フォーシーズンズは第12位だった。

助ける、ほかの方法もあるのだ。たとえば、それをほかの人々に語るといい。価値観や崇高な目標のようなものは、かなり抽象的な話題なので、口に出して言うには、自分にとって明瞭ではっきりしたものにせざるをえない。書くという手もある。この場合にも、同じようなメカニズムが働く。抽象的な考えを言葉にすることで、その考えが明瞭ではっきりしたものになる。こうしたエクササイズをきちんとした構成でやれば、とても効果的なことが私たちにはわかっている。たとえば、私たちのクラスでは、数分話し合っただけで、明瞭さが増して役に立ったという参加者が多い。

エクササイズ——価値観と崇高な目標を発見する

自宅でひとりでこれに取り組んでいるときには、ジャーナリングのエクササイズ（第4章を参照）を、次に挙げたきっかけとなる話題の一方あるいは両方について、数分間やってください。

- 私の核となる価値観は……

● 私という人間は……

あるいは、いっしょにやってくれる友人や家族がいるときには（ラッキーですね）、二、三人でグループになり、「マインドフル・リスニング」のエクササイズ（第3章を参照）をやってください。交替で話します。まず話し手がひとりで話し（長さは自由）、次に、グループで自由会話をし、聴き手が正確に理解するために質問したり、短く意見を述べたりします。この会話にはひとつだけ規則があります。最初の話し手に優先権があり、その人が優先的に話すことができ、話し始めたら、ほかの人は割り込んではいけません。

ひとり語りの話題の候補を挙げておきます。

● あなたの核となる価値観はどんなものですか？

● あなたはどういう人ですか？

全員に話す機会が回ったら、メタ会話をして、それぞれにとって、この経験がどんなものだったかを話し合いましょう。

想像する

想像は、とても単純な発想に基づいている。それは、すでに達成しかけている自分の姿を思い描ければ、達成するのがずっとやさしくなるという発想だ。精神科医のレジーナ・パリーは、こんなふうに言い表している。

神経科学によれば、出来事が起こりもしないうちから、脳はすでに何が一番起こりやすいか予測を済ませており、予測されるものに最適な知覚や行動、情動、生理的反応、対人関係の処理を始動させている。ある意味で、私たちは過去から学んだことに基づいて未来を予測し、それから、自分が予期する未来を生きているのだ。(6)

あるいは、マイケル・ジョーダンに言わせれば、「物事は、自分ができるようになる前に、自分にはできると期待しなければならない」。

二〇〇五年に私の友人、ロズ・サヴェージは、大西洋横断漕艇レースを単独で終えた女性第一号になった。そう、女性がただひとりで一艘のボートに乗り、一〇三日かけて五〇〇〇キロ

(6) Marc Lesser, *Less: Accomplishing More by Doing Less* (Novato, CA: New World Library, 2009).

メートルもの外洋を漕いで渡ったのだ。料理用のこんろは二〇日で故障し、四本のオールはすべて折れたのに、彼女はやり遂げた。だが、これもほんの手始めにすぎなかった。ロズは後に、女性としては初めて、太平洋も単独で漕ぎ渡った。彼女はこの快挙を三段階に分けて達成した。二〇〇八年にサンフランシスコからハワイのオアフ島へ、二〇〇九年にハワイからキリバス共和国のタラワ島へ、二〇一〇年にタラワ島からパプアニューギニア共和国のマダンへと、ひとりでボートを漕ぎ進めたのだ。

ロズはもともと冒険家だったわけではない。ボートによる大冒険に乗り出す前は、私たちの多くと同じ、ごく普通の、快適で、あまり運動をしない、中流階級の暮らしをしていたと彼女は断言する。ロンドンにある投資銀行の経営コンサルタントとプロジェクト・マネージャーをしており、安定した収入を得て、郊外に家をもっていた。

三〇代なかばだったある日、自分の死亡記事を書くというエクササイズをやった。死んだら、人は自分について何と言うだろうと、彼女は考えた。最初の記事は、このまま生きていったらどうなるかという予測に基づいていた。第二の記事は、ぜひ生きたいと願う人生を反映していた。このエクササイズのあいだに、彼女はとても重要な発見をした。最初の記事を書いているときには、精根尽き果てて、とうとう書き終えられなかったのに対して、二番目の記事を書いているときには、どんどんエネルギーが湧いてきて、いつまでもやめる気がしなかったのだ。これが彼女の人生を変える悟りだった。やがて彼女はそれまでの暮らしに見切りをつけた。仕事も、安定した収入も、家も、結婚生活も捨て、ボートで大洋を漕ぎ渡るという夢を追うことにした。

すべてを手放して夢を追えるのだから、ロズは裕福だったに違いないと思う人もいる。じつは、そうではなかった。本人に聞いた話では、大西洋横断を始めたときは、ボートと（二〇日で故障することになるこんろも含めて）それに積んだものが全財産だったそうだ。

人生を変える悟りへとロズを導いたのが、未来を想像するエクササイズだ。そのおかげでロズは、一番深い価値観とモチベーションを発見し、同時に、望ましい未来を想像して、頭の中でその未来を強化できた。

理想の未来を見つける

ＳＩＹでは、ロズがやったのに似た想像の練習を教える。理想の未来がすでに実現したかのように、それについて書くことで、頭の中でその未来を想像し、発見し、強化するというのがその基本だ。これは私の友人で、センター・フォー・ニュー・フューチャーズの社長兼ＣＥＯのバーバラ・フィティパルディから教わった、とても効果的な練習だ。

ここにやり方を示しておく。自宅でやるといい。みなさんは自分を動機づけるものに関しては専門家なのだから。

エクササイズ――自分の理想の未来を見つける

これは書くエクササイズです。私たちの普通の書くエクササイズよりも長く、七分かけてやります。きっかけとなる話題はひとつしかありません。このエクササイズはとてもおもしろく、大きな満足感が得られることでしょう。

きっかけとなる話題

きょうから自分の人生で、何もかもが自分の一番楽観的な期待を満たしたり、それを上回ったりしたら、五年後には私の人生はどうなっているか？

頭に浮かぶイメージが詳しいほど、このエクササイズはうまくいきます。ですから、書く前に、次の質問について考えましょう。未来には、

- あなたは何になって、何をしているか？
- どう感じているか？

●人々は、あなたについて何と言っているか？

書く前に一分間、黙って考えてみましょう。

（ここで一分、間を置く）

書き始めてください。

このエクササイズには変形版がいくつかある。七分ではなく、一時間か二時間というように、もっと時間をかけてもいい。目標とする日を変えることもできる。五年後がうまくいかなければ、一〇年後、あるいは二〇年後で試してみる。今から五年後に、すでに理想の未来に生きているふりをし、日記を書くという手もある。バーバラのクラスでは、そうした。

これ以外にも、おもな変形版は少なくともふたつある。ひとつは、ロズがしたように、自分の死亡記事を書くというもので、お望みなら、ロズと同じようにふた通り書く。もうひとつは、次の場面を思い浮かべるというものだ。

あなたは大勢の聴衆のひとりとして、講演会に出席している。あなたも含め、聴衆全員が講演者の言葉に強く心を動かされ、感激している。その講演者は、二〇年後のあなただ。

次の質問について考えてほしい。

- 講演者は何を話しているか？　あなたはどんなふうに心を動かされ、感激しているか？
- 講演者のどんな点に、講演者に対する尊敬の念をかき立てられるか？

理想の未来についてたくさん語る

自分の理想の未来に心が奮い立ったら、それについて、ほかの人にたくさん語ることを強くお勧めする。それにはふたつの重要な利点がある。第一に、語れば語るほど、その未来が自分にとって現実味を帯びてくる。たとえ、あなたの夢が非現実的でも不可能でも、効果がある。たとえば、私の夢は生きているうちに世界平和のお膳立てをすることだ。私は、古代の賢者たちの慣行が現代世界でも可能になり、内面の平穏や内面の喜び、思いやりが広まったおかげで、世界が平和になったところを想像している。古代の賢者たちの教えを、企業の世界やそれ以外でもわかりやすく実用的で役に立つものに変えることでアクセス可能にする人間として、自分自身を思い描いている。こう考え始めたとき、私は自分の目標が実現不可能だと思っていたが、それでも、多くの人にそれについて語った。そして、語れば語るほど、不可能なものから実現しそうにないものへ、実現しそうにないものから実現可能なものへと変わった。そして、さらに重要なのだが、実現可能なものから、実行可能なものへと変わった。私は心の中で、目標を実現に向けて進めるために自分には現にできることがあると感じる状態に到達したのだ。

第二の重要な利点は、自分の理想の未来について人に語れば語るほど、手を貸してくれる人が見つかる可能性が高まる点だ。これは、未来に向けたあなたの志が利他的なものであれば、なおさら当てはまる。人々がわっと助けに駆けつけてくれるからだ。もし、あなたが高級車に乗りたいと願っていたら、誰もが知らん顔をするだろう。だが、もしあなたの望みが利他的なこと、たとえば、世界中の飢えた人に食べ物を与えることや、サンフランシスコのホームレスが誰ひとり凍え死んだりしないようにすること、自分のコミュニティに住む恵まれない子供たちがもっと良い教育を受けられるようにすることで、あなたが誠心誠意、他人のために尽くしたいと願っていたら、たいていの人が、「私にできることはありますか?」と応じてくれることは請け合いだ。あなたが本気で他人を助けるつもりになっていれば、その利他主義に人々が感動し、あなたを手助けしたいと願う。

じつを言うと私は、事があまりにうまく運んだので、自分でも驚いている。世界平和を望む気持ちを他人に語り始めたとき、私は頭がおかしいと思う人が意外なほど少なくてほっとした（これまでのところ、ふたりだけだ）。この目標が自分にとって現実味を増すにつれ、しだいに強い自信をもって語れるようになり、しばらくして気づいたときには、人々が力を貸したり、私を助けられそうな人を紹介したりしたがるようになっていた。まもなく、私は協力者のネットワークを作り上げた（これを私は、「世界平和のための大秘密結社」とふざけて呼んでいる）。気がつくと、マチウ・リカールのような瞑想の世界を代表する多くの名士や、プリシラ・エルワージーのような平和推進分野の著名人たちと親しくなっていた。ダライ・ラマと俳優のリチャード・ギアは、私を抱き締めてくれた。やはり俳優で脚本家のオーエン・ウィルソンとミュージシャンのウィル・アイ・アムは、手を貸したいと言ってくれた。私は国連に招かれて、思いやりについてＴＥＤの講演をした。見ず知らずの何百という人が、私の言葉に感動したと言ってくれる。世界平和に向けた自分の単純な志に、これほど多くの人がこれほど共鳴してくれるのは、ほんとうに驚きだし、自分が経験した友情や優しさの数々には恐縮している。

人々は奮い立たせてもらいたいのだということを私は学んだ。他人のためになりたいという志や、慈善の行為はすべて、他人を奮い立たせる。だから、利他的な志をもっていれば、そして、すでにその志に基づいて行動を起こしているときにはなおさら、それを他人に伝えることを強くお勧めする。そうすれば、世の中でもっと多くの善行がなされるきっかけとなれるからだ。

回復力

回復力とは、自分の行く手に待ちうける障害を克服する能力のことだ。整合性と想像は、自分の行きたい場所を見つける助けになり、回復力は、そこに行き着くのを助ける。

回復力は次の三つのレベルで鍛えられる。

1 内面の穏やかさ――心の中で内面の穏やかさに一貫してアクセスできるようになれば、その上にあらゆる楽観と回復力を築ける。

2 情動的な回復力――成功も失敗も情動的な経験だ。このレベルで訓練すれば、そうした経験に対処する能力を伸ばせる。

3 認知的な回復力――挫折を自分にどう説明するかを理解し、有効な心の習慣を生み出せば、楽観を育む助けとなる。

内面の穏やかさ

世界一幸せな人間に対してこれ以上ないほど明白な質問をマチウ・リカールにぶつけたことがある。あなたでさえ幸せでない日などあるのか？

中国のカンフー映画に出てくるたいていの賢者と同じで、マチウもたとえを使って答えた。「幸せは深い海のようなものだと考えればいい。水面は波立っていても、底はいつも穏やかだ。同様に、とても幸せな人にも悲しく感じる日はある——たとえば、人が苦しんでいるのを目にしたときだが、その悲しみの下には、揺らぐことのない幸せの大きな深みがある」

この美しいたとえは穏やかさと回復力にも当てはまる。もし、自分の心の中の深い内面の穏やかさにアクセスできれば、日常生活の浮き沈みがどれだけあっても、いつも回復力を保てる。何があっても、長いあいだ心が沈み続けることはない。何かに打ちのめされるたびに、いつもその内面の穏やかさの中で休んで回復し、これまでの練習の深さしだいでは、すぐに立ち直れる。

幸い、この内面の穏やかさは、誰もが手に入れられる。第2章と第3章で述べたとおり、マインドフルネスのトレーニングをすれば、心が穏やかで明瞭で幸せになり、マインドフルネスの練習をすればするほど、さらにその度合いを高められる。

マインドフルネスの瞑想をたっぷりやるだけで、内面の穏やかさの問題は、ひとりでに片づく。

情動的な回復力

成功も失敗も情動的な経験だ。そうした情動は、執着と嫌悪を生み、私たちはそれに引き止められて、目標を達成する能力を損なわれかねない。だが、成功や失敗につきものの情動に対処するのを助ける練習によって、内面の穏やかさという土台を固めることができる。

どんな情動的経験もそうだが、成功と失敗も体に一番はっきり表れる。したがって、これらの情動に取り組む最初の場所は体だ。これらの情動を体で経験するのが平気になればいい。あるいは、ミンゲール・リンポチェの言葉を借りるなら、これらの情動を友達にしてしまうことだ。そして、どんな執着や嫌悪が湧き起こっても、それを捨てる。情動を抑制し、執着や嫌悪を捨てられるようになれば、成功や失敗に対して情動的な回復力を保てる。

ＳＩＹのフォーマルな練習では、まず、心を穏やかにしてさっとボディ・スキャンをやり、それから失敗の記憶と成功の記憶を蘇らせる。どちらの場合も、体で経験し、執着と嫌悪を捨てる。ここにやり方を示しておく。

エクササイズ——**回復力の瞑想**

心を穏やかにする

まず、深呼吸を三回します。

穏やかな意識を呼吸に向け、吸気と呼気と、そのあいだの間《ま》を意識してください。

体に注意を向けます。足の感覚に集中するところから始め、脚、膝、骨盤、胸、腕、肩、背中、首、後頭部、顔の感覚に順番に集中します。

（ここで長い間を置く）

失敗

ここでギアを入れ替え、失敗の経験に四分間取り組みましょう。

大失敗の感覚を経験した出来事の記憶を頭に浮かべてください。目標を達成できず、自分自身もほかの人たちもがっかりさせた経験の記憶を。そのときの光景を目に浮かべ、音声を耳に蘇らせ、感覚を味わい直してください。

それに結びついている情動をすべて観察し、これらの情動が体の中にどう現れるか確認します。

（ここで二分、間を置く）

これらの情動をすべて、嫌悪抜きで経験する能力を生み出せるかどうか、やってみましょう。

あなたが経験しているこれらの情動は、たんなる生理的感覚だと考えます。ただそれだけです。不愉快かもしれませんが、たんなる経験にすぎません。これらの経験がそこに存在することと、現れたければ現れ、消えたければ消えることを、許すだけでいいのです。優しく、穏やかで、寛大なやり方で、ただ好きなようにさせてあげてください。

（ここで長い間を置く）

成功

今度はもっと楽しむことにしてギアを入れ替え、成功の経験に四分間取り組みましょう。

大成功の感覚を経験した出来事の記憶を頭に浮かべてください。目標をしのぐ成果をあげ、みんなから称賛され、自分におおいに満足したときのことを。そのときの光景を目に浮かべ、音声を耳に蘇らせ、感覚を味わい直してください。

それに結びついている情動をすべて観察し、これらの情動が体の中にどう現れるか確認します。

（ここで二分、間を置く）

これらの情動をすべて、執着抜きで経験する能力を生み出せるかどうか、やってみましょう。あなたが経験しているこれらの情動は、たんなる生理的感覚だと考えます。ただそれだけです。愉快かもしれませんが、たんなる経験にすぎません。これらの経験がそこに存在すること、現れたければ現れ、消えたければ消えることを、許すだけでいいのです。優しく、穏やかで、寛大なやり方で、ただ好きなようにさせてあげてください。

（ここで長い間を置く）

穏やかな状態に戻る

今度は三分間、現在に戻ります。体を点検し、どんな感じがしているか確認しましょう。

（ここで間を置く）

大きく息を吸い込み、吐き出します。リラックスした注意を呼吸に向け続け、お望みなら、片手を胸に当ててもかまいません。

（ここで間を置く）

体の中で何が起こるか気をつけ続けながら、ゆっくりと目を開けてください。

おつかれさまでした。

認知的な回復力

情動的な回復力は、楽観を育む認知的なトレーニングでさらに伸ばすことができる。失敗の話から始めることにしよう。

かつて、とても勇気ある運動選手がいて、自分が途方もない失敗者であることを世間に告白した。

「これまでの選手生活で、通算九〇〇〇回以上、ショットを決めそこなった。三〇〇試合近く負けた。試合を決めるショットを任されて決めそこなったことが二六回ある。私は人生で何度も何度も何度も失敗してきた。……」

それから彼は続けた。

「……そして、だからこそ私は成功するのだ(7)」

この運動選手の名前はマイケル・ジョーダンで、彼を知らない人のために言っておくと、まあ、ただの史上最高のバスケットボール選手にすぎない。

(7) ナイキの「失敗」というコマーシャルでの、マイケル・ジョーダンの言葉。

失敗は成功のもとだ。本田宗一郎の有名な言葉に、「成功は九九パーセントの失敗に支えられた一パーセントだ」というものがある。ＩＢＭの初代社長、トマス・ワトソンはこう言った。「もし成功率を高めたければ、失敗率を倍増させることだ」。よく知られた中国のことわざもある。「失敗は成功の母」（私なら、その家族の母親になるのはご免こうむりたいが）。

もし、失敗が嫌いなら、厄介なことになる。何か革新的なことをしようと思ったら、自分が馬鹿になったような思いをする羽目になることがよくある。ネイサン・ミアヴォルドがこの点について、こう述べている（友人でマイクロソフトの創立者のビル・ゲイツについての言葉だが、枠を破ることに関する一般的な見解でもある）。

探検家のルイスとクラークはほとんどの時間、道に迷っていた。探検家とは、いつも自分の位置を承知しており、自分の能力の範囲内にとどまるものだと考えていたら、画期的なことは何一つできない。混乱し、うろたえ、自分が馬鹿者に思えるようでなければならない。それが嫌なら、従来の思考の枠を破ることは望めない。(8)

ネイサン・ミアヴォルドは二三歳で博士号を取った。そして、マイクロソフト社の最高技術責任者を務め、研究機関のマイクロソフト・リサーチを創立した。賞を取るほどの自然と野生動物

(8) Brent Schlender, "Gates without Microsoft" *Fortune Magazine* (June 20, 2008).

の写真家で、フランス料理家として一流の腕をもち、ベストセラーの共著者でもある。世界でも指折りの聡明な人物に違いない。ビル・ゲイツまでもが、「ネイサンより頭が良い人は思いつかない」と言っている。それにもかかわらず、ネイサン・ミアヴォルドやビル・ゲイツにとってさえ、革新的なことをするには「混乱し、うろたえ、自分が馬鹿者に思えるようでなくてはならない」のだ。この引用を読んで、私は気が楽になった。ネイサン・ミアヴォルドでさえ、自分が馬鹿者に思えることがありうるのなら、私がそう思ったところで、大目に見ることができる。

これまで挙げた証言を見れば、私たちの多くがすでに自分の人生から学んだ事柄が裏づけられる。すなわち、失敗はありふれた経験なのだ。誰もが人生のどこかで大失敗をやらかす。マイケル・ジョーダンのような、偉大で大成功を収めた人でさえ例外ではない。それでは、成功者はどこが違うかと言えば、それは失敗に対する彼らの態度、とくに、自分の失敗を自分自身にどう説明するか、だ。

学習性楽観主義の発案者として高い評価を受けているマーティン・セリグマンは、私たちが挫折を経験したとき、どんなふうに自分自身に語りかけるかを、「説明スタイル」と呼んでいる。楽観的な人は、自分には力があるという前提で挫折に反応する。挫折は一時的で、特定の状況に限定されていて、努力と能力によっていずれ克服できると感じる。これとは対照的に、悲観的な人は、自分の手には負えないという前提で挫折に反応する。挫折は長く続き、自分の人生全般に及び、自分が不適当なせいであり、したがって、克服できないと感じる。出来事を自分に説明するときのこの違いは、私たちの人生に重大な影響を与える。楽観主義者が大きな失望を味わったときには、次回にはもっとうまくやる方法を考え出すことでそれに対処する。逆に、悲観主義者はその問題について自分にはできることが何もないと思い込み、諦める。

セリグマンは保険会社のメットライフと共同で行なった一連の有名な実験で、楽観的な保険のセールスマンは悲観的なセールスマンよりもはるかに優れた販売実績をあげることを突き止めた(9)。そのうえ、メットライフ社はセールスマンの慢性的な人手不足に悩んでいたので、セリグマンは同社を説得して、特定の応募者を雇わせた。それは、通常の選抜試験の点数が合格ラインをわずかに下回るものの、楽観主義の点数が高い応募者たちだった。彼らは、通常の基準で採用されたセールスマンのうちの悲観主義者たちを、最初の年には二一パーセント、二年目には五七パーセント、販売成績で上回った!

楽観主義を学習し、悲観主義を捨てる

幸い、楽観主義は学習することができる。皮肉にも、楽観主義は現実的で客観的になるところから始まる。私たちは生まれつき、人生のポジティブな出来事よりもネガティブな出来事に多く

(9) Seligman, *Learned Optimism.*

注意を払う。たとえば、あなたが作家で、作品の書評が一〇あったとして、そのうち九つが絶賛する内容、ひとつが酷評する内容だったら、おそらく絶賛より酷評のほうが記憶に残るだろう。これは、人生のほかの面にも当てはまる。ポジティブ心理学の著名な先駆者、バーバラ・フレドリックソンは、ひとつのネガティブな経験を乗り越えるにはポジティブな経験が三つ必要であることを発見した。(10)つまり、三対一の比率だ。一般に、ネガティブな気持ちのひとつひとつが、ポジティブな気持ちの三倍も強力なのだ。こんなふうに考えるとわかりやすいかもしれない。あなたの人生には、幸せな瞬間が不幸せな瞬間の二倍あるとしよう。これは二対一の比率だ。金持ちの伯父さんがいて、あなたが誰かに一ドル取られるたびに、二ドル与えてくれるようなもので、万歳、あなたの勝ちだ！　客観的に見れば、あなたは幸運そのもので、素晴らしい人生を送っていることになる。ところが主観的には、二対一というのはフレドリックソンが発見した三対一の比率より依然としてずっと低いので、あなたは「なんとひどい人生だ」と思うだろう。この悟りはぱっと私の頭にひらめいた。三本の禅杖で頭を叩かれたかのようだった（そう、三対一という、杖と頭の比率だ）。

楽観主義を学ぶ第一のステップは、自分がネガティブな経験へ偏っているのを自覚することだ。人生で成功のほうが失敗よりずっと多かった可能性は十分ある。いや、おそらくその可能性のほうが高い。それなのに、そうは思えないのは、失敗にばかり注意を向け、成功には注意を払わな

(10) Barbara Fredrickson, *Positivity: Groundbreaking Research Reveals How to Embrace the Hidden Strength of Positive Emotions, Overcome Negativity, and Thrive* (New York: Crown, 2009).

すぎるからだ。これがわかっただけで、あなたが自分を見る目が変わる。

　第二のステップはマインドフルネスだ。楽観主義を学ぶには、自分の経験に対する客観性を生み出す必要がある。第4章で述べたように、マインドフルネスは客観性を生み出す最善の手段だ。具体的には、成功か失敗を経験したときにはいつも、まずマインドフルネスを体に向ける。次に、情動が最も鮮明に現れるのは体であることを思い出し、マインドフルネスを情動的な経験に向ける。最後に、マインドフルネスを思考に向ける。この出来事をどんなふうに自分に説明しているか？　自分には対処する力があるように感じているか、それとも、手に負えないと感じているか？　自分の思考は情動とどう関係しているか？　それが成功の経験なら、それを控え目に扱う傾向にマインドフルネスを向け、失敗の経験なら、それがあなたに与える不釣り合いなまでに強い影響にマインドフルネスを向ける。

　最後のステップは変化だ。成功を経験しているときには、それに意識的に注目し、自分の手柄を受け入れる。そうすれば、自分の成功にしかるべき注意を払う心の習慣ができる。失敗を経験しているときには、この挫折が一時的なものかもしれないことを示す現実的な証拠に意識を集中する。自分は不適格であるという考えが浮かんだら、意識的に注目した過去の成功、自分の手柄として受け入れた過去の成功を思い出す。現実的な希望をもてる理由を示すような証拠が見つかれば、それに注意を向ける。これは事実の否定のようにも聞こえるかもしれないが、実際には、生まれもった強いネガティブな偏りを正すことで客観性を増す結果になる。これを頻繁にやっていれば、新しい心の習慣ができ、次に失敗を経験したときには、希望をもてる現実的な理由を心がすばやく見つけ、挫折から前より早く立ち直れる。そして、そのおかげで楽観主義が生まれる。

大波

内面の回復力を発見して恐れと失敗を乗り越えた日本人の話でこの章を終えることにしよう。

明治時代の初めに、大波という有名な力士がいた。大波は途方もない力持ちで、相撲の技を知り尽くしていた。内輪の練習では師匠さえ打ち負かすのだが、とても内気なので、人前に出ると弟子にまで負けるありさまだった。そこで大波は、誰か禅師に教えを乞おうと思った。たまたま流浪の禅師が近くの小さな寺に立ち寄ったので、大波は訪ねていき、大きな悩みを打ち明けた。

すると禅師はこう助言した。「大波というのがおまえの名前だ。今夜はこの寺に泊まり、自分がそのような大波になったところを思い浮かべるのだ。おまえはもはや、恐れを抱く力士ではない。目の前に立ちはだかるものを何もかも蹴散らし、行く手に待ち構えるもののいっさいを呑み込んでいく大波だ。そんな姿を想像してみろ。そうすれば、天下無敵の力士になれるだろう」

禅師は寝所に引き上げた。大波は座って瞑想し、自分が波になったところを想像しようとした。さまざまなことに思いを巡らせた。それから徐々に、波の感覚に心を向けていった。夜が更けるにつれて、波がしだいに大きくなっていった。波はあちこちに供えられた花瓶の花を押し流した。お堂の仏像さえもが水浸しになった。夜が白むころには、寺はもう寄せては引く大海そのものだった。

朝になって禅師が起き出してくると、大波は顔にかすかな笑みを浮かべて瞑想していた。禅師は大波の肩を軽く叩いて言った。「これでもう、おまえの心を乱すものは何ひとつない。おまえは大波になった。前途をはばむものをすべて押し流していくだろう」

その日、大波は相撲の大会に出て優勝した。その後、彼を負かせる者は日本には誰ひとりいなかった。(11)

(11) "Great Waves," 101zenstories.com.

7

共感と、脳のタンゴ

相手を理解し、心を通わせることを通して共感を育む

まず理解に努め、それから理解されることを目指せ。
——スティーヴン・R・コーヴィ

ずっと前に、こんな話を聞いた。

昔、弟子が尋ねた。「お師匠さま、御仏に仕える生活の半分は、民と交わることでしょうか？」

すると師匠は答えた。「いや、御仏に仕える生活のすべてが、民と交わることだ」

この話はおそらく、有名な仏教の話の誤読に由来するのだろう。ブッダが弟子のアナンダに、「りっぱな人々」との交わりが、聖なる暮らしの半分ではなく、すべてだと語ったという話だ。だが、時を経るうちに、私は間違って伝わった話がじつに洞察力に富んだものに思えてきた。EQのコンテクストでは、人々と交わるというのが、いわゆる、タイヤが路面に接する場所（「こんにちは、タイヤさん！」「こんにちは、道路さん！」）、つまり真価が問われる場所だと思うからだ。

というわけで、この本の内省《イントラパーソナル》的知能についての章をすべて終えておめでとう。そして、対人《インターパーソナル》的知能についての章へようこそ。いよいよ黒帯の段階だ。

共感と脳と猿真似

神経科学史上屈指の発見は、誰かが猿の前で食べ物をつまみ上げたときになされたというのだから、なんとも愉快ではないか。

イタリアのパルマ大学の神経生理学者たちが、猿の脳に電極を取りつけ、ニューロン（神経細

(1) G. Rizzolatti and M. Fabbri-Destro, "Mirror Neurons: From Discovery to Autism," *Experimental Brain Research* 200, no. 3-4 (2010): 223-237.

(2) ミラーニューロンに関しては、Christian Keysers による優れた読みやすい概略が *Current Biology* 19, no. 21(2009): R971-R973 に掲載されている。

胞）の活動を記録した[1]。すると、猿が食べ物をつまみ上げるたびに、一部のニューロンが発火することがわかった。実験の最中、研究者たちはときどき自分で食べ物をつまみ上げて猿に与えなければならなかった。ところが、そのとき、驚くべきことが起こった。猿の脳の中で先ほどと同じニューロンが発火したのだ。さらに調べてみると、「ミラーニューロン」と呼ばれるニューロンが存在することが明らかになった。ミラーニューロンは、猿がある活動をしているときだけでなく、別の動物が同じ活動をするのを眺めているときにも発火する脳細胞だ。驚くまでもないが、人間の脳にもミラーニューロンがあることを強く示す証拠が後に発見された。

ミラーニューロンが共感と社会的認知の神経基盤を形成すると主張する科学者もいる。その主張を裏づける科学的証拠は（今のところ）決定的ではないが、いずれにしても、ミラーニューロンは、人間の脳がもつ社会的な性質の興味深い姿を垣間見させてくれる。脳は個々のニューロンのレベルに至るまで、まるで他人を念頭に置いて設計されたかのようだ[2]。

他人の痛みに対する脳の反応のしかたからも、神経のレベルで共感の興味深い姿を垣間見ることができる。私たちは痛みを伴う刺激を与えられると、「苦痛マトリックス」というあだ名のついた脳の部位が活性化する。痛みを伴う刺激を与えられるかわりに、愛する人がそのような刺激を受けているのを目にしたときにも、苦痛マトリックスがやはり活性化する[3]。私たちは脳の中で、彼らの苦しみをとても現実的な形で経験しているのだ。同じ感覚情報を受け取っては

（3）共感に関して、これをはじめとする優れた科学研究についての調査には、Tania Singer, "Understanding Others: Brain Mechanisms of Theory of Mind and Empathy" in *Neuroeconomics: Decision Making and the Brain*, eds. P. W. Glimcher, et al. (Maryland Heights, MO: Academic Press, 2008): 251-268 がある。

いないものの、同じような情動的経験をするわけだ。これが思いやりの神経基盤となる。英語の「compassion（思いやり）」という単語は、ラテン語の「ともに苦しむ」という言葉から来ている。私たちが何の努力もしなくても、少なくとも愛する人たちに対しては、脳はすでに共感と思いやりが可能なようにできているのだ。

脳のタンゴ

自己認識と共感のあいだには、じつに興味深い関係がある。強い自己認識をもっている人は、共感能力も高い。脳は自己認識と共感の両方に同じ装置を使うようだ。具体的に言うと、このふたつは、ともに、島皮質《とうひしつ》と呼ばれる脳の部位とおおいに関係があるらしい。島皮質は身体的な感覚を経験し、認識する能力とかかわっている。たとえば、とても活発な島皮質をもつ人は、自分の心臓の鼓動が意識できる。活発な島皮質をもつ人は、とても高い共感能力ももつ傾向があることを示す科学的証拠があるのは、とりわけ興味深い(4)。

これはどんな仕組みになっているのだろう？　著名な心理学者、ジョン・ゴットマンらの研究から、おもしろい手がかりが得られる。ゴットマンは結婚生活の安定性と夫婦関係の分析の先駆的な研究で名高い。彼の専門知識は有名で、夫婦の会話を一五分聞いただけで、一〇年以内にふ

(4) 情動の自覚と共感と島皮質のあいだの関係の、それぞれ異なる一面を取り上げた一群の研究がある。[Craig 2004] と [Herbert 2007] は、情動の強い自覚と、島皮質の活動を介した体内の感覚の自覚（心臓の鼓動の知覚を含む）とのあいだには重大なつながりがあると主張している。一方、[Singer 2008] は、島皮質を共感と結びつける多くの研究を説明している。[Lutz 2008] は、こうした能力はすべて瞑想で鍛えられるとしている。[Craig 2004]: A. D. Craig, "Human Feelings: Why Are Some More Aware Than Others?" *Trends in Cognitive Sciences* 8, no. 6 (2004):239-241. [Herbert 2007]: B. M. Herbert, O. Pollatos, and R. Schandry, "Interoceptive Sensitivity and Emotion Processing: An EEG Study," *International Journal of Psychophysiology* 65, no. 3 (2007): 214-227. [Lutz 2008]: A. Lutz, "Regulation of the Neural Circuitry of Emotion by Compassion Meditation: Effects of Meditative Expertise," *PLoS One* 3, no. 3 (2008): e1897. [Singer 2008]: Singer, "Understanding Others."

たりが離婚するかどうか、正確に予測できるという評判だ。おおまかに言うと、ゴットマンの研究では、夫婦を一室に入れ、機械につないで生理的なデータを記録しながら、（たとえば、ふたりの意見が食い違うことについて）会話させ、その様子をビデオで撮影する。そのあと、夫婦が別々にビデオを見て、会話の各段階でどう感じたかを評価する。この実験からは、それぞれの会話のビデオテープや、会話のあいだ夫婦のそれぞれがどう感じたかを一人称の立場から評価したもの、生理的データという、貴重なデータが得られる。

　ゴットマンの共同研究者、ロバート・レヴェンソンは、おもしろい実験をした。第三の被験者（「評価者」と呼ぼう）に、先ほどのビデオを見せ、映っている被験者のひとりが、会話のそれぞれの段階でどう感じているかを評価させたのだ。(5) この実験では、評価者の共感能力を測定した。評価者が被験者の気持ちを正確に評価するほど、評価者は高い共感能力を示したことになる。この実験で一番おもしろいのは、評価者の生理的な信号に関する部分だ（生理的な信号も測定していた）。評価者は、生理的状態が評価対象の被験者の生理的状態に近ければ近いほど、評価対象の被験者の気持ちを正確に評価したのだ。

　つまり、私たちは他人の生理的状態を真似ることで共感する。ダニエル・ゴールマンは、「同調化」という言葉でこの現象を説明している。(6) 彼はまた、それを「情動のタンゴ」とも呼んでいる。共感能力が自己認識とこれほど緊密に結びついているのは、この同調化のせいだ。脳は

(5) R. W. Levenson and A. M. Ruef, "Empathy: A Physiological Substrate," *Journal of Personality and Social Psychology* 63, no. 2 (1992): 234-246. この話題に関する情報は、R. W. Levenson and A. M. Ruef, "Physiological Aspects of Emotional Knowledge and Rapport" in *Empathic Accuracy*, ed. W. Ickes (New York: Guilford Press, 1997) からも得られる。

(6) Goleman, *Working with Emotional Intelligence*［邦訳：前掲『ビジネスＥＱ』］.

自分の自己認識の装置を共感のために使う。それどころか、共感能力は自己認識にかかっているとさえ言える。だから、自己認識が弱ければ共感能力も弱まる。

この洞察には重要な意味合いがある。自己認識を育む練習が、共感能力も同時に伸ばすことが多いということだ。たとえば、（第4章に出てきた「ボディ・スキャン」のエクササイズを使ったりして）マインドフルな注意を体に向ければ、島皮質が強化され、それによって、自己認識と共感能力の両方を同時に改善できることがわかっている。まさに、一石二鳥だ！

共感とは、心理学的に分析することでも同意することでもない

共感は「心理学的分析」と呼ばれるものとよく混同される。心理学的分析というのは、心理学の見地から、あるいは、心理学的な動機づけから、多くの場合、生半可な知識に基づいて推測することだ。たとえば、あなたが上司に仕事上の問題を説明していると、途中、上司が言葉を遮る。そして、あなたが子供のころに経験したと思われる問題といった、上司が一般向けの心理学書で読んだ事柄と、あなたの問題とがどう関係しているかを説明し始めたとしよう。その場合、彼は心理学的に分析しているのであって、共感しているのではない。心理学的に分析するときには、じつは私たちは問題を切り捨てており、理解してはいない。驚くまでもないが、心理学的な分析

をするのは、凡庸な管理職であることがわかっている。日頃から心理学的な分析をしている管理職は、漫画のディルバートに出てくる、尖った髪の上司のような、つんつん尖った形に髪を伸ばし始めるかもしれない。それとは違って、注意をそっくり向けて熱心に耳を傾け、その問題があなたにとってどんな意味をもつか、頭のレベルでも直感のレベルでも理解しようとする上司、それも、終始優しさをもってそうする上司は、共感しているのだ。

共感はかならずしも同意は意味しない。優しさをもって、相手を知的なレベルでも直感のレベルでも理解し、それでも丁重に異議を唱えることはありうる。アリストテレスはこう言っている。「ある考えを受け入れることなく、それについて考えられるのは、学識ある心のしるしだ」。共感をもちつつ異議を唱えるのは、それにとてもよく似ている。相手の気持ちに同意することなく、それを理解し受け入れられるのは、発達した心のあかしだ。

この洞察からは、共感をもちつつも、厳しい決定を下せることがうかがえる。実際、多くの状況で、厳しい決定を下すときには優しさと共感をもってするのが最善だ。ビジネスの場面で誰かの利益を損ねる決定を下さなければならないときには、共感をもち込まないように自分に言い聞かせるのはたやすい。共感していたら、厳しいけれど必要な決定を下すのが難しくなるだけだからだ。私の経験から言うと、これは次善の策だ。共感なしに厳しい決定を下せば、短期的には望みどおりの成果を比較的楽にあげられるが、恨みや不信感も生み出し、長い目で見れば、自分にとって不利になる。影響が及ぶ人に優しさと共感をもって接すれば、信頼と理解が得られる。そうすれば、相手の懸念をもっと巧みに処理したり管理したりできる。十分な信頼と理解があれば、全員の問題を解決するような、あるいは、少なくとも一部の懸念を大幅に軽減するような、創造的な方法を見つけることさえ可能かもしれない。ようするに、厳しい決定を下さなければならないことに変わりはなくても、人々があなたを信頼し、あなたが思いやりのある人間だと感じ、個人の利益を超えるもののためにこの決定を下していることを理解したら、彼らに協力してもらえる可能性が高まる。いったん信頼を勝ち取れば、その上に強力な長期的仕事関係を築けるからなおさら良い。こうして、短期的にも長期的にも勝ちを収められる。

共感をもって難しい決定を下す格好の例が、ゴールマンの『ビジネスＥＱ』に見られる。

ふたつの企業で工場が閉鎖されたとき、従業員がどう扱われたかを考えてほしい。ＧＥ（ゼネラルエレクトリック社）では、従業員に二年前から工場閉鎖を通知し、ほかの仕事を見つけられるように、徹底した再雇用斡旋を行なった。もう一方の企業は、一週間前になってようやく閉鎖を発表し、従業員の再就職はまったく支援しなかった。

その結果はというと、ほぼ一年後、ＧＥの元従業員の大半が、ＧＥは良い働き場所だったと述べ、転職のために提供されたサービスを九三パーセントがほめたたえた。もう一社が良い働き場所だと答えた人はわずか三パーセントだった。こうして、GEは好感をたっぷり維持したのに対して、もう一方の企業は、苦々しい思いという遺産を残した。

従業員を解雇するときには、私たちは彼らに人生でもとりわけつらい経験をさせている。とはいえ、それでさえ共感をもって行なうことが可能で、このようなつらい状況のもとであっても、信頼感や善意を育むことができる。これを、「ろくでなしにならずにタフになること」と呼ぶ人もいる。

共感能力を増す方法

共感は優しさとともに深まる。優しさは共感の原動力で、相手を気遣うように人を動機づける。優しさがあれば、人は互いに受容力が増す。相手に優しくすればするほど、相手とうまく共感できる。

相手との類似を感じることでも共感は深まる。相手が自分に似ていると感じるほど共感できる。アンドレア・セリーノのチームが、「あなたが私に似ていたら、あなたが感じることを私も感じる」と題する、じつに興味深い研究を行なった。(7) 内容にぴったりのこの題は、類似性を認識

(7) A. Serino, G. Giovagnoli, and E. Ladavas, "I Feel what You Feel if You Are Similar to Me," *PLoS One* 4, no. 3 (2009): e4930.

すると共感にどれほど強い影響を与えるかを示唆している。この研究は、自分の体が触れられているのを写したビデオを眺めていると、触れられることへの感受性が一時的に増すという発見に基づいている。たとえば、こういうことだ。知覚できる強さをわずかに下回る強さで電気的に頬を刺激されたら（「閾値《いきち》以下の触覚刺激」）、おそらく感じないだろう。だが、自分の頬が触れられているビデオを見ているときにその刺激が起こると、おそらくそれを感じる。つまり、自分の頬が触れられているのを眺めていると、自分の頬が触れられる感触に敏感になるのだ。この仕組みは「触覚の視覚再マッピング」と呼ばれ、自分の顔ではなく別の人の顔が触れられているビデオを見ているときにも起こる。驚くべき現象だ。

セリーノらは、触れられているのを被験者が目にする顔が、自分の顔に似ていると被験者が感じる人の顔のとき、この触覚の視覚再マッピングが有効かどうかを調べた。最初の実験では、各被験者と同じ民族と別の民族に属する人（この場合には、白人と、アフリカ北西部のマグレブの人）の顔を使った。すると、意外ではないかもしれないが、自分と同じ民族に属する人の顔のほうが、はっきり効果があるという、興味深い結果が得られた。

ふたつ目の実験では、各被験者の支持政党と、それに敵対する政党の指導者たち（すべて同じ民族）の顔を使った。すると、支持政党の指導者たちの顔を目にしたときのほうが、視覚再マッピングの効果がはっきり大きかった！　これは驚きだ。相手があなたと政治的信条を共有しているかどうかという認識だけで、あなたが無意識の神経的レベルでその人にどう反応するかに、はっきり影響が出るのだ。

というわけで、共感を深めるには、他人も「私とまったく同じ」と自動的に認識し、優しさをもって、誰にでも本能的に反応する心を生み出す必要がある。つまり、心の習慣を生み出さなければならない。

望ましい心の習慣を生み出す

心の習慣を生み出す練習は、単純で、直感的に明らかではあるものの途方もなく重要な洞察に基づいている。ブッダはそれをこう説明している。

> 何であれ、しばしば考え、思いを巡らせるものが、その人の心の傾向となる。(8)

つまり、私たちは何かを考えると、そのような人間になるということだ。

この練習のやり方自体は単純だ。ある考えが心に頻繁に浮かぶように促すと、それが心の習慣になる。たとえば、人に会うたびに、その人の幸せを願っていれば、いずれそれがあなたの心の

(8) 双考経。二種類の思考についての講話。道理にかなった思考は長期的な幸せにつながり、道理をわきまえない思考は母親に注意された類の厄介事につながる。それなのに、あなたときたら、母親がヒステリーを起こしているだけとばかり思っていたのだから。

習慣となり、人に会ったときにはいつも、その人が幸せになりますようにという考えが、真っ先に本能的に頭に浮かぶようになる。しばらくすると、優しさのための本能が育ち、あなたは優しい人になる。人に会うとかならず、その優しさが顔や姿勢や態度に表れる。人々は、あなたの優れた外見だけでなく、あなたの人柄にも惹かれるようになる。

インフォーマルな形で練習したければ、人に会うたびに、そうした考えを生み出すといい。だが、フォーマルで体系的な方法もあり、それで大きな効果をあげている人も多い。私たちはそれを、「私とまったく同じ／愛情に満ちた優しさ」の練習と呼んでいる。

「私とまったく同じ／愛情に満ちた優しさ」の練習

類似点を見いだして優しさを差し伸べるためには、ふたつの別個の練習がある。ひとつ目は「私とまったく同じ」の練習で、ほかの人々がどれほど自分に似ているかを思い起こして、それによって平等という心の習慣を生み出す。ふたつ目は「愛情に満ちた優しさの瞑想」で、他人の幸せを願い、それによって優しさという心の習慣を生み出す。私たちは、このふたつの練習をひとつにまとめている。

クラスでは、参加者がペアになり、向かい合って座ってこのエクササイズをすることが多い。

だが、読者のみなさんは、向かい合って座ってくれる人を見つけるかわりに、エクササイズのあいだ、自分にとって大切な人を思い浮かべるだけでいい。

「私とまったく同じ」と「愛情に満ちた優しさ」の練習の台本を、ゆっくり、そして十分に間《ま》を置きながら読むことを強くお勧めする。

エクササイズ――「私とまったく同じ」と「愛情に満ちた優しさ」の瞑想

準備

リラックスしていて、しかも隙のない状態になれるような、楽な姿勢で座ります。まず、二分かけて心を呼吸の上に落ち着かせてください。

あなたにとって大切な人を思い浮かべましょう。その人の姿を思い描きます。お望みなら、その人の写真やビデオを使ってもかまいません。

今度は、以下の台本をゆっくり自分に読み聞かせましょう。文が終わるごとに間を置いて、反芻してください。

私とまったく同じ

この人は私とまったく同じで、体と心をもっている。

この人は私とまったく同じで、気持ちや情動、考えをもっている。

この人は私とまったく同じで、これまでの人生で、悲しかったり、がっかりしたり、怒ったり、傷ついたり、うろたえたりしたことがある。

この人は私とまったく同じで、これまでの人生で、身体的な痛みや苦しみも情動的な痛みや苦しみも経験してきた。

この人は私とまったく同じで、痛みと苦しみから解放されたいと願っている。

この人は私とまったく同じで、健康で人に愛され、充実した人間関係をもちたいと願っている。

この人は私とまったく同じで、幸せになりたいと願っている。

それでは、何か願いが湧き起こるのにまかせましょう。

愛情に満ちた優しさ

この人が人生のさまざまな困難を乗り切れるような、強さや資質、情動的支援、社会的支援を得られますように。

この人が痛みや苦しみから解放されますように。
この人が幸せになりますように。
この人は私とまったく同じで、人類の一員だから。
（ここで間を置く）
そして、私の知っている人がみな幸せになりますように。
（ここで長い間を置く）

結び

一分間心を休めておしまいにしましょう。

このエクササイズのあいだにどう感じたかを参加者に訊くと、いちばん多いのが「幸せだった」という答えだ。優しさを発する側になるのは、心が穏やかになる幸せな体験で、優しさを受け取る側と少なくとも同じぐらい素晴らしいことが多いのに、彼らは気づいたのだ。これは少し直感に反するように思えるが、私たちがとても社会的な生き物で、脳までもが社会的になるようにあらかじめ設定されていることを思い出しさえすれば、納得がいくだろう。私たちがどれだけ社会的で、生き延びるためにはどれほど社会的でなければならないかを考えると、他人への優しさが本来、満足感を与えてくれるものであることも腑に落ちる。優しさはきっと、人間の生存の仕組みにとって重要な要素なのだろう。一日一回、親切な行為をし、それを一〇日続けるだけで、本人の幸せがはっきり増すことを示す研究さえあるほどだ[9]。

つまり、優しさは持続可能な幸せの源なのだ。これは、単純ではあるものの深遠な洞察であり、人生を変えうる。

結婚その他の人間関係を破綻から救う方法

先ほどの練習のとびきりの長所は、人間関係を修復するためにはどんな状況でも使える点だ。私の経験から言うと、対立に対処するのにとても役に立つ。私は妻や同僚と衝突するたびに、別の部屋に行って頭を冷やし、何分間か気を鎮めてから、こっそりこのエクササイズをやる。隣の部屋にいる相手の顔を思い描き、自分に言い聞かせる。この人も私とまったく同じだ、私とまったく同じで、痛みと苦しみから解放されたいと願っている、私とまったく同じで、幸せになりたいと願っている……。それから、相手の健康や幸せ、苦しみからの解放などを願う。これを何分

(9) K. E. Buchanan and A. Bardi, "Acts of Kindness and Acts of Novelty Affect Life Satisfaction," *Journal of Social Psychology* 150, no. 3 (2010): 235-237.

間かやるだけで、自分にも、相手にも、そのときの状況全体にも、ずっと満足できる。私の怒りの大半が、たちまち消えてなくなる。

今度あなたにとって大切な人や同僚と衝突したら、この練習をすることをお勧めする。人間関係が驚くほど改善するかもしれない。妻にとって私との結婚生活が不愉快そのものではないのは、この練習に負うところが大きいと思う。

「愛情に満ちた優しさ」の伝統的な練習法

先ほど紹介した「愛情に満ちた優しさ」の練習は、「メッタ・バーヴァナー（愛情に満ちた優しさの瞑想）」と呼ばれる古い練習を手直ししたものだ。伝統的な形の練習は、もう少し構成がしっかりしていて、もっとゆっくりしたペースで進む（これは妙な話だ。私はエンジニアで、この練習に手を加えるときには、構成を緩めたのだから）。

ほかのあらゆる瞑想の練習と同じで、伝統的なメッタ・バーヴァナーも、数分間、心を休めることから始める。ある程度心が穏やかになったら、優しさの気持ちが自分に向かうように促す。そのためには、心の中で次の言葉を静かに繰り返すといい。

私が健やかになりますように。
私が幸せになりますように。
私が苦しみから解放されますように。

これを数分間やってから、あなたがすでに好きな人や敬服している人、つまり、愛情に満ちた優しさを生み出しやすい人に、優しさの気持ちが向かうように促す。お望みなら、先ほどの言葉をその人のために使ってもいい。その人が健やかになりますように。その人が幸せになりますように。その人が苦しみから解放されますように。

それを数分やってから、どちらでもない人、つまり、とくに好きでも嫌いでもない人（あるいは、あまりよく知らない人でもかまわない）に対して、同じことをしよう。さらに数分後、扱いにくい人や嫌いな人、あるいはあなたの人生に多くの問題を引き起こしている人に対して、同じようにする。その人が健やかになりますように。その人が幸せになりますように。その人が苦しみから解放されますように。最後にその気持ちを、感覚のある生き物すべてに差し伸べる。感覚のある生き物がすべて健やかになりますように。感覚のある生き物がすべて幸せになりますように。感覚のある生き物がすべて苦しみから解放されますように。

この伝統的な形の練習の大きな長所は、扱いにくい人に行き着くころには、心が愛情に満ちた優しさにすっかり浸っていて、その人に対するあなたの心の習慣を打ち破るのが簡単になっていることだ。たとえば、リックのことを考えるとかならず、自然に嫌悪感を生み出すのがあなたの心の習慣だとしよう。毎日リックをメッタ・バーヴァナーの対象に使えば、しばらくすると、あなたの心はリックをポジティブな気持ちと結びつけるようになるかもしれない。その瞑想でリックのことを考えるときにはいつも、あなたの心には愛情に満ちた優しさが染み渡っているからだ。やがて、気がつくともうリックのことを嫌っておらず、メッタ・バーヴァナーのために、扱いにくい人を新たに見つける羽目になるかもしれない（最後には、嫌いな人がいなくなることさえありうる。この瞑想にとってはいら立たしいことかもしれないが、じつは、それはまんざら悪い事態ではない）。あなたにとって、この伝統的な練習のほうが効果があれば、遠慮なく使ってほしい。

人々から最善のものを引き出す

前の節では、土台となる共感の技能を育む練習方法を学んだ。次の数節では、他人の成長を促し、彼らから最善のものを引き出す助けとなる練習に焦点を絞ろう。

信頼を確立するのは仕事にとって良いことだ

共感は素晴らしいが、ただ素晴らしいだけではなく、あなたが仕事で成功するのを助けるうえでも欠かせない。チームを作ったり、コーチやメンターとして指導をしたり、他人の世話をしたりするのがあなたの業務の一部であれば、なおさらだ。こうした活動で大きな効果をあげるのに必要な、基本的な能力がある。それは信頼を築く能力だ。これについては私を信頼してほしい。共感は信頼を築く助けになる。共感をもって人と接すると、相手は自分が見たり聞いたり理解したりしてもらえていると感じる可能性が高まる。相手がそう感じると、安心感が増し、自分を理解してくれる人を信頼しやすくなる。

職場での効果について考えているおもだった人たちは、信頼を自分の練習やアプローチの基礎と見なしている。たとえば、エグゼクティブコーチとして定評のあるマーク・レサーは、コーチやメンターの指導サイクルには次のステップを含めるべきだと言っている。

1　信頼を築く
2　（「ルーピング」や「ディッピング」をして）耳を傾ける
3　突っ込んだ質問や自由回答式の質問をする

4　フィードバックを与える
5　いっしょになって選択肢を生み出したり、やれることを見つけたりする

一番重要なのが、信頼を築くという最初のステップだ。信頼こそがコーチングやメンターリングの関係の基礎だからだ。単純そのものではないか。メンターリングの相手とうまくやるには、相手があなたに心を開いていなければならない。相手が心を開けば開くほど、効果的に指導ができる。相手に信頼されればされるほど、さらに心を開いてもらえる可能性が高まる。じつに単純な話なのだ。信頼がなければ、メンターリングの関係はただの時間の無駄になるだろう（メンターリングの会話のときにドーナツを食べるのであれば、話は別だが。その場合、無駄になった時間の一部をドーナツが埋め合わせてくれるけれど、ドーナツを信頼の代用にしろと言っているわけではない）。

信頼は、とても有能なチームを作るには不可欠の土台でもある。パトリック・レンシオーニは、『あなたのチームは、機能してます

か？』の中で、チームが機能不全に陥る五つの要因をピラミッド形を使って説明している。(10)因果関係の順に沿って、五つの機能不全を挙げるとこうなる。

1　信頼の欠如――誰もチームメイトの意図を信頼していない。互いに自分を相手から守る必要を感じ、チームメイトを警戒しながら行動する。これが次の機能不全につながる。

2　対立への恐れ――互いに信頼できないため、建設的な討論や対立（人格攻撃や、胸に秘めた個人的な狙いとは無縁で、もっぱら問題解決に焦点を絞った、良い意味での対立）に誰もかかわりたがらない。このような健全な対立抜きでは、問題は未解決のままになったり、中途半端な形で解決されたりする。誰も、決定にきちんとかかわらせてもらった気がしない。これが次の機能不全につながる。

3　責任感の不足――自分の提供した情報が適切に考慮されなかったし、決定にきちんとかかわらせてもらうこともなかったと感じると、意欲的に取り組む気になれない。最終決定に心から従わない。優先順位や方向性にあいまいさがつきまとい、不確実さが消えない。これが次の機能不全につながる。

(10) Patrick Lencioni, *The Five Dysfunctions of a Team: A Leadership Fable* (Hoboken, NJ: Jossey-Bass, 2002)〔邦訳：『あなたのチームは、機能してますか？』（伊豆原弓訳、翔泳社、2003年）〕.

4　責務の回避――決定事項に意欲的に取り組む気がなければ、誰も責務を引き受けない。チームメイトに高い基準を守ることを義務づけないから、なお悪い。恨みが蔓延し、凡庸が広まる。これが次の機能不全につながる。

5　結果への無関心――これがチームの究極の機能不全だ。誰もがチームの共通目的以外のことを気にする。目的は達せられず、成果はあがらず、最も優秀な人材を競争相手に奪われる。

すべては信頼から始まる。信頼の欠如がほかのあらゆる機能不全の根本原因だ。具体的には、レンシオーニは、彼が「弱点に基づく信頼」と呼ぶ種類の信頼について語る。これは、チームメンバーが互いの意図を十分信頼しており、自分の弱点を進んでさらけ出せるような状態のことだ。メンバーに、さらけ出した弱点が自分に不利な形で使われたりしないという自信があるからこそ実現する。そんなとき、メンバーは問題や欠点を進んで認め、助けを求める。つまり、自分のエゴを守り、チームメイトに良いところを見せようとして時間を無駄にするかわりに、自分のエネルギーをチーム共通の目的を達成することに集中できる。

この、弱点に基づく信頼は、マーク・レサーが効果的なコーチング関係やメンターリング関係の基礎と言っていたのと同じ種類の信頼だ。この種の信頼を築くことを覚えれば、チームリーダーとしてだけではなく、メンターやコーチとしても有能になれる。

誠実さ、優しさ、率直さから始める

何年も前、私はジョンという上司の下で働いていた。好感のもてる人だったし、尊敬してもいた。ジョンと私は親友になった。ジョンは、とても不愉快な事情のせいで、私たちが働いていた会社を去った。私に言わせれば、その事情というのは彼にひどく不公平なものだった。エリックという管理職がジョンの後任として現れたとき、私は不満だった。気持ちのうえではエリックに恨みを感じていたが、頭ではほんとうはエリックのせいではないことがわかっていた。だから、彼に対する恨みをすべて解消することにした。そのころにはすでに瞑想のベテランだったので、どんな手立てを使えばいいか、はっきりわかっていた。共感だ。

エリックとはすでに知り合いだったし、ときどき小さな仕事をいっしょにしていたので、彼が悪い人間でないのはわかっていた。それどころか、私は頭では彼は善良な人間ではないかと思っていた（実際、そのとおりであることがやがて判明した）ので、自分の情動脳を説得するだけでよかった。そこで、彼が私の管理職になってから初めて一対一で会ったとき、優しさと率直さをもって、個人的な事柄だけ話すようにした。私たちは、これまでの人生や自分の志を語り合った。世界をどんなふうに救いたいと思っているか、私は彼に訊いてみた。どれもこれも、私の認知的な脳と情動的な脳の両方に、エリックという人間を知って彼と彼の内面の善良さを結びつける機会を与え、彼に会うたびに私の情動脳が「彼は善良な人だ。私は彼のことが好きだ」というふうに反応できるようにするためだった。

これが見事に成功した。エリックは私の誠実さと優しさと率直さに対して同様に応じ、たちまち私の信頼を勝ち取った。彼はとても善良でりっぱな人物であることがわかったから、なおさら良かった。たとえば、若いころ第三世界で平和構築のために長い時間を過ごしていた。彼はそれにはめったに触れないが、私はおおいに尊敬している。最初の会話が終わるころには、私の情動脳はすっかり懐柔され、認知的な脳は情動的な脳に、「ほら、言っただろう、彼は良い人なんだって！」と言うことができた。彼に対する私の恨みは、すっかり消えてなくなった。

わずか一時間の会話のあいだに、エリックと私は互いへの信頼のための強力な土台を確立した。その後、いっしょに働いているあいだ中、私たちはとてもポジティブで建設的な仕事上の関係をもつことができた。そして、今も彼のことを友と呼べるのだから幸いだ。

（これは実話だが、私自身の身の安全のために名前は変えてある。）

顔合わせのときにはいつもドーナツを用意しておくというのが、この話の教訓だ。いや、これは冗談で、信頼の確立は誠実さと優しさと率直さから始めなくてはいけないから、仕事の場であれ私生活であれ、どんな関係もそのように始めるのが最も建設的であるというのが、ほんとうの教訓だ。可能なときにはいつも、相手は善良な人で、そうでないことがわかるまでは善良な人として扱われるに値すると思ってかかるといい。

もうひとつ教訓がある。相手は人間だということをかならず念頭に置いて接するにかぎる。信頼を築くときには、私は認知的な脳のほうが扱いやすい。問題は、情動脳の懐柔だ。情動脳を懐柔するには、相手も私とまったく同じで、ひとりの人間なのだと気づかなくてはならない。向こうはただの交渉相手や顧客、同僚ではなく、私とまったく同じで、ひとりの人間なのだ。どんな場面でも、あなたの心がこのレベルで機能できれば、相互信頼のための強力な下地が作れるだろう。難しい状況では、とくにそうだ。

グーグルのリーダーシップと才能担当の副社長、カレン・メイ博士（私がいっしょに仕事をした人のうちで、最も共感的な人物）は、信頼を築くために、さらにふたつの助言を与えてくれる。

1　疑わしきは罰せずで、相手に有利な解釈をする練習を積む。たいていの人は、自分の達成したいことと自分のもつ情報に基づいて、そのとき正しいと思える行動をとる。たとえ彼らの行動は私たちには理にかなっていないように見えても、彼らの根拠は、本人には理にかなっているように見える。たとえ私たちには理解できなくても、自分ならほかの選択肢を選ぶかもしれなくても、彼らが正しい選択をしていると考えてみよう。

2　信頼が信頼を生むことを肝に銘じる。私があなたと信頼関係を築くひとつの方法は、あなたは信頼に値すると考えて、そのようにあなたを扱うことだ。人は誰かに信頼されていると感じれば、逆にその人を信頼しやすくなるし、それは相手にしても同じだ。

三つの仮定

私が会議の司会をするときにはいつも、「三つの仮定」と呼んでいる練習で始めるようにしている。会議室に集まった人全員に、ほかの人について次の仮定をするように促すのだ。

1　そうでないことが立証されるまでは、この部屋の人は全員、個人の利益を超えるもののためにここにいると仮定する。

2　1の仮定に基づき、そうでないことが立証されるまでは、誰ひとり胸に秘めた狙いなどもっていないと仮定する。

3　2の仮定に基づき、そうでないことが立証されるまでは、私たちはみな、たとえ意見が合わないときにさえ、分別ある行動がとれると仮定する。

この三つの仮定で会議を始めると、その場に前より大きな信頼感が生まれるようだ。あなたのチーム内に信頼を育てる方法として、この単純な慣行をお薦めする。会議のたびにこれをやれば、あなたのチームのメンバーが徐々に相互信頼へと向かうのが見て取れるだろう。

共感的なリスニング

「マインドフルな会話」（第3章に出てきたルーピングやディッピング）を練習してきていれば、あなたは今ごろはもう、マインドフルなリスニングに長け、優れたリスニング能力をもつ人として、仲間の称賛を浴びていることだろう。いよいよ一段上を目指す時が来た。今度はマインドフルなリスニングから共感的なリスニングへと技能を伸ばし、気持ちを聴き取れるようになろう。

共感的なリスニングはとても強力な技能だ。あるとき私は、ＳＩＹの共感的なリスニングのエクササイズで、空きを埋めるために参加者役になった。エクササイズの一部として、相手が話すあいだ、彼女の気持ちを感じ取ろうと耳を傾けたあと、相手がこう感じているだろうと思ったことを告げた。私が話し終えると、彼女は泣きだした。どうしたのかと訊くと、こんなに理解してもらえていると感じたのは、ほんとうに久しぶりだという。共感的なリスニングの力に私が気づいたのはこのときだ。私たちは、自分の気持ちを他人に理解してもらいたいと心の底から願っているので、誰かに理解してもらえると、強く心を動かされ、泣くことさえある。共感的なリスニングが得意なら、どれほど他人のためになるか想像してほしい。

　ＳＩＹでは共感的なリスニングを、（第３章に出てきた）「マインドフルな会話」のフォーマルなエクササイズとして練習するが、ひとつだけ重要な変更がある。「マインドフルな会話」では、ルーピングをしている聴き手が、「あなたはこういうことを言っていると思うのですが……」というフィードバックで始める。だが、このエクササイズでは、ルーピングをしている聴き手は「あなたはこういうふうに感じているように思うのですが……」というフィードバックで始める。それには、聴き手は相手の気持ちを聴き取り、それからその気持ちについてフィードバックする必要がある。

エクササイズ――**共感的なリスニングのフォーマルな練習**

これは「マインドフルな会話」（第3章を参照）ですが、相手の話の内容ではなく気持ちを聴き取ることを目指します。

ふたりずつ組んで、交替で話し手と聴き手になってください。いつもどおり、話し手がひとり語りを始めます。あなたが聴き手なら、相手のひとり語りのあと、話し手が感じているように聞こえたことについてルーピングしましょう。つまり、「あなたはこういうことを言っていると思うのですが……」ではなく、「あなたはこういうふうに感じているように思うのですが……」と切り出すのです。

以下にひとり語りの話題の候補を挙げておきます。

- 上司か同僚か部下とのあいだで生じている仕事上の厄介な状況あるいは対立
- 誰かの痛みを感じられたとき、あるいは、感じたかったけれどだめだったとき
- そのほか、強い情動にかかわる話題

メタ会話

ふたりとも話し手と聴き手になったら、会話がどんなふうに進んだかについて、メタ会話をしましょう。

クラスでは、このエクササイズが終わると、大切なことを伝える。つまり、共感的なリスニングはどうやるかを、クラスの参加者にはまったく説明しないことだ。みんなそれはすでに知っているものと私たちは考えている。

これは効果がある。これを伝えるとたいてい、クラスの参加者は、何も指示がなかったのに、共感的なリスニングがとてもうまくできたことに、たいてい心地良い驚きを覚える。彼らは、共感的なリスニングは私たちが生まれもった能力であることを身をもって発見する。この能力は、人間の社会的な脳の一部として、最初からインストールされている標準パッケージに含まれている。だから、それを練習によって磨きさえすればいいのだ。

具体的には、共感的なリスニングの能力を強化するためにできることが四つある。

1　マインドフルネス——マインドフルネスがあれば、鋭敏になり、受容力も増す。

2　優しさ——心優しくしているときには、気持ちが上手に聴き取れる。

3　好奇心——人の話を耳にしたら、その人がどう感じているか考える練習をする。

4　練習——共感的なリスニングをひたすら繰り返す。やればやるほど上手になれる。とくに、マインドフルネスや優しさ、好奇心をもって練習すればなおさらだ。

これらの洞察に基づいて、日常の場面でインフォーマルな形で練習する方法をいくつか提案しよう。インフォーマルな練習はフォーマルな練習よりも少し厄介である点に注意してほしい。フォーマルな練習では、人工的な環境を創り出して、互いの気持ちにどれだけうまく耳を傾けられているかについて話ができるが、自然な会話ではたいてい、「あなたがどう感じているように聞こえたかを言うから、どのぐらい当たっているか教えてくれる？」などとは言わない。それはどうも気まずい。したがって、インフォーマルな練習をするならば、共感的なリスニングにかかわる、自分自身の内面の特質に焦点を絞り、フィードバックを与えるときには注意を払うことをお勧めする。自分が快適でいられる範囲をあまり離れないようにするのは、いっこうにかまわない。自分がどう感じているかを他人に言われるのは、たいてい気分の良いものではないことは肝に銘じておこう。たとえ、相手の言葉が当たっているときでも、そうだ（証拠がほしければ、自宅でやってみるといい。「どう見ても、傷ついているようだね」「そんなことないわ！」）。だから、気持ちについて尋ねるか、せめて、「こんなふうに聞こえたんだけれど」と切り出して、自分の解釈が完全でなかったときには話し手にあなたを正す機会を与えることぐらいは覚えておこう。たとえ自分が快適にいられる範囲にとどまっていても、毎回マインドフルネスと優しさと好奇心を忘れなければ、練習するうちに共感的なリスニングは上達する。

エクササイズ——共感的なリスニングのインフォーマルな練習

会話に向けて準備をする

共感的なリスニングに最もつながりやすい特質は、マインドフルネスと優しさです。会話に向けて準備する時間があるときには、まず、「マインドフルネス瞑想」（第2章を参照）を数分間やり、このふたつの特質を引き出す準備をしておきましょう。心がマインドフルな状態になれば、自分の気持ちにも相手の気持ちにも注意を払いやすくなります。また、評価や判断をせずに聴きやすくなりますから、耳にするものに対していつもより心を開くことができます。さらに時間があれば、この章の前半に出てきた「私とまったく同じ／愛情に満ちた優しさ」のエクササイズを、相手に向けて数分間やりましょう。自分をこのような心の状態にしておけば、あなたに対する相手の受容力が増しますし、相手に対するあなたの受容力も深まります。

会話のあいだに

会話を始めるにあたって、頭の中でこう考えます。「この人に幸せになってもらいたい」。聴いているときには、「マインドフル・リスニング」（第3章を参照）を実践します。相手の気持ちを聴き取るように心がけてください。相手が感じていることに好奇心をもつといいでしょう。相手に話す時間をたっぷり与えます。

もし状況が許し、気兼ねなくできるようなら、相手がどう感じているか尋ねてもかまいません。あるいは、（穏やかに、優しさをもって）「あなたはこういうふうに感じているように聞こえるのですが……」という具合に切り出してもかまいません。寛大な気持ちで相手に返答する機会を与えましょう。あなたが相手の気持ちを正しく捉えていたら、相手は理解してもらえて感激し、それを伝えてくるかもしれません。あなたが相手の気持ちを間違って捉えていたら、率直にそう言ってもらい、優しく心を開いて耳を傾けましょう。

メタ会話

もし状況が許し、気兼ねなくできるようなら、会話の最後に、「この会話は役に立ちましたか？」と尋ねて、メタ会話を始めてもかまいません。

上手に人をほめる

相手から最善のものを引き出すには、共感的に耳を傾けるほかに、ほめるという手もある。まず、これが一番肝心だが、いつも本心からほめること（つまり、心にもない称賛はしない）。称賛が誠実なものでなければ、相手はそれを嗅ぎ取り、あなたは信用を失う。だが、あなたの称賛が心からのものであっても、上手なほめ方を身につけておく必要がある。まったくの善意からほめても、相手を傷つけてしまうことさえあるのだ！

クローディア・ミューラーとキャロル・ドウェックは、好成績を収められるように仕組んだ問題解決課題を小学校の五年生にやらせ、首尾良くできるとほめた[11]。一部の児童は頭の良さをほめ（「個人称賛」――「こういう問題を解くのが得意だね」）、一部の児童は取り組みぶりをほめ（「プロセス称賛」――「いっしょうけんめいやったんだね」）、残りは対照群として、高い点を取ったとだけ告げた。そのあと、もっと難しい問題をやらせると、頭の良さをほめられた児童は、ほかの児童よりもずっと成績が悪く、取り組みぶりをほめられた児童は、ずっと成績が良かった。頭が良い

(11) C. M. Mueller and C. S. Dweck, "Praise for Intelligence Can Undermine Children's Motivation and Performance," *Journal of Personality and Social Psychology* 75, no. 1 (1998) 33-52.

ことをほめられるのは、ためにならないのだ。

この種の実験を行なった研究者たちは次のように説明している。「個人称賛」をされると、人間の成功はもって生まれた不変の才能のおかげだという「固定的な姿勢」が強まる。このような物の見方をする人は、自分の才能について心配する。自分の才能がどれほど適切か、あるいは不適切かも心配する。そして、失敗すると、個人的な欠点のせいにする。失敗したら自分が不適切な人間であることが判明しかねないときには、危険を冒すことを恐れる。これとは対照的に、「プロセス称賛」をされると、人間の才能は熱意や努力によって伸ばすことができ、したがって成功は熱意と努力から導かれるという「成長志向の姿勢」が強まる。そして、大きな業績をあげるのに欠かせない向学心や回復力が生まれる。(12)

このように、フィードバックを与えるときには、成長志向の姿勢を強化する形でやるのが最善だ。相手にレッテルを貼るよりも、努力と成長を中心にフィードバックを構成するほうが優っている。

単純に言えば、頭が良いとほめるより、いっしょうけんめいやったとほめるほうがいい。そうそう、この本を読んでくれて、ありがとう。いっしょうけんめい取り組んでくれたに違いない。素晴らしい努力だ!

(12) Carol S. Dweck, *Mindset: The New Psychology of Success* (New York: Random House, 2006).

政治的意識は共感＋＋

一対一の交流のための共感技能を学び終えたから、今度はもう少し難しい技能に挑戦しよう。組織の情動の流れと力関係を読む能力だ。この技能は普通、「政治的意識」と呼ばれる。

どんな組織の中でも、政治的意識という技能をもっているととても役に立つ。幸い、この技能は共感を実践する人と無縁ではない。ある意味で、政治的意識は共感を対人関係のレベルから組織のレベルへと一般化したものだからだ。ダニエル・ゴールマンはこんなふうに説明している。

> どの組織にも、結びつきと影響力の、目に見えない神経系がある。……レーダーには探知されないこの世界に気づかない人もいれば、自分のスクリーンにそれをすっかり映し出している人もいる。ほんとうの意思決定者に影響を与える流れを読む技能は、対人関係のレベルだけでなく、組織のレベルで共感する能力にもかかっている。(13)

あるいは、こんなふうに見てもいい。ごく普通の共感では、個々の人の気持ちや欲求、懸念を理解する。一方、政治的意識では、個々の人の気持ちや欲求、懸念を理解するのに加えて、そうした気持ちや欲求、懸念がほかの人の気持ちや欲求、懸念とどう相互作用し、それがすべてどう

(13) Goleman, *Working with Emotional Intelligence*, 160［邦訳：前掲『ビジネスＥＱ』］.

合わさって組織全体の情動的な構造を作り上げているかも理解する。政治的意識では理解するべき変数がずいぶん多いが、必要とされる基本的な技能は同じだ。

人々を理解し、そのあいだの相互作用を理解すれば、組織全体が理解できる。それが政治的意識だ。

政治的意識のための練習

この章ですでに述べた（ごく普通の）共感の練習のほかにも、政治的認識を育むのに役立つ練習はある。私の賢明なる友、マーク・レサーは、ＣＥＯらのエグゼクティブコーチを長年務めた経験に基づいた、以下の練習を推奨している。

1　組織の中で、豊かな個人的ネットワークを維持する。とくに、盟友やメンター、支えてくれたり、やる気を起こさせてくれたりする人々とのネットワークを維持する。そのためには、人のことを気にかけたり助けたりし、人間関係を育てるといい。一対一の関係に注意を払うとともに、カギとなるグループ（自分のチーム、ほかの経営チーム、顧客、利害関係者）との関係にも気をつける。

2　組織の底流を読む練習をする。どのように意思決定がなされているか理解する。決定は有力者によってなされるのか、それとも、コンセンサスによってなされるのか？　誰が決定にいちばん大きな影響を与えているか？

3　自分自身の利害と、チームの利害と、組織の利害を区別する。誰もがこの三つの利害をもっている。どれがどれか理解することがとても重要だ。

4　自己認識を活用して、人と相互作用のウェブの中での自分の役割をよく理解する。共感的なリスニングを頻繁に使い、人々が状況や互いについてどう感じているかを理解する。

政治的意識を深めるのを助けるエクササイズを紹介しよう。

エクササイズ――**政治的意識のエクササイズ**

これは、書くエクササイズとしても、話すエクササイズとしてもやれます。話すエクササイズとしてやるときには、友人に話せばいいでしょう。

やり方

1　対立あるいは意見の衝突を伴う、現在あるいは過去の難しい状況を思い浮かべます。現実の出来事で、自分にとって意味があり、自分に影響を及ぼすものがいいでしょう。

2　自分が一〇〇パーセント正しく、理にかなっているかのように、その状況を説明してください。それについて、書くか、ひとり語りで語るかして説明します。

3　今度は相手が一〇〇パーセント正しく、理にかなっているかのように、その状況を説明してください。それについて、書くか、ひとり語りで語るかして説明します。

友人を相手に、話すエクササイズとしてやったときは、あなたのひとり語りの内容について、自由進行の会話で話し合いましょう。

このエクササイズのおもな目的は、当事者（この場合にはあなたと相手）それぞれの視点を客観的に眺める練習をすることだ。やり方の説明の言葉が入念に選ばれていたことに気づいたかもしれない。学習のキーポイントは、2と3で語られる話がまったく同じ内容であることがとても多いと悟ることだ。言い換えると、対立は一方が間違っていたり理にかなっていなかったりするから起こるとはかぎらないということだ。両者がともに一〇〇パーセント正しく、一〇〇パーセント理にかなっていて、それでも対立が起こることは十分ありうる。

理由はたくさんある。人は暗黙のうちに違う物事の優先順位を定めているというのが、よくある理由だ。たとえば、納品期日を守ることを優先するエンジニアがいる。たとえ、目玉となる機能の数を減らすことになっても、約束の品を期日に納入するほうが大切だと考えているからだ。その一方で、製品の完成度を優先するエンジニアもいる。たとえ納品が遅れることになっても、最初に保証した機能をすべて満たす製品を顧客に渡すほうが重要だと考えているからだ。この場合、どちらも正しく、理にかなっていると言えるが、それでもふたりは果てしない言い争いに陥りかねない。だが、互いに相手の暗黙の優先順位を理解し、自分のものにできれば、そうならずに済む。

実生活ではよく起こりがちだが、データが不完全で、各自が自分なりに筋の通った形で不足分を補うというのも、頻繁に見られる理由だ。たとえば、数年のうちに収益を楽々二倍あるいは三倍にできる可能性のある、ビジネス上の大きな機会を提示されたとしよう。ただし、会社の現在の純資産を上回る大型投資をすることが条件だ。この機会はまたとないものなので、つかむべきなのか、それとも、あまりに危険で、倒産につながるのか？　確実なことは誰にも知りようがない。毎年、実際にはどれだけ新しい顧客が獲得できるか、前もって知ることは誰にもできないからだ。せいいっぱい予測を立てるしかない。このような状況では、双方が正しく、理にかなっていても、大きな意見の食い違いが起こりうる。相手が理にかなっていると双方が考え、相手の暗黙の仮定に心を開かないかぎり、この食い違いは解消しない。

意見が対立しているとき、双方が正しく、理にかなっているのを見て取れることが多くなればなるほど、異なる視点を客観的に理解できることが増え、政治的意識の精度が上がる。

ここでひとつジョークを思い出した。ふたりの男が激しい口論になり、どうしても折り合いがつかないので、賢者に相談することにした。ひとりが賢者に自分の思うところを語ると、賢者はうなずいて言った。「ああ、おまえは正しい」。もうひとりが正反対の言い分を語ると、賢者はまたしてもうなずいて言った。「ああ、おまえは正しい」

それを見ていた別の男が少しいら立ち、賢者に尋ねた。「待ってください。変ではないですか。ふたりとも正しいなどということが、あるはずがありません」。すると賢者はうなずいて言った。

「ああ、おまえは正しい」

高度に共感的な人のための心の習慣

共感は私たちの脳にあらかじめインストールされており、誰もが共感的になるようにできている。だが、この章で一番言いたかったのは、共感は練習で伸ばせること、そしてその練習の大半がマインドフルネスにかかわっており、共感を促す心の習慣を生み出すものだということだ。そうした習慣の代表格が優しさで、優しさを抱くという心の習慣があれば、人と接するたびに、「この人は私とまったく同じ人間だ。幸せになってもらいたい」という考えがいつも楽々と心に湧き起こる。この心の習慣が身についていると、他人に受け入れてもらいやすくなり、あなたも他人を受け入れやすくなる。心を開くという習慣も大切だ。意見が食い違ったときにさえ、少なくとも相手の立場からは、相手が理にかなっているように見えることが理解できるように心を開く。この心の習慣があれば、人間関係をより明瞭に、客観的に眺められる。

マインドフルネスをしきりに練習し、このような心の習慣を養えば、共感のためのとてもしっかりした土台が得られる。その土台の上で、共感的なリスニングをたっぷり練習して、他人に頻繁に注意を払えば、やがて、じつに強力な共感を育み、それが政治的意識にもつながるだろう。

そして、これはけっして猿真似でも子供だましでもない。

8

有能であって しかも人に愛される

リーダーシップと社会的技能

二年かけてほかの人に関心をもってもらおうとするより、
二か月かけてほかの人に心の底から関心をもつほうが、多くの友人が作れる。
これはつまり、友人を作るには友人になるにかぎるということだ。
――デイル・カーネギー

人に愛されるのはあなたのキャリアのためになる

リーダーシップ研究の高名な学者、ジム・クーゼスとバリー・ポズナーは、次のような研究結果を示している。

> ……管理職の成功を説明できる数々の要因を研究者たちが調べた。すると、管理職の上位四分の一と下位四分の一をはっきり分ける要因がひとつ、ただひとつだけあった……その唯一の要因とは、愛情——人を愛することと人から愛されたいという願望の両方——での得点の高さだった。非常に優秀な管理職は、下位二五パーセントの管理職よりも、他人に対して多くの温かさと好意を見せる。彼らは成績の劣る管理職よりも人と近しくなり、大きく心を開いて考えや気持ちを伝える。
>
> ……ほかの条件が同じなら、私たちは自分が好きな人のために、より熱心に効果的に働く。そして、相手を好む度合いは、相手がどう感じさせてくれるかに完全に比例している。[1]

物事を成し遂げる最も効果的な方法は、冷徹な人間のように振る舞うことだという考え方に慣

(1) James Kouzes and Barry Posner, *Encouraging the Heart: A Leader's Guide to Rewarding and Recognizing Others* (Hoboken, NJ: Jossey-Bass, 1999)〔邦訳:『ほめ上手のリーダーになれ!——部下の心をつかむ7つの原則』(伊東奈美子訳、翔泳社、2001年)〕.

れている実業界の人には、この研究はもっと良いアプローチがあるという、新鮮で刺激的な可能性を示してくれる。好かれることを諦めてまで物事を成し遂げる必要はない。両立は可能なのだ。良い思いをしながら昇進を果たすのも夢ではない。実際、長い目で見たとき、人に好かれるのが、物事を成し遂げる最も効果的な方法かもしれない。この可能性は、第1章で紹介したアメリカ海軍の指揮官たちの研究にも表れている。海軍の有能な指揮官たちは高いEQをもち、人からとても好かれていることが、この研究を見るとわかる。

この章では、人に好かれ、しかも自分の分野で成功するのを助けるための情動的な技能を考えてみよう。人に好かれる方法を説く本を買う人もいれば、成功のしかたが書かれた本を買う人もいる。だが、この本からはその両方が学べる。あなたはなんと運が良いのだろう。

優しさを使い、険悪な状況から友好関係を育む

たとえ難しい状況にあっても、重要なことを成し遂げながら幸せな友好関係を生み出せる場合がある。それには優しい気持ちと、開かれた心と、適切な社会的技能が必要だ。

何年も前、私にはジョーという仲の良い同僚がいた（名前は変えてある。今回も自分の身のために）。ジョーは私のチームにいたことは一度もないが、彼の仕事は社内で使うシステムの構築だった

ので、その意味では、私はジョーの顧客であり、とても満足していた。そこへサムという新しい管理職が入社し、ジョーのチームの指揮を引き継いだ。数週間のうちにサムはジョーを自分のオフィスに呼び、君の仕事ぶりははなはだ不十分だから、まもなく解雇手続きがとられるだろうと告げた。

ジョーは打ちのめされた。私もおおいに不満だった。そのチームの顧客だった私は、ジョーはチームでも指折りの優秀なメンバーだと思っていたので、低い評価を受けること自体、腹が立ったし、まして仕事ぶりを理由に解雇されるなどもってのほかだと思った。そこで、なんとしても彼を助けようと決心した。

私はその会社の有力者だったから、ジョーの新しい上司のサムと対決していたら、かなり険悪な事態になりかねないことは、私のようなエンジニアにとってさえ明らかだった。

幸運なことに、すでに長年、瞑想と思いやりの練習をしていたので、私にはこの状況に巧みに対処する手立てがあった。そこで、マインドフルネスを使って心を鎮め、「私とまったく同じ」の瞑想（第7章を参照）を使ってサムの身になってみた。すると、すぐ思い当たった。この状況については、私の知らない何か重要なことがあるに違いなく、それを理解しないかぎり判断は下せない。私には重要なデータが欠けていた。たちまち私の心から怒りが消え、優しさと好奇心をもって理解し、かかわりたいという熱意が湧いてきた。

私はサムに電子メールを書いた。自己紹介して、彼の入社を心から歓迎し、それからジョーについて私の抱いている懸念と、彼の力になりたいという気持ちを説明した。一部を引用しよう。

私たちはみな分別のある人間であることは承知しています。ですから、その決定は軽々しくなされたものではないに違いありません。とはいえ、その決定の背後にある理由を理解できればと願っています。そうすれば、どうしたらもっとジョーの力になれるかわかるでしょうから。

この件について話をうかがいたいので、時間をとってもらうことは可能でしょうか？けっして無理強いするつもりはありませんから、気が向かなければ、遠慮なく断ってくださってけっこうです。

サムは当然、少しばかり不安を覚えたが、幸い優しさと真心をもって応じてくれた。そこで、彼と会い、互いの身の上話をしてから、ジョーについて話した。その会話から、ふたりとも多くを知った。ジョーが顧客の注文を無節操に引き受け、チームの重要な目標を無視するなど、チームに迷惑をかけていたことを、私はサムから教えられた。一方サムは、ジョーがそんなふうにして求められている以上の努力をあれこれするので、顧客にとても高く評価されていることを私から知った。サムも私も、欠けていた重要なデータを手に入れた。

そのすぐあと、サムとジョーは再び話し合い、互いへの理解を深め、いっしょに効果的に仕事をする方法を見つけた。ジョーに対する解雇の手続きは打ち切られた。サムと私はすっかり仲良くなり、現在に至っている。

険悪なドラマに発展しかねなかった状況が、長い友情の出発点になった。これこそが、社会的な場面で情動的な技能を使う効用だ。

中国には古い禅の格言がある。「小隠隠于野、中隠隠于市、大隠隠于朝（〔瞑想の〕小なる隠者は野に隠れ、中なる隠者は町に隠れ、大なる隠者は皇帝の宮廷に隠れる）」。禅の格言がたいていそうであるように、この格言も不条理であると同時に正しくもある。この本で学ぶ情動的な技能はすべて、実社会で応用できなければ意味がないのであり、実社会には、皇帝の宮廷のような、誘惑と危険に満ちた場所もあるのだ。裏を返せば、実社会は情動的な技能を磨くのには打ってつけの場所ということになる。実社会は道場でもあり、禅堂でもあり、そこで魔法のような力を身につけられる。おわかりだろうか？

この章では、不可欠の社会的技能を三つ学ぶ。思いやりのあるリーダーシップと、善意に基づく影響力の行使と、洞察力にあふれたコミュニケーションだ。

思いやりのあるリーダーシップ

思いやりは、あらゆる信仰の伝統と数知れない哲学で、偉大な徳として知られている。だが、たんに偉大な徳というだけではない。思いやりは、これまで測定されたなかで最高水準の幸せの原因でもあるとともに、知られているうちで最も効果的な形のリーダーシップの必要条件でもあるのだ。驚くべきしろものではないか！

思いやりは最も幸せな状態

この本の最初のほうで、私の友人の「世界一幸せな人」、マチウ・リカールについて述べた（そして冗談を言った）。マチウの脳をｆＭＲＩ（機能的磁気共鳴映像法）でスキャンして測定すると、彼の幸せの測定値は極端に高かった。じつは、その極端に高い幸せの水準を記録したのは彼だけではなかった。チベット仏教の瞑想の達人（瞑想界の「オリンピック選手」と私たちが見なしている人たち）も大勢、同じ実験室で測定を行ない、そのうち複数が極端に高い幸せの水準を記録した。図らずも身元が世間に漏れてしまった最初の被験者がマチウで、そのために例のニックネームがついたわけだ。最近身元がわかった被験者がもうひとりいる。ミンゲール・リンポチェだ。ミンゲールも同じように、中国語の刊行物で「世界一幸せな人」というあだ名をつけられた。

彼らはこれまで科学研究で測定された人のうちで、圧倒的に幸せの水準が高い。そこでこう問いたくなる。彼らは測定中、何を考えていたのだろう？　ひょっとしたら、何か良からぬことだろうか？　ご存知のように、僧侶やその稼業には、何か計り知れないものがあるから。だが、じつは彼らは思いやりについて瞑想していた。これには仰天する人も多いに違いない。なにしろ、思いやりとは不愉快な心の状態だと考えている人が多いからだが、ここにその正反対の結果を示す科学的データが存在している——思いやりは極端に幸せな状態であるというデータが。

これについて、マチウに訊いてみた。当事者としての彼の経験がこのデータを裏づけている。彼の経験では、思いやりは文句なく最も幸せな状態だという。私はエンジニアだから、これ以上ないほど明白な二の矢を放った。文句なく二番目に幸せな状態は何か？「開かれた意識」と彼は答えた。心が極端に開放的で、穏やかで、明瞭な状態のことだそうだ。あなたはどうか知らないが、瞑想を実践している者として、私はその洞察に呆然となった。私たち瞑想家は完全な穏やかさと明瞭さに向けて心を鍛える。練習を積むにつれ、私たちはしだいに幸せになり、この深まりゆく幸せには感覚的な刺激も精神的な刺激も必要ないので、実生活から身を引く危険に陥る人もいる（いつもながら、禅をやる人はなんともおかしな言葉を使う。そうした隠遁者を「禅の役立たず」と呼ぶのだ）。それなのに、けっきょく、この修行を窮《きわ》めても、せいぜい二番目に幸せな状態になれるだけだったとは。

一番幸せな状態は、思いやりをもってしか達成できず、それには、生身の人間との実生活に携わらなければならない。だから、私たちの瞑想の修行は、実生活の外では窮められない。世間からの隔絶（穏やかさを深めるため）と、世間とのかかわり合い（思いやりを深めるため）の組み合わせが必要とされる。あなたが熱心な瞑想家なら、ときにはドアを開け、出かけていくことを忘れないでほしい。

マチウを対象とした研究について初めて読んだとき（それは彼と直接知り合う前のことだった）、それが私の人生にとってひとつの転機となった。世界平和のお膳立てをする、それも、世界的な規模で心の平穏と思いやりの下地を作ることでそうするというのが私の夢だ。マチウについて知ることで、私の任務をそれまでにない角度から眺められるようになった。思いやりは楽しいものとなりうると知れば、話が一変する。思いやりに基づく行為がつらい仕事だったら、誰もやらないだろう。例外はダライ・ラマぐらいかもしれない。だが、思いやりに基づく行為が楽しいものなら、誰もがやるだろう。したがって、思いやりを世界中に広げるお膳立てをするには、思いやりに基づく行為は楽しいというふうに認識を変えるだけでいい。驚いた。世界を救うのに、楽しいことが必要などと、誰が思っただろう？

ありがたいことに、思いやりに基づく行為は楽しいだけではない。ビジネスのうえでも、とても現実的な利益がある。ビジネス上のリーダーシップというコンテクストでは、とくにそうだ。

思いやりのあるリーダーシップこそが最も効果的なリーダーシップ

私の知るかぎり、思いやりの最善の定義は、傑出したチベットの学者、トゥプテン・ジンパのものだ。ジンパは長年、ダライ・ラマのために英訳もしている。彼はうっとりするほど柔らかくて穏やかな声をしているので、ダライ・ラマはときどきいたずらっぽく、やんわりとからかう（「ほら、私は太い大きな声をしていますが、この男、彼の声はほんとうに優しい」とダライ・ラマは言い、それからみんなで声を出して笑う）。

ジンパは思いやりを次のように定義している。

思いやりは、他者の苦しみに対する気遣いの感覚と、その苦しみが取り除かれるようにしたいという強い願望とを伴う心の状態である。

具体的には、思いやりは三つの要素からなるという。

1　認知的な要素――「私はあなたを理解している」

2　情動的な要素――「私はあなたに同情する」
3　動機づけの要素――「私はあなたの役に立ちたい」

仕事のコンテクストで見られる、思いやりの一番目立つ恩恵は、思いやりがとても有能なリーダーを生み出すことだ。とても有能なリーダーになるためには、重要な変化を経る必要がある。メドトロニック社の元CEOで多くの人に尊敬されているビル・ジョージは、これをじつに簡潔に、「私」から「私たち」への移行と言っている。

この移行は、「私」から「私たち」への変化だ。これは、正真正銘のリーダーになるときに通過する、最も重要なプロセスだ。人々が能力を最大限発揮するように動機づけることなく、組織の力を引き出すことなど、どうしてできようか？　もし支持者たちがたんに私たちに従っているのなら、彼らの努力は私たちのビジョンや指示の制約を受ける。……リーダーは、自分のエゴの欲求に焦点を絞るのをやめたときに初めて、ほかのリーダーを育てることができる。(2)

思いやりの実践とは、自己から他者へと移ることだ。ある意味で、思いやりとは、「私」から

(2) Bill George, *True North: Discover Your Authentic Leadership* (Hoboken, NJ: Jossey-Bass, 2007)［邦訳：『リーダーへの旅路――本当の自分、キャリア、価値観の探求』（梅津祐良訳、生産性出版、2007年）］.

「私たち」への移行と言える。だから、「私」から「私たち」へと切り替えるのが、正真正銘のリーダーになるために一番大切な過程ならば、思いやりを実践する人はすでにそのやり方を知っていて、一歩先んじることになる。

だが待ってほしい。まだある。ジェームズ・コリンズが著書『ビジョナリー・カンパニー2――飛躍の法則(3)』に記している事柄には、なおさら目を開かれる思いだ。私は友人全員に、もし生涯でビジネス書をただ一冊読むとしたら『ビジョナリー・カンパニー2』を読むように言っている。この本の前提そのものに目を奪われる。コリンズの率いるチームは、優良な企業を卓越した企業に発展させる要因を発見するために、膨大な量のデータを丹念に調査した。彼らはまず、『フォーチュン』誌が発表する売上高上位五〇〇社に、一九六五年から一九九五年までに入った企業を拾い出し、ただの「優良な」企業として始まりながら、やがて「卓越した」企業(一般市場の三倍以上の業績をあげる企業)に成長し、その地位を長期(一回ヒットを飛ばしただけの企業やたんに運が良かっただけの企業をふるい落とすために、一五年以上)にわたって維持した企業を選んだ。そうして残った一一企業とほかの企業を比べ、ただの優良な企業を卓越した企業に発展させた要因を特定した。

データ好きのグーグルのエンジニアである私は、この本の前提と、データ重視の手法に魅了される。そして、彼らの調査結果が実生活にもとてもよく当てはまることにも、すっかり感心して

(3) Jim Collins, *Good to Great: Why Some Companies Make the Leap...and Others Don't* (New York: HarperBusiness, 2001)〔邦訳:『ビジョナリー・カンパニー2――飛躍の法則』(山岡洋一訳、日経BP社、2001年)〕.

いる。この本に紹介されている原理の多くが、グーグルの創成期に私が経験したものにそっくりなのだ。たまたま『ビジョナリー・カンパニー2』を読んだ人が、グーグルの歴史も知っていたら、私たちグーグルの創成期の社員は、全員この本の内容を完璧に頭に入れていたとばかり思うかもしれない。というわけで、第二のグーグルを創立したい人がいたら、『ビジョナリー・カンパニー2』を読むことを勧める。

『ビジョナリー・カンパニー2』に出てくる最初の、そしてひょっとすると一番大切な発見は、リーダーシップの役割だ。優良な企業を卓越した企業に育てるには、特殊な種類のリーダーが必要とされる。コリンズは彼らのことを「レベル5」リーダーと呼んでいる。彼らはとても有能であるのに加えて、ふたつの重要な、一見相反する特質の奇妙な取り合わせをもっている。大きな野心と謙虚な態度だ。「レベル5」リーダーはとても野心的だが、その野心の焦点は自分自身ではない。彼らは個人の利益を超える善に向けた野心をもっている。個人の利益を超えるものに注意が集中しているために、自分のエゴをふくらませる必要性はまったく感じていない。その結果、彼らは非常に有能で、まわりを奮い立たせる。

コリンズの本は、「レベル5」リーダーの重要性を説得力たっぷりに実証してはいるものの、（無理もない話だが）どうやってそのようなリーダーを育てるかは説明してくれない。私も「レベル5」リーダーの養成のしかたを知っているふりをするつもりはないが、思いやりが不可欠の役割を演じていると確信している。
「レベル5」リーダーを際立たせるふたつの特性（野心と謙虚さ）を、思いやりの三つの要素（認知的な要素と、情動的な要素と、動機づけの要素）というコンテクストで眺めてみると、思いやりの認知的な要素と情動的な要素（相手の理解と、相手との共感）が、自分の中の極端な自己中心癖を和らげ、謙虚さの土台を生み出すことが見て取れるかもしれない。人の役に立ちたいという、思いやりのもつ動機づけの要素は、個人の利益を超える善を求める野心を生み出す。言い換えれば、思いやりの三要素は、「レベル5」リーダーを際立たせるふたつの特性を鍛えるために使えるということだ。

思いやりは「レベル5」リーダーシップの必要条件であり（ただし、十分条件ではないかもしれない）、したがって、「レベル5」リーダーを育てるには手始めに思いやりのトレーニングをするのも一法だ。これは、思いやりが仕事の分野にもたらす、魅力的な恩恵と言える。

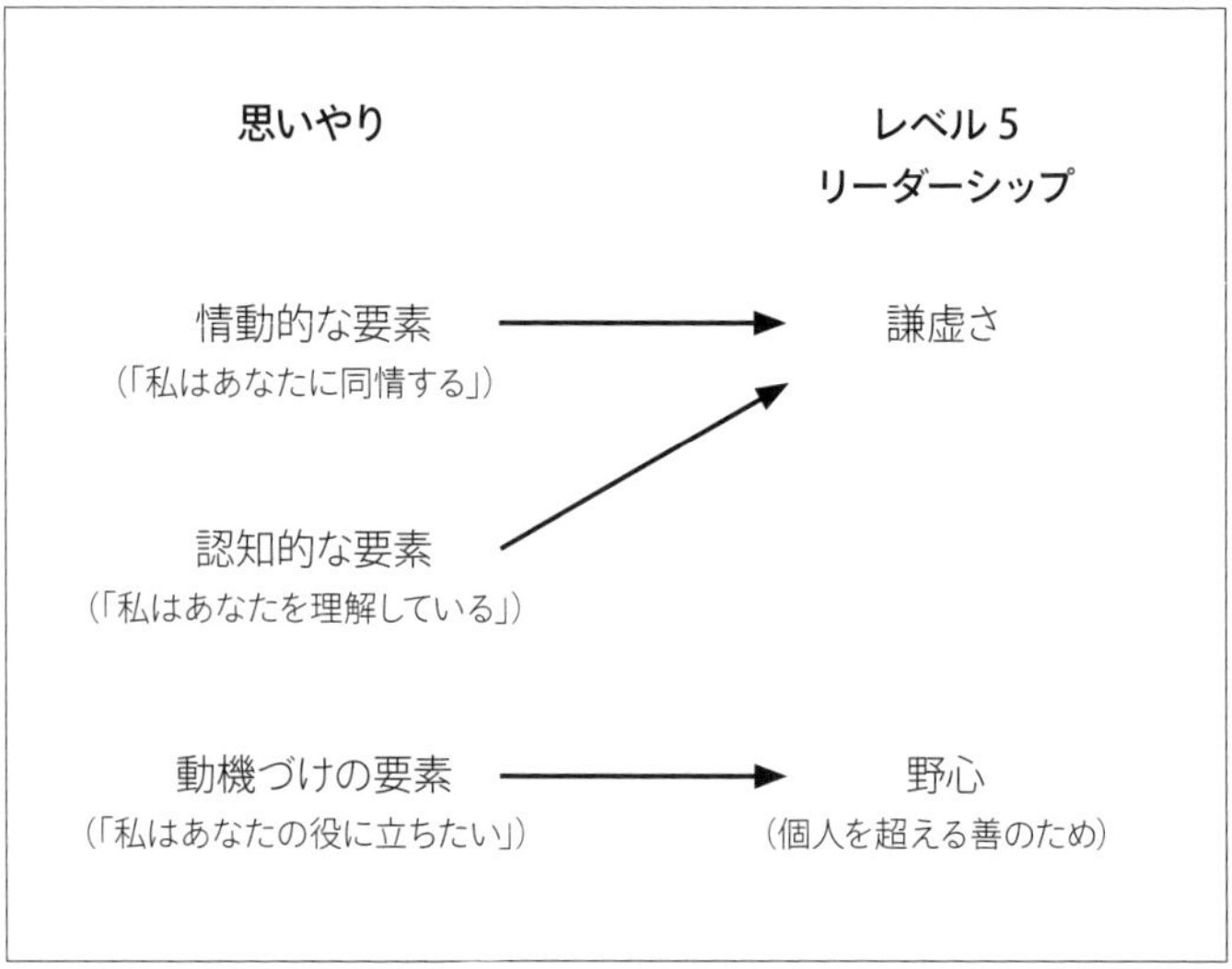

善良さを伸ばすことで思いやりの力を鍛える

私たちは、愛情に満ちた優しさを伸ばすのに似た方法、つまり、心の習慣を生み出すことで、思いやりの力を鍛えられる。前提は同じだ。何かについて考えれば考えるほど、その思考につながる神経の経路が強化され、それについて考えやすくなる。やがて、そう考えるのが心の習慣となり、頻繁に苦もなくその考えが浮かぶようになる。思いやりのトレーニングのために私たちが使う心の習慣は、強力ではあるが、同時に快くもある。それは、善良さだ。私たちは、自分の中にある善良さと他人に対する善良さの両方を捉えて増やす心の能力を伸ばしていく。

この練習のために、視覚化という、心のもつこれまた強力な手立ても使う。人間の脳はかなりの資源を投入して視覚的な知覚を処理するので、視覚の知覚系を何であれ知的課題のために巧みに使えれば、理論上、脳の計算力を今よりずっと活用できるはずだ。個人的な経験から言うと、現実には、何かを視覚化できれば、定着させやすくなる。だからこの瞑想では、思いやりのための心の習慣を生み出す効果を増すために、視覚化を使うことにする。

この練習自体はとても単純だ。息を吸い込むときに、自分自身の善良さを吸い込んでいるところを視覚化し、心の中でその善良さを一〇倍にするところを思い描き、今度は吐き出すときに、その善良さをすべて世の中に与えるところを視覚化する。次に、ほかの人たちの善良さを吸い込み、同じことを繰り返す。お望みなら、善良さを白い光として視覚化してもいい。
これを自宅でやってみよう。

エクササイズ──善良さを増す瞑想

心を落ち着ける

まず二分間、心を呼吸に集中させてください。

善良さを増す

今度は、愛情や思いやり、利他主義、内なる喜びといった、自分の中にある善良さに心を向けましょう。お望みなら、自分の善良さがほのかな白い光として体から放射されているところを視覚化してもかまいません。

（ここで少し間《ま》を置く）

息を吸い込むときには、あなたの善良さをすべて心の中へ吸い込みます。心を使って、その善良さを一〇倍にしてください。そして、息を吐き出すときには、その善良さを全世界に向けてそっくり吐き出します。お望みなら、この豊富な善良さを表すまばゆい白い光を自分が吐き出しているところを視覚化してもかまいません。

（ここで二分、間を置く）

次に、私たちの知っているありとあらゆる人の中の善良さに心を向けましょう。私たちの知っている人は誰もが善人で、何かしら善良さをもっています。お望みなら、その善良さがほのかな白い光として彼らの体から放射されているところを視覚化してもかまいません。息を吸い込むときには、彼らの善良さをすべて心の中へ吸い込みます。……（これを繰り返す。）

（ここで二分、間を置く）

最後に、世界のあらゆる人の中にある善良さに心を向けましょう。世界中のどんな人でも、少なくとも善良さのかけらぐらいはもっています。お望みなら、その善良さがほのかな白い光として彼らの体から放射されているところを視覚化してもかまいません。息を吸い込むときには、彼らの善良さをすべて心の中へ吸い込みます。……（これを繰り返す。）

（ここで二分、間を置く）

結び

一分間、心を呼吸に集中しておしまいにしましょう。

この練習は、三つの有益な心の習慣を育んでくれる。

1　自分と他人の中に善良さを見る
2　善良さをすべての人に与える
3　自分の中にある、変える力を信頼する（善良さを増すことができるという自信）

最初の習慣（善良さを見る）は、思いやりの情動的な要素と認知的な要素を強めてくれる。あなたがあらゆる人の中に、本能的・習慣的に善良さを見るなら、彼らを理解したり、彼らに同情したりしたいと本能的に望むようになる。難しい状況に陥ったときにさえ、相手をろくでなしとしてあっさり切り捨てて歩み去るかわりに、その人を理解したいと願う。たとえわずかながらでも相手の中に善良さが見て取れるからだ。これを繰り返しているうちに、やがて人から信頼されるようになる。あなたは人を理解し、気遣う人間だからだ。

次の習慣（善良さを与える）は、思いやりの動機づけの要素を強めてくれる。あなたが世の中に善良さを届けたいと本能的・習慣的に願うなら、まもなく、いつも他人の役に立つことを願う人間になるだろう。やがて、あなたは人から尊敬され、ときには賛美さえされるようになる。情が厚い人だと誰もが感じるからだ。

最後の習慣（自分の中にある、変える力に対する信頼）は、自信を強めてくれる。自分の心が善良さを一〇倍にできるという考えがしっくりくるようになれば、まもなくあなたの情動的な脳は「そうだ、私は人のためになれる」という考えを気兼ねなく受け入れられるようになる。やがてあなたは、人を奮い立たせる人間になるだろう。そうすれば、「レベル5」リーダーにもなれるかもしれない。

勇敢な人のための思いやりのトレーニング

思いやりを育む伝統的な練習は、「トングレン」という名前で知られている。これはチベット語で「授受」を意味する。「善良さを増す」練習とよく似ているが、善良さを吸い込むかわりに、

（自分と他人の）苦しみを吸い込み、それを自分の中で変える。息を吐き出すときには、愛と優しさと思いやりを放射する。

じつはこの練習は、瞑想の入門者にはとても難しい。痛みと苦しみを吸い込み、受け取る必要があるからだ。この練習はしなくてもいいが、もしあなたが勇気ある人ならば、遠慮なく試してほしい。以下に、やり方を示しておく。

エクササイズ――トングレンの瞑想

瞑想に入る前の手順

社会的な技能を身につけるには、怒りや恐れ、困惑、さらには肉体的な苦しみ、そしてそれらいっさいに対する抵抗といった、情動のヘドロを一掃しなければなりません。トングレンはそれを成し遂げるための、呼吸を意識することを中心とする練習です。

トングレンは文字どおりには「授受」を意味します。他者の苦しみと痛みを進んで受け取り、それと引き換えに、救いと健やかさと平穏を与え、それによって、変化をもたらす者としての自分の能力を経験します。

ネガティブなものを吸い込むことで、私たちは心をフィルターとして使えます。息を吐き出すときに、黒雲が私たちの中を通り抜け、受容や安らぎ、喜び、光／輝きに変われます。私たちはこれを経験すると、何によっても完全に圧倒されたりしないという思いを強め、強固な自信を打ち立てられます。こうして確固たる足がかりができ、私たちは自分や他者の健やかさを目指してその上に立ち上がり、思いやりの基礎を築くのです。

落ち着く

まず、自分の体と呼吸を意識し、体中の感覚に注目し、息の出入りにそっと注意を集中しましょう。

（ここで間を置く）

今度は深く息を吸い込み、息を吐くときに、自分が山のように感じられるところを想像してください。

もう一度深く息を吸い込み、高い場所から人生を見晴らしている自分を思い浮かべます。

トングレン

そして、もう一度息を吸い込み、トングレンの練習を開始しましょう。まず、自分自身から始めます。

心を開いて寛大な気持ちになり、自分の目の前に座っている自分自身が見えるところを想像します。あなたの「通常の自分」を眺めてください。あなたは苦しんでいます。何であれ、最近悩んでいることで。

ヘドロの黒雲であるかのようにその苦しみを吸い込み、それが散り散りになって姿を変えるにまかせます。

それを光の筋として吐き出しましょう。この呼吸のサイクルをしばらく繰り返してください。

（ここで間を置く）

自分に対して前より優しさや理解、温かさを感じているかどうかに注目します。

（ここで間を置く）

今度は他人のために練習します。

あなたの人生に登場する人で、苦しんでいる人が目の前にいるところを想像してくださ い。その人を困難から救ってあげたいという強い意図が湧き起こるのが感じられるかもしれません。

その人の苦しみを黒雲として吸い込み、それが心に入って、そこで利己主義を跡形もなく消し去り、あなたがもって生まれた善良さを明らかにしてくれるのを感じます。
光の筋を吐き出し、苦しみを軽くすることに自分の意図を定めましょう。
しばらく時間をかけて、こんなふうに息を吸ったり吐いたりしてください。
（ここで間を置く）

結び

最後に数分間、胸に手を当て、ただ呼吸を繰り返します。

トングレンはとても強力な練習だ。ダライ・ラマはおもな修行のひとつとして、毎日トングレンをするという。私が初めてこの練習をしたとき（ノーマン・フィッシャー禅師の指導のもとでだった。先ほど紹介したやり方は、彼から教わったものだ）、大きな変化を経験した。そのわずか数分のうちに、自信が永久に強まるのを経験した。練習のあいだに、自分を引き止めているものの多くは、痛みと苦しみに対する自分の恐れであることに気づいた。そして、自分と他人の痛みと苦しみを吸い込み、優しさと愛と思いやりを気兼ねなく発散できるのがいったんわかると、私を引き止めていた束縛の多くが消えてなくなった。

SIYを始めたころ、私たちはトレーニングの一環としてトングレンを教えたが、参加者の多くにとってトングレンはあまりに難しいことがわかった。SIYの講師陣は、トングレンをカリキュラムから外すことでほぼ合意したが、私は強く反対した。トングレンはとても強力で役に立つ練習なので、教え続けるべきだと主張した。けっきょく私たちは、全員の懸念に応える素晴らしい解決法に行き着いた。「善良さを増す」練習を創り出したのだ。この練習は役に立つし、初心者も簡単に習得できるし、トングレンの予告編にもなる。「善良さを増す」練習が伝統的な練習とされるようになるのは、一〇〇年ばかり先のことだろう。そのころには、私はたいへんな高齢者になっているはずだ、たぶん。

まず「善良さを増す」練習をし、自分の練習に自信がもてるようになったら（数週間かかるかもしれない）、トングレンを試してみるというのはどうだろう？　あなたは大きく変わるかもしれない。

善良さをもって影響力を揮《ふる》う

影響力にまつわる第一の原則は、私たちはみな、すでに影響力をもっているというものだ。私たちがすること、しないこと、言うこと、言わないことは、すべて他人に影響を与える。カギは、影響力を獲得することではなく、すでにもっている影響力を拡大し、みんなのために行使することだ。

社会的な脳を理解する

私の見るところでは、自分の影響力を拡大するための最も重要な第一歩は、社会的な脳を十分理解して、巧みに操縦することだ。

神経科学者のエヴィアン・ゴードンによれば、「危険を最小化し、報酬を最大化する」原理は、脳にとって何よりも大切な組織化原理だという。図に示したように、脳は、基本的に報酬には接近し、脅威は回避する機械だ。

「報酬（接近）」の矢印は「脅威（回避）」よりもずっと小さいことに注目してほしい。大きさの違いは、重要な洞察を反映している。人間の脳は、ネガティブな経験に対して、それに匹敵するポジティブな経験に対してよりも、ずっと強く反応するのだ。私たちはそれを日々経験している。たとえば、廊下でジムに出会ったときに微笑みかけたら、彼も微笑み返してきたとしよう。それは私にとって、

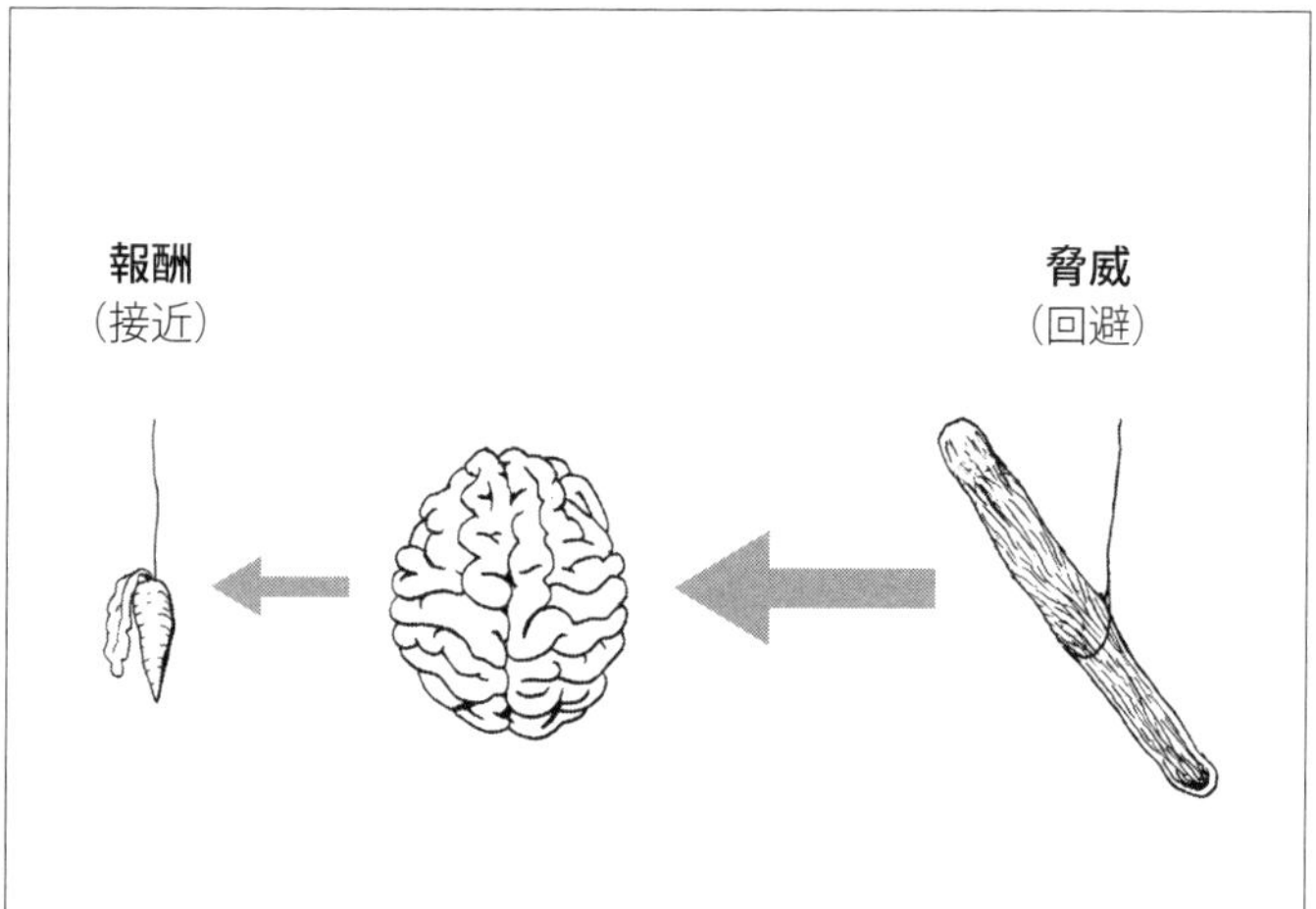

ごく小さいポジティブな社会的経験で、ほんのわずかな影響しか私に与えない。おそらく、いくらもしないうちにこの経験は私の頭から消えてしまうだろう。だが、仮にジムが微笑み返さず、少しばかり険しい表情で顔をそむけ、そのまま行ってしまったとしよう。客観的に見ると、これは彼が微笑み返したのと、ほぼ同じ重みを（ネガティブな方向で）もっているが、主観的には、私はおそらくこちらのほうにずっと強い反応を見せるはずだ。「あれっ、変だぞ。ジムはどうしたんだ？　私はまた何かやらかしてしまったのかな？」とでも思うかもしれない。これは、一瞬どころか、何分も、ひょっとするともっとずっと長いあいだ、頭に残るだろう。ネガティブな経験はポジティブな経験よりも私たちに強い衝撃を与え、長く印象に残る。

ポジティブな経験を何回すれば、それに匹敵するネガティブな経験を帳消しにできるか？　答えは人それぞれだ。第6章では、その割合が三対一であることを示す、心理学者のバーバラ・フレドリックソンの先駆的な研究に触れた。「ポジティブな情動とネガティブな情動を三対一の割合で経験すると、私たちはひとつの境界に達し、それを越えると、逆境にあって回復力が増し、かつては想像しかできなかったことが楽々と達成できるようになる」[4]ことをフレドリックソンは発見した。だが、高名な心理学者、ジョン・ゴットマンは、別のコンテクストで違う比率を発見した。彼の研究では、結婚生活が成功するためには、夫婦のあいだでポジティブなやりとりがネガティブなやりとりの少なくとも五倍必要であるという結果になった。この五対一の割合を、

(4) Barbara Fredrickson, Positivity, www.positivityratio.com.

(5) John Gottman, *Why Marriages Succeed or Fail: And How You Can Make Yours Last* (New York: Simon & Schuster, 1994).

ゴットマンは「魔法の割合」と名づけたが、[5]「ゴットマンの割合」という呼び名のほうが一般的だ。この割合は将来を占ううえでとても頼りになるので、ゴットマンは夫婦が一五分間の会話の中で見せるポジティブなやりとりとネガティブなやりとりの数を数えるだけで、結婚が一〇年以内に離婚に終わるかどうかを正確に予測できると言われている。だからもうディナーパーティに招かれなくなったと彼は冗談を言う。

このふたつの割合を並べてみると、結婚生活がなぜこれほど難しいか、たちまち理解できるだろう。私たちは日常のあらゆる経験に、三対一という法外な割合でポジティブなものを求めている。例外は結婚生活で、これに対しては、なおさら法外な割合を求める。この意味では、私たちの誰もが配偶者に過剰な要求をするろくでなしのように振る舞い、ただの知り合いよりもはるかに厳しい目で配偶者を見ているわけだ。それがわかれば、配偶者が受けていて当然そのものの、もっと優しい待遇を与えられ、結婚生活は今ほど大変なものではなくなるかもしれない。

社会的な脳の「SCARFモデル」

デイヴィッド・ロックは著書『作動する脳』の中で、脳がおもな報酬あるいは脅威として扱う五つの社会的経験の領域を説明している。この五つの領域は、私たちにとってとても重要なので、脳はそれを生存にかかわる問題と同等に扱う。そして、この五領域はそれほど重要なので、そのそれぞれが社会的行動の原動力になっている。デイヴィッドが頭文字をとって「SCARF《スカーフ》モデル」と呼ぶモデルを形作る五つの領域とは、「Status（地位）」、「Certainty（確実性）」、「Autonomy（自律性）」、「Relatedness（関係性）」、「Fairness（公平性）」だ(6)。

地位

地位とは、相対的な重要性や序列、年功のことだ。私たちは大変な努力を払って自分の地位を守ったり上げたりしようとする。地位は人類にとっても霊長類にとってもずばぬけて重要で、寿命の目安とさえなる。地位に対する脅威は、ごく簡単に引き起こされる。たとえば、上司と話をするだけでも、地位に対する脅威が発生しかねない。フィードバックをしてあげようかと同僚に言われたときにも、地位に対する脅威が誘発されうる。

幸い、他人を害することなく自分の地位を上げる良い方法がある。デイヴィッドが「自分との競争」と呼ぶものだ。何か技能を向上させる（たとえば、ゴルフのハンディキャップを減らす）と、過去の自分と比べて地位の報酬が得られる。だから、熟達はこれほど強力な動機の与え手なのかもしれない（第6章を参照）。自分にとって大切な技能がしだいに上達すれば、少なくとも過去の自分と比べて地位の報酬が得られる。

(6) 本書で「SCARFモデル」に関連して触れた研究は、チンパンジーについての公平性の研究以外はすべて、David Rock, *Your Brain at Work: Strategies for Overcoming Distraction, Regaining Focus, and Working Smarter All Day Long* (New York: HarperBusiness, 2009) という非常に優れた本の注に挙げられている。

確実性

私たちの脳は確実性が大好きだ。不確実性は脳の中に「エラー応答」を引き起こし、それは解消されるまで無視できない。つまり、不確実性は脳の貴重な資源を掠奪するのだ。大きな不確実性は人の能力を奪いかねない。たとえば、自分の職が安泰かどうかわからないと、おそらく頭がその不確実性でいっぱいになり、ろくに仕事にならない。

自律性

自律性とは、自分の環境に対して支配権を揮っているという認識だ。スティーヴ・マイアーによれば、「ストレスの元となるものに生物が揮える支配権の大きさによって、ストレス要因がその生物の機能を変えるかどうかが決まる」[7]という。つまり、あなたを悩ませるのはストレス自体ではなく、そのストレスに直面したときに抱く無力感なのだ。これを強力に裏づける研究はたくさんある。たとえば、上級管理職のほうがずっと多くのストレスにさらされているのは周知の事実であるにもかかわらず、イギリスの下級公務員は上級管理職よりもストレス関連の健康問題を多く抱えていることが、ある研究から明らかになった。

(7) Rock, *Your Brain at Work.*

関係性

関係性とは、別の人が「敵」か「味方」かという認識だ。関係性が私たちの主要な「報酬／脅威」回路網の一部であるのは理にかなっている。かつて、緊密な協力関係をもつ小さな部族のメンバーに自分の生存そのものがほぼ完全に依存していたからだ。実際、関係性はあまりに根本的なので、私たちが長期にわたって幸せを維持するのを可能にするような、人生の唯一の要因は、社会的な結びつきの質と量であるとする研究もある（私はこの研究結果に同意するとはいえ、瞑想の達人は調査対象にならなかったので、話はそれほど単純ではないのではないかという気がする）。世界でも有数の大富豪、ウォーレン・バフェットは次のように述べ、関係性の力を理解していることを実証した。「私ぐらいの歳になると、自分を愛してもらいたい人のうちの何人に実際に愛してもらっているかで、人生の成功を測るようになる。それが、人生をどう送ってきたかの究極のテストだ」

脳は、相手が敵でないことが判明するまでは敵というレッテルを貼るように基本設定されている。たとえば、見知らぬ人はたいてい敵というレッテルを貼られる（あるいは、少なくとも、「近づきたければ自己責任で」というレッテルを貼られる）。幸い多くの場面では、敵を味方に変換するのは難しくない。たとえば、普通は握手と快い会話を交わすだけで十分だ。「私とまったく同じ」や「愛情に満ちた優しさ」のような、この本に出てくる練習の多くをやれば、その変換が簡単にすらすら進むようになる。

公平性

他者が不公平なことをしていると感じたときに進んで自分の利益を損ねてまで相手を罰しようとするのが知られている動物は人間だけだ。ほかの霊長類も不公平を罰することは知られているが、自分の利益を損ねてまでそうはしない。たとえば、(「最後通牒ゲーム」と呼ばれる)ゲームをしていて、Aさん(「提示者」)が一〇〇ドル与えられ、それをBさん(「応答者」)とふたりで分けなければならないとしよう。もしAさんが提示した額をBさんが受け入れれば、Aさんが定めたとおりの形で一〇〇ドルを分け合うが、Bさんが拒否すると、ふたりとも一ドルももらえずに帰る羽目になる。もしAさんが自分に九九ドル、Bさんに一ドルという配分を提示すれば、客観的にはそれを拒む理由はない。Bさんは、提示を受け入れれば一ドルもらえ、拒めばまったくもらえない。金銭的に理にかなった選択肢はひとつしかないのだ。それなのに、多くの人はBさんの立場に置かれると、不公平さに気分を害してその提示を退ける。それとは対照的に、チンパンジーに同じようなゲームをさせると(価値あるものとして、米ドルのかわりに干しブドウを使う)、提示を退けることはめったにない。(8) チンパンジーにしてみれば、干しブドウをもらう権利を放棄することなど、無分別そのものだ。ここからは、人間の公平感はけっして見くびってはならない

(8) K. Jensen, J. Call, and M. Tomasello, "Chimpanzees Are Rational Maximizers in an Ultimatum Game," *Science* 318, no. 5847 (2007): 107-109.

という教訓が得られる。その感覚は圧倒的であり、公平性のためには自分の利益を犠牲にすることさえよくあるのだ（もうひとつ教訓がある。チンパンジーに公平な扱いを受けることは、金輪際期待してはいけない。ついでに言えば、相手が象でも同じだ）。

影響力を広げる

人々に最も効果的に影響を与えられるのは、人々が望んでいることを達成するのを助けるときだ——あなたにも役立ち、同時に、個人の利益を超えるもののためにもなる形で。だからこそ、前の節に出てきたSCARFモデルにはとても価値がある。社会的な脳の神経科学的特性を理解すれば、自分の行動が自分と他者のためにSCARF要因をどう強化できるか理解が深まり、自分自身の利益とも整合性のある形で人々を助ける方法を見つけ出せる。たとえば、いっしょに働いている人たちを人間のレベルで知るように時間をかければ、彼らに対する関係性の報酬を増やせる。すると、専門的な意見の食い違いさえも、前より簡単に解決できる。彼らがあなたを「敵」ではなく「味方」として見てくれるからだ。心を開いて他人の名案を認めてあげられれば、彼らに対する地位の報酬を増やせるし、その結果、価値あるアイデアや解決法をほかにもたくさん出してもらえるようになるだろう。あなたが上司で、部下に公平であろうと骨を折れば、彼らに対する公平性の報酬を増やせる。そして、彼らは前よりずっと快くあなたのために働いてくれる。このように、ＳＣＡＲＦ要因をみんなのために巧みに利用すれば、誰もが得をする状況を生み出し、自分の影響力を広げることができる。

このような洞察に基づいて用意したのが、あなたの影響力とそれが及ぶ範囲を拡大するための、次の四ステップから成るプランだ。

1　自分にはすでに影響力があることを知る。あなたはすでに他人に影響を与えている。だから、すでにもっているその能力に手を加えて、さらに向上させるというだけのことだ。

2　自信を深める。自分の長所と短所を自覚して気兼ねなく受け入れられるようになればなるほど自信が深まり、効果的に他人に影響を与えられる。人は情動的には自信、それもとりわけ、優しさと信頼性に裏打ちされた自信に惹かれる。第2章と第3章に出てきたマインドフルネスの練習と、第4章に出てきた自己認識の練習は、自信を深める助けになるだろう。

3　他人を理解して彼らが成功するのを助ける。相手を理解し、自分が目標を達成するのも助けるような形で相手が目標を達成するのを助けようとすれば、より効果的に他人に影響を与えられる。第7章に出てきた共感の練習に加えて、この章の最初のほうに出てきた思いやりの練習をすれば、他人を理解したり助けたりしやすくなる。前の節で得た社会的な脳の神経科学的な特性の知識も、おおいに役立つだろう。

4 個人の利益を超えるもののために尽くす。自己の利益を守るようにしつつ、それ以上のことをするのをけっして忘れてはならない。チームのため、あるいは、企業のため、あるいは世の中のためにも行動する。他人の意欲をもかき立てよう。あなたの善良さが他人を奮い立たせるなら、より効果的に彼らに影響を与えられる。第6章に出てきた動機づけの練習と、この章に出てきた思いやりの練習をすれば、個人の利益を超えるもののために尽くす自分の本能を育む助けとなるはずだ。

もし影響力を広げるのを助ける練習をすべてたった一語でひとまとめにするとすれば、それは「善良さ」という単語だろう。善良さは人をおおいに奮い立たせるし、人を変えるきっかけになる。だからこそ、たとえばマハトマ・ガンディーはあれほど影響力があったのだし、今なお影響力を揮っているのだ。

一〇分間で善良さが人生を変えられる

善良さが人生を変えられることを示す感動的な例がある。有名な心理学者、ポール・エクマン博士が個人的な体験談としてそれを私に語ってくれた。

ポールは心理学者として素晴らしいキャリアを築いてきた。二〇世紀の卓越した心理学者一〇〇人のひとりにアメリカ心理学会に選ばれたほどだ。だが、ポールはひどい少年時代を送ったので、大人になったときには怒りに満ちていた。かつては、毎週かならず少なくとも二度は怒りを爆発させ、あとで悔やむようなことを言ったりやったりしてきたそうだ。

ポールは二〇〇〇年にダライ・ラマの臨席のもと、インドで開かれたマインド・アンド・ライフ・インスティテュートの会議に招かれて講演した。ほんとうは行く気がしなかった。仏教僧は頭を丸めて僧衣をまとったおかしな男たちに思えて、まともに相手にする気がしなかったからだ。彼は娘のイヴに説得されて、ようやく出席した。

五日間の会期の三日目に、ポールの身に重大なことが起こった。会議の合間にイヴとポールはダライ・ラマのところに行き、いっしょに座って一〇分ほど話をした。会話のあいだずっと、ダライ・ラマはポールの手を握っていた。この一〇分がポールに計り知れない影響を与えた。彼は自分の全存在の中に「善良さ」が満ちあふれるのを経験したという。彼は一変した。この一〇分が過ぎるころには、自分の怒りがすっかり消えていくのが感じられた。その後何週間も、怒りは跡形もなかった。これは彼にとって人生の途方もない変化だった。ことによるとそれ以上に重要かもしれないが、彼の人生の方向まで変わった。ポールは引退を考えていたが、ダライ・ラマに手を握られて過ごしたあの一〇分間のあと、この世に恩恵をもたらしたいという自分の深い志を再発見した。そもそも心理学の道に足を踏み入れたのも、その志があったからだった。ダライ・ラマにやんわりと後押しされてから、ポールは引退する計画を白紙に戻し、それ以来、人々が情動的なバランスを改善し、思いやりと利他主義を深めるのを助けるための科学研究に、自分の経験と知恵を捧げ続けている。

善良さはとても強力なので、わずか一〇分経験するだけでも、ひとりの人間の人生が変わりうる。その経験が完全に主観的なものであったところで、それすら関係ない。たとえばポールの場合、ダライ・ラマは何も特別なことはしていないと言っている。ポールが経験した善良さは、どちらかと言えばポール自身がその場にもたらしたもので、ダライ・ラマはただそれを助けていただけにすぎないというわけだ。いずれにしても、もし人に影響を与えたければ、善良さほど大きな力はないというのが、この場合の紛れもない教訓だ。

（正直に言うと、私が「善良さ」という言葉を気兼ねなく使えるのは、ポール自身がそれを使っているからにほかならない。この言葉にポール・エクマンが満足しているのなら、私には何の不満もない）。

洞察力にあふれたコミュニケーション

共感は効果的なコミュニケーションには不可欠の材料だが、共感だけではいつも十分とは言えない。共感的な人でさえ、とてもいらいらするような会話に巻き込まれる様子を、私は目にしてきた。そこに欠けているのは洞察力で、具体的には、そこにかかわるアイデンティティの問題や、意図と実際にそれが引き起した影響との落差といった、隠れてしまっていることの多い会話の要素に対する洞察だ。

次の節では、厄介な会話を行なうためのハーヴァードの枠組みを眺めてみる。この枠組みは、必要な洞察力を育む助けになるだろう。

厄介な会話

厄介な会話というのは、交わすのが難しい会話だ。重要なことが多いが、難しいので、私たちはできれば避けたがる。職場での厄介な会話の典型的な例をふたつ挙げると、昇給を求める会話と、価値ある従業員に批判的なフィードバックを与える会話だろう。だが、いつもそこまで極端なものである必要はない。ときには、ゴミの収集日以外にゴミを出さないでくれと隣人に頼むような些細なものでも、厄介な会話になることがある。

厄介な会話をこなすのはひとつの技能、実際、とても有用な技能だ。ハーヴァード交渉プロジェクトの一翼を担う、『言いにくいことをうまく伝える会話術』の著者たちによれば、厄介な会話をこなすためには、五つのステップがあるという。それを私なりに簡潔にまとめると、以下のようになる。

1 「三つの会話」を予行演習することで準備する
2 話題を切り出すかどうか決める
3 客観的な「第三者の話」から始める
4 相手の話と自分の話を吟味する
5 問題を解決する(9)

「三つの会話」を予行演習することで準備する

厄介な会話をこなす能力を高めるための強力な第一歩は、根底にある構造を理解することだ。

(9) Douglas Stone, Bruce Patton, and Sheila Heen, *Difficult Conversations: How to Discuss What Matters Most* (New York: Penguin, 1999)［邦訳：『言いにくいことをうまく伝える会話術』（松本剛史訳、草思社、1999年）］.

どんな会話でも、実際には三つの会話が行なわれている。内容に関する会話（「何があったか？」）、気持ちに関する会話（「どんな情動がかかわっているか？」）、アイデンティティに関する会話（「ここから自分について何がわかるか？」）だ。アイデンティティに関する会話には、次に挙げる三つの疑問のうちのどれかひとつが、かならずと言っていいほどかかわっている。

1　私は有能か？
2　私は善良な人間か？
3　私は愛される価値があるか？

このステップでは、三つの会話の構造を理解し、それに備える。まず、できるだけ客観的に、何があったのかを整理し、それが自分と相手にどんな情動的影響を与えているかを理解し、あなたにしてみれば、自分に関して何がこの会話にかかっているかを識別する。

話題を切り出すかどうか決める

この話題を切り出すことで、あなたは何を成し遂げようと望んでいるのか？　それは建設的な意図（たとえば、問題を解決したり、誰かが能力を伸ばすのを助けたりすること）なのか、それとも非建設的な意図（たとえば、ただ誰かに嫌な思いをさせること）なのか？　話題をまったく切り出さないのが適切な場合もある。切り出すことを決めたら、学習と問題解決を支えるモードに入るよう努めることだ。

客観的な「第三者の話」から始める

「第三者の話」とは、状況全体を把握している公平無私な第三者の立場から見たときに、物事がどんなふうに起こったかだ。たとえば、マシューと私が口論しているとすると、ふたりともそれぞれ、この口論につながった出来事を独自の視点から捉えている。一部始終を知っているが、まったくそれに関与していない同僚のジョンが語る話が、第三者の話だ。

第三者の話は、厄介な会話を始めるのに最もふさわしい。一番客観的だし、それをもとに相手と共通の基盤を一番築きやすい。第三者の話を使って相手を誘い、パートナーとしていっしょに状況を整理してくれるように頼もう。

相手の話と自分の話を吟味する

相手の話に耳を傾ける。共感する。自分の話を伝える。あなたと相手で、同じ状況の解釈がどう違っているかを吟味する。相手を責めたり非難したりする話をやめ、それぞれがどんな形でこの状況とそこにかかわる情動の原因となっているかを知るための話をする。

問題を解決する

双方にとって最も重要な関心や利益に応える解決策を考える。コミュニケーションを開かれた状態に保ち、互いの利益を守り続けられるような方法を見つける。

厄介な会話のための洞察とエクササイズ

幸い、この本に出てくる練習を全部いっしょうけんめいやってきた人は、厄介な会話をこなすのに必要な技能の大半はすでに身についている。あとは、カギとなる洞察をふたつ手に入れればいい。

カギとなる第一の洞察は、影響は意図とは違うというものだ。たとえば、誰かが言った言葉で傷ついたと感じたときには、相手が自分を傷つけるつもりだったと自動的に思い込んでしまうかもしれない。つまり、影響と意図を同一視するわけだ。私たちはたいてい、自分のことを自分の意図で評価するが、他人のことはその人の行動の影響で評価する。相手の意図はよくわからないからだ。だから私たちは潜在意識下で、相手の行動の影響に基づいて意図を推定する。ところが多くの場合、影響は意図とは違う。たとえばヘンリーは、車を止めて道を訊くように妻に言われたとき、見くびられたと感じたが、妻には夫の男らしさを見くびるつもりなどまったくなかった。パーティに遅れないで着きたいという意図があっただけだ。彼女が与えた影響は意図していないものだった。ヘンリーは妻にその影響を伝えてもいいが、喧嘩を始めてはいけない。妻に悪意はなかったのだから（これは実話だ。ただし、名前は変えてある。世のすべての夫を守るために。あいにく、ヘンリーという名前の人は例外だが）。

カギとなる第二の洞察は、厄介な会話にはいつも、内容と情動のほかに、アイデンティティというもっと重要な問題が絡んでいるというものだ。アイデンティティの問題は最も見えづらく、口にされないことがとても多いが、たいてい最も支配的だ。たとえば、私のプロジェクトの進み具合がはかばかしくないので上司が私と話をしたがっているときには、一番私の気に障るのは、会話の内容でも、私の不安感でもなく、自分の能力についての自己不信だ。つまり私は、「私は有能か？」というアイデンティティの問題に最も頭を悩ませる。コミュニケーションの名手はそれに気づいているので、アイデンティティの問題をかならず意識するようにし、適宜それに対処する。たとえば、私の上司はコミュニケーションが上手なので、会話の始めに私の能力に全幅の信頼を寄せていることを請け合い、ほんとうに理解したいのは、私があと何を必要としているかであることを、しっかり伝える。私のアイデンティティの問題に真っ先に対処することで、会話の質がすっかり変わる。

　カギとなるこれらふたつの洞察は、「三つの会話」を予行演習することで準備するという、厄介な会話の最初のステップに一番大切だ。もしあなたがSIYの練習を重ねてきていれば、ほかのステップはみな、もうとても気楽にやれるはずだ。だから、ステップ1に特別注意を払うだけでいい。

　厄介な会話に備えるには、ほかの人と話すのが最善だ。話し相手がいれば、厄介な会話の大事な部分を前もって口に出してリハーサルする機会が得られるからだ。話し相手として一番ふさわしいのは、親友やメンター、気心の知れた同僚といった、信頼できる人だ。もしひとりで練習するほうがよければ、書くエクササイズとしてやってもいい。

エクササイズ――**厄介な会話に備える**

　これは書くエクササイズと話すエクササイズのどちらとしてやってもかまいません。話すエクササイズとしてやるときには、友人に話せばいいでしょう。

やり方

1　これまでに経験した厄介な会話か、近い将来しようとしている厄介な会話、あるいは、するべきだったのにしなかった厄介な会話を思い浮かべます。

2　書くか、ひとり語りするかして、自分の視点から「三つの会話」を説明します。三つの会話とは、内容に関する会話（「何があったか？」）、気持ちに関する会話（「どんな情動がかかわっているか？」）、アイデンティティに関する会話（「ここから自分について何がわかるか？」）です。アイデンティティに関する会話には、次に挙げる三つの疑問のうちのどれかひとつが、かならずと言っていいほどかかわっています。

- 私は有能か？
- 私は善良な人間か？
- 私は愛される価値があるか？

3　今度は相手になったふりをして、できるかぎり相手の立場に立って三つの会話を説明してください。

もしこれを、友人を相手にした話すエクササイズとしてやっていたら、自分にとってどんな感じがするかを自由進行の会話で話し合ってください。

マインドフルな電子メール

現代のコミュニケーションのどこが素晴らしいかと言えば、それは、面と向かってしなくてもいい点だ。電子メールを使えばいい。現代のコミュニケーションのどこがまずいかと言えば、それは、面と向かってしない点だ。私たちはメールを使う。そう、素晴らしいのはメールを使える点で、まずいのもメールを使う点なのだ。

メールの最大の欠点は、情動的な内容が誤って伝わる場合が多いことで、それが悲惨な結果を招くときもある。面と向かって話していると、情動のコミュニケーションの大半は非言語的で、たいていは顔の表情や声の調子、姿勢、仕草によって行なわれる。つまり、私たちの脳は非言語的情報をたっぷりやりとりし、「情動のタンゴ」（第7章を参照）を踊り、自分の感じていることを互いに伝え合う。そのコミュニケーションのほとんどは、無意識のうちに起こる。だが、メールでコミュニケーションを行なうときには、気持ちを伝え合うその仕組みがすっぽり抜け落ちてしまう。脳どうしがいっしょに踊れないときには、気持ちは通わない。

だが待ってほしい。さらに厄介なことになる。相手の気持ちについて十分なデータを得られないと、脳はデータをでっち上げてしまう。メッセージの情動的なコンテクストについて勝手な思い込みをし、それに沿って、欠けた情報を捏造《ねつぞう》してしまうのだ。いや、情報を捏造するだけではない。捏造した内容が真実だと自動的に信じてしまう。捏造した内容にはたいてい強いネガティブな偏りがあるから、なお悪い。私たちは普通、相手が実際以上にネガティブな意図をもっているると思い込む。たとえば、グーグルの会長のエリック・シュミットが廊下で私を見かけ、こちらに向けていたずらっぽく指を振り立て、満面に笑みを浮かべながら、「このトラブルメーカー」と言ったとしよう。私の脳は非言語的な合図をすべて受け取れるので、相手が自分をからかっているだけなのがわかる。だから、自分が首になる心配などまったくしない。だが、これとまったく同じ言葉をメールで受け取っていたら、すでにオフィスで自分の荷物をまとめて、人事の人がやって来るのを待っていたはずだ……重要な話をしに来るのを。メールでたとえエリックが笑顔マークを使っていたとしても同じだろう。

だからこそ、メールでのコミュニケーションにはこれほど誤解が多いのだ。私たちは、相手を怒らせたりこわがらせたりする意図などまったくないメールによって、怒ったりこわがったりすることが多い。もし情動的に未熟だと、怒りや恐れの反応を見せ、とんでもないことになる。メールは悪魔の発明なのかどうかは知らないが、悪魔の仕事を楽にしたことは間違いない。

というわけで、メールによる効果的なコミュニケーションに必要な大切な洞察をまとめると、次のようになる。メールは送り手の情動的なコンテクストを認識するのに十分な情報を含んでいることがめったにないので、脳は、しばしばネガティブな偏りのある形で、欠けている情報を捏造し、それが真実だと無意識のうちに思い込む。

幸い、メールによるコミュニケーションの質を大幅に上げるのをマインドフルネスが助けてくれる。「マインドフルネス」と訳されるパーリ語のもともとの単語は「サティ」だ。サティには「回想」（あるいは「熟慮」）という訳もある。つまり、マインドフルネスは、心の穏やかさであるだけでなく、さまざまな洞察を思い出してそれについて熟考するという強力な才能でもある。

マインドフルなメールを送信するときには、マインドフルネスの回想的な特性におもに頼ることになる。まず思い出すのは、向こうには人間、自分とまったく同じ人間がいるということだ。次に思い出すのは、メールを受け取る人は送り手の情動的なコンテクストについて欠けた情報を無意識のうちに捏造するので、適切な気遣いと用心が必要であるという洞察だ。

それを踏まえ、ここでマインドフルなメール送信の練習法を挙げておく。

エクササイズ――**マインドフルなメール送信の練習**

1 まず、意識して一回呼吸してください。とりわけ注意を要する状況であれば、「マインドフルネス瞑想」（第2章を参照）か「歩く瞑想」（第3章を参照）を数分間やり、心を鎮めます。

2 メールが届く先にはひとりあるいは複数の人間がいることを注意深く思い出しましょう。自分とまったく同じ人間がいるのです。もし、とりわけ厄介な状況であれば、受け取り手を頭に浮かべ、「私とまったく同じ／愛情に満ちた優しさ」のエクササイズ（第7章を参照）を数分間してください。

3 メールを書きましょう。

4 あなたのメッセージの情動的なコンテクストが不明瞭だと、受け手の脳は、あなたが意図しているのよりはおそらくネガティブなことをでっち上げるでしょう。それについて、送信する前にじっくり考えます。受け取り手の身になって、送り手（あなた）の情動的なコンテクストについて何も知らないふりをし、また、自分にはネガティブな偏りがあるふりをし、そのメールを読んでください。必要に応じて文面に手を加えましょう。

5　送信ボタンをクリックする前に、意識して一回呼吸してください。たとえば、上司か部下に怒りのメールを書いているような、とりわけデリケートな状況であれば、送信ボタンをクリックする前に、意識してゆっくり三回呼吸しましょう。送信ボタンをクリックするのをやめてもいっこうにかまいません。

メンのマジックマッシュルームのマントラ

私が自分のために創ったマントラでこの章をおしまいにしよう。私がやる社会的技能の練習の多くを要約するものだ。そのマントラは、以下のとおり。

彼らを愛せ。彼らを理解せよ。彼らを許せ。彼らとともに成長せよ。

私はほかの人も関係する厄介な状況に陥ったときにはいつも、黙ってこのマントラを自分に向かって繰り返す。するとたいていうまくいく。相手が子供や上司のときには、とりわけうまくいく。

私の友人のライジェルは、このマントラが幻覚キノコ《マジックマッシュルーム》にも当てはまるかもしれないと言ったので（とてもおかしいよ、ライジェル）、「マジックマッシュルームのマントラ」という名前がついた。

9
世界平和への三つの簡単なステップ

SIYの裏話

平和に至るためには平和を教えることだ。
——ヨハネ・パウロ二世

ＳＩＹは単純な夢として始まった。その夢とは、世界平和だ。

世界平和は内から生み出しうるし、また、生み出されなければならないと信じている賢者は大勢いる。私もそう信じている。誰もが自分の中で平穏と幸せを育む方法を私たちが見つけられれば、人々の内面の平穏と幸せが思いやりとなって自然に現れてくるだろう。そして、ほとんどの人が幸せで、平和で、思いやりのある世界を私たちが生み出せるなら、世界平和の基礎を築ける。幸い、そのための方法はすでに存在し、何千年にもわたってさまざまな人が実践してきた。それは、沈思黙考の練習を通して自分の心を育むという技だ。世間ではそれを瞑想と呼ぶ。

瞑想は一番単純に言えば、注意の練習だ。瞑想のトレーニングを十分積めば、注意は揺らぐことなく穏やかで集中したものになる。注意の質をそこまで高めると、心は簡単に、そして長時間にわたって、とてもリラックスしていていてしかも隙のない状態になれる。そのようにリラックスしていていてしかも隙のない状態になれば、三つの素晴らしい心の特質が現れてくる。穏やかさと明瞭さと幸せだ。ひとつたとえ話をしよう。心のことを、たえず揺さぶられているスノードームだと考えてほしい。スノードームというのは、雪のような無数の細片と透明な液体が入ったガラスの置物だ。スノードームを揺するのをやめると、中の白い「雪」の細片はやがて沈み、液体は穏やかでしかも透明になる。私たちの心も普通、たえず揺さぶられている。十分リラックスさせ、しかも隙のない状態にすれば、心は落ち着いて穏やかになる。そのような心の中には、第三の特質である内面の幸せが自然に現れる。

内面の幸せは伝染する。誰かが内面の幸せの輝きが現れ出るのを許すと、まわりはその人に前よりポジティブに反応する傾向がある。そうすれば、瞑想をしている人は社会的交流がしだいにポジティブになるのに気づくだろう。そして、私たちは社会的な生き物なので、ポジティブな人間関係がもてれば、その分、幸せになる。こうして、内面の幸せと社会的な幸せの好循環がうまい具合にでき上がる。このサイクルが強まると、瞑想をする人はますます優しく、思いやり深くなるだろう。

私たちは心を鍛え、育み、内面の平穏を生み出せる。このトレーニングでいちばん良いのは、そうした特質をもつように自分を強制する必要さえない点だ。それらはみな、すでに生まれつき私たちひとりひとりの中にあるので、それが現れ、育ち、花開くようにお膳立てをするだけでいい。このお膳立ては、瞑想を通してする。私たちは瞑想によって自分が前よりはるかに幸せになり思いやりに満ちるのを可能にする。十分な数の人がそうすれば、世界平和の基礎を築くことになる。

したがって、(滑稽に聞こえかねないが、真剣な話)、世界平和のための処方箋に欠かせない有効成分は、瞑想のような単純なことなのかもしれない。これほど手に負えない問題に、これほど単純な解決法があるとは、ほとんど不条理なほどだ。だが、現にうまくいくかもしれない。

この洞察に導かれて私は悟った。私は人生の目的を見つけたのだ。それは、すべての人が瞑想の恩恵を受けられるようにすることだ。注意してほしい。私が瞑想を世界にもたらそうとしているわけではない。その恩恵を世界にもたらそうとしているわけですらない。ただ、その恩恵を誰もが受けられるようにしたいと思っているだけだ。ただそれだけ。宝の部屋の扉を開け、みんなに、「ほら、こんなに宝があるでしょう。好きなだけもっていってください。もちろん、もっていかなくてもいいのですよ」と言っているにすぎない。私はただの扉の開け手だ。瞑想の練習が人を変える力はあまりに強力で、それを理解する人は誰もがそれに逆らえないと、私は確信している。健康の秘訣（たとえば衛生、栄養、運動、睡眠）を不健康な人々に提供しているようなものだ。人々が健康の恩恵を理解し、経験し始めれば、もう後戻りはありえない。その恩恵にはとうてい逆らいがたいから。

だが、どうすればいいのか？　すべての人が瞑想の恩恵を受けられるようにするには、どうしたらいいのか？　この疑問に対する答えは、私がなかば冗談に「世界平和への三つの簡単なステップ」と呼ぶものだ。

1　自分から始める

2　瞑想を科学の一分野にする

3　瞑想を実生活と整合させる

自分から始める

最初のステップは明らかそのもので、マハトマ・ガンディーに由来する。世の中で目にしたいと自分が望む変化に自分がなる必要があるのだ。これに向け、私はほぼ測定可能な自分の目標を思いついた。誰に対してもいつも優しくできる能力を、死ぬまでに自分の中に生み出すというのがその目標だ。私はいわば優しさ専門のチャンネルになりたい。一日中、優しさばかりを放映しているチャンネルに。

瞑想を科学の一分野にする

瞑想を多くの人にやってもらえるようにするには、科学の一分野にする必要がある。医学が科学の一分野になったのと同じだ。瞑想同様、医療は大昔から実践されてきたが、一九世紀以降（パストゥールが微生物を調べて以来だろうか）、科学の一分野となってからは一変した。一番重要な変化は、アクセスだったのではないかと私は思う。医療は科学的になったとき、神秘的な要素がごっそり取り除かれた。新しい道具や設備、方法が使えるようになり、医療サービスの提供者の訓練と資格が大幅に改善した。つまり、前よりずっと多くの人が良い医療にアクセスできるようになったのだ。瞑想についても同じことが起こるのを私は目にしたい。

二〇〇六年、私は瞑想の仲間たちに電子メール（ただのメールというよりは、ミニ声明書と呼ぶほうがふさわしいだろう）を送り、瞑想が科学になる必要性を説明し、瞑想トレーニングを「データ主導」にする努力を始めてくれるように、全員に促した。だが、反応はまったく芳しくなかった。発想はたいがい気に入ってもらえたが、誰もとくに胸を躍らせるようなことはなかった。

ようやく、ひとりだけ興味を寄せてくれる人を見つけた。友人のテンジン・テトンが私のメールをB・アラン・ウォレス博士に転送してくれた。アランはただちに返事をくれ、過去六年にわたって、同じような目的で研究を続けてきたと、興奮して語った。なぜか？　なんと、ダライ・ラマに頼まれたからだという！　私は仰天した。私の瞑想仲間（その多くが科学者）は誰ひとりとして、瞑想と科学の融合に胸を躍らせることがなかったのに、ダライ・ラマは違ったのだ。その瞬間、私は自分が正しい方向に進んでいるのを悟った。ダライ・ラマ法王猊下《げいか》と私がそろって間違っているなどということはありえない。

アランと私はすぐに親友になった。しばらくして、私はアランの研究やほかの科学者による関連した研究についてもっと学ぶうちに、こう結論した――ダライ・ラマの熱烈な支援があるのだから、この研究は私がいてもいなくても進むだろう。そこで、ダライ・ラマや友人のジム・ドゥティとウェイン・ウーとともに、スタンフォード大学の「思いやりと利他主義の研究・教育センター★」の設立を援助するなど、この方面でほかにいくつかのことをしたものの、この活動は確かな人々の手に委ねられていると判断し、自分のエネルギーをステップ3に注ぐことにした。

瞑想を実生活と整合させる

瞑想の恩恵に大勢の人がアクセスできるようになるためには、瞑想は、頭を丸め、変わった僧衣をまとって山奥に暮らす人々や、超自然を信じるサンフランシスコのニューエイジ信奉者の小グループだけの領域にとどまっていてはならない。瞑想は「実社会のもの」になる必要がある。実社会に住む人々、どこにでもいる普通の人の生活や関心と整合させる必要がある。三つのステップのなかでこれが一番重要で、私が最も大きな影響を与えられるものではないだろうか。だが、どうすればいいのか？

これには先例がある。運動だ。一九二七年、ある科学者のグループがハーヴァード疲労研究所を設立し、疲労の生理学的特性の研究を始めた。その先駆的研究から、運動生理学という分野が誕生した。彼らの業績のうちでも、健康な人は不健康な人とは生理的に違ってくるという発見は

★ CCARE（The Center for Compassion and Altruism Research and Education）は、スタンフォード大学医学部に所属し、個人や社会のなかに、思いやりや利他主義が養われるための研究、教育を行なっている。

とりわけ重要だ。今から振り返ってみれば、彼らの研究が世界を変えたことが簡単に見て取れる。今日、これらの先駆者をはじめとする人々のおかげで、運動は少なくとも次の四つの重要な特徴を獲得した。

1　誰もが「運動は自分のためになる」ことを知っている。それに異論を唱える人はいない。誰もが手間暇かけて運動するわけではないが、運動をしない人でさえ、自分が運動すべきことや、運動が自分のためになることを知っている。

2　運動をしたい人は誰でも、やり方を身につけられる。情報はどこでも入手できるし、望めばトレーナーも簡単に見つかるし、運動をしていている友人にやり方を教われる人もたくさんいる。

3　健康で体調の良い労働者はビジネスにプラスになることを企業は理解している。スポーツジムを備えている企業や、スポーツジムの会費を補助している企業も多い。

4　運動は当然のことと思われている。今日、あまりにあたりまえなので、スポーツジムに行って運動してくると友人に言っても、変な顔をされたり、サンフランシスコから来た変わり種のニューエイジ信奉者だと思われたりはしない。それどころか、今ではその逆だ。たとえば、敬虔なアメリカ人はぜったい運動するべきではないなどと言ったら、変な顔をされる。

つまり、今や運動は実社会に暮らす人々の現代生活と完全に整合している。誰もが思う存分アクセスでき、人類全体が恩恵を受けている。私は瞑想でそれと同じことをするのを目指している。瞑想が心のための運動のように広く扱われている世界を生み出したいのだ。そこでは、瞑想は先ほど挙げた運動の四つの特徴をすべて備えている。

1　誰もが「瞑想は自分のためになる」ことを知っている。
2　瞑想をしたい人は誰でも、やり方を身につけられる。
3　企業は瞑想がビジネスのためになることを理解している。瞑想を奨励する企業さえある。
4　瞑想は当然のことと思われている。「もちろん君も瞑想すべきだよ、あたりまえだろう」と誰もが考えている。

そこでまた、同じ質問に戻ってくる。どうすればいいのか？　どうすれば、瞑想が運動のように当然と思われる世界を生み出せるのか？　この問題に数か月取り組んだあと、偶然同様に答えが見つかった。

その答えは、ダニエル・ゴールマンの『ＥＱ――こころの知能指数』を読んだときに得られた。当時、グーグルの慈善部門の専務取締役をしていた私の友人、ラリー・ブリリアント博士は、ずっと以前からダニエル・ゴールマンの親友だった。あるとき、ダンが講演のためにグーグルを訪れることになった。ラリーはこの機会を捉えてダンと会うことにし、私を誘ってくれた。私は失礼にならないようにと、ダンに会う前に、彼の著書『ＥＱ――こころの知能指数』を読むことにした。そして、読んだときに、またしても悟ることがあった。瞑想を実生活に整合させる手段を見つけたのだ。そしてその手段が、ＥＩあるいはＥＱとも呼ばれることもある、情動的知能だ。

まあ、情動的知能とは何かについては、すでに誰もがおおよその見当はつく。もっと重要なのは、ＥＱがとても私たちの役に立つのを誰もが知っている点だ。ＥＱを完全には理解していない人でさえ、仕事でもっと有能になるとか、昇進するとか、稼ぎを増やすとか、他人ともっと効果的にやっていくとか、人から称賛されるとか、充実した人間関係をもつとかいった、人生の世俗的な目標を達成するのにＥＱが役立つことを知っていたり、役立つのではないかと思っていたりする。つまり、ＥＱは現代人の欲求や願望と完璧に整合しているのだ。

ＥＱには、重要な特徴がさらにふたつある。まず、成功の役に立つのを別とすれば、ＥＱの最大の副作用は、内面の幸せや共感、他人への思いやりが増すことで、これはまさに世界平和に必要なものにほかならない。第二に、ＥＱを育む素晴らしい方法（唯一の方法かもしれない）は、「マインドフルネス瞑想」に始まる瞑想の練習である点だ。

これだ！　見つけたぞ！

世界平和のお膳立てをするには、マインドフルネスに基づくＥＱカリキュラムを創り、グーグルの中で完成させ、グーグルからの贈り物のひとつとして世界へ分け与えればいい。整合性は完璧だ。誰もがすでにＥＱを望んでいるし、ビジネスはすでにＥＱを求めているし、私たちは人々や企業がその目的を果たすのを助けられる。そうすれば、人も企業も自分の目標をもっと効果的に達成できるし、そのうえ同時に世界平和のお膳立てもできる。

とうとうダンと会ったときには、私はほとんど自分が抑えられなかった。テーブルを叩かんばかりの勢いで、世界平和を目指す自分の計画を熱心に彼に説明した。「いいですか、ダニー、私たちは世界平和の話をしているのですよ、世界平和の！」。ダンが少し戸惑っているのが見て取れた。なにしろ彼はグーグルに講演しに来て、ラリーの大勢の友人や同僚に初めて会っていたら、変な肩書をもったこの頭のおかしい若者が世界平和を築きたいと突然まくし立て始めたのだ。少しばかり滑稽な場面だった。そう、世界を変えるための道は、滑稽なまでに不条理な瞬間の連続であることが多いのだ。

その後、ダンと私は友達になった。そして私は、ダンとラリーの人脈を通して、ミラバイ・ブッシュとノーマン・フィッシャーというさらにふたりの驚くべき人物と知り合いになれた。ミラバイは「社会における瞑想的心のためのセンター」の所長のとても思いやりある女性で、ダンとラリーの両方の親友で、ラリー同様、人生を人類のために捧げていた。ノーマンは今日のアメリカでもとくに名の知れた禅師だ。私はノーマンにとりわけ感心した。かれはとても賢く、聡明で、博識で、敬虔そのものでありながら、世俗の現実にしっかり根差しており、深遠な修行を日常生活に応用する達人だった。ダンとミラバイとノーマンに出会ったおかげで、今や私のもとには、カリキュラムの専門知識をもった人がそろった。あとはグーグルの誰かを説得して、この講座の資金を出してもらえばいい。けっきょく、グーグル・ユニヴァーシティ（現在はグーグルEDUと呼ばれる社内の従業員教育プログラム）が支援してくれた。

グーグル・ユニヴァーシティの支援のもと、ミラバイとノーマンと私は、マインドフルネスに基づくEQ講座のカリキュラムの創設に取り組み、ダンはアドバイザーとして彼の専門知識と知恵を惜しみなく提供してくれた。ミラバイとノーマンと部屋に座っていて気づいたのだが、私たちは三人とも発散する人間だった――ミラバイは思いやりを、ノーマンは叡智を、私は体熱を。

このカリキュラム編成チームには最終的にあと三人、それぞれ異なる素質をもつ、才能あふれる人が加わった。マーク・レサーはブラッシュ・ダンス出版の創立者・元ＣＥＯで、二冊のビジネス書の著者でもあり、実生活のビジネスの専門知識と内容をもたらしてくれた。フィリップ・ゴールディンはスタンフォード大学の神経科学研究者で、科学的な幅と深さをもたらしてくれた。イヴォンヌ・ギンズバーグはイェール大学で教える現役のセラピストで、カリキュラムの人間的な次元を深めてくれた。この三人は全員、それぞれ瞑想指導者としてとても尊敬されてもいる。これで百人力だ。

カリキュラムの開発と並行して、講座を実施するために、すべてボランティアからなるじつに多様なチームを編成した。メンバーは、マッサージ・セラピストのジョエル・フィンケルスタイン、リクルーターのデイヴィッド・ラピディス、エンジニアのシュ・ホンジュン博士、学習専門家のレイチェル・ケイ、そして、グーグルの陽気な善人である私だ。当時、グーグル・ユニヴァーシティの責任者だったピーター・アレン博士は、このプロジェクトのいわば守護聖人で、積極的な参加者だった。チームのメンバーは、感謝もされず、謝礼も出ないこの骨折り仕事に対して、何の見返りも保証もされていなかった。ただ、世界平和を打ち立てる機会が得られるというだけだった。だが、全員が参加を希望したのだから驚く。世界平和のためになら人がどれほどやってくれるかには目を見張らされる。

この講座の名前は「サーチ・インサイド・ユアセルフ（己の内を探れ）」、略して「ＳＩＹ」だ。

ジョエルの発案だった。彼が提案したとき、みんな笑った。最初、私はあまりその名前が気に入らなかったが、誰もが笑うなら、それが正しいので採用するというのが私の主義だ。だから、私も同意した。

ＳＩＹは二〇〇七年以来、グーグルで教えられており、何百もの人が恩恵を受け、人生が変わった人もいる。十分効果を発揮するようになったので、いよいよ「オープンソース」化し、グーグル以外の人にもアクセスできるようにする時が来た。この本は、その活動の一環だ。

そして、よく言うように、結果は未来が語ってくれるだろう。

エピローグ
空き時間に世界を救おう

空き時間に、おもしろおかしい引用をここに入れてください。

かつて私は、禅師のジョーン・ハリファクス老師と長い散歩をしたことがある。彼女はかけがえのない友人で、私にとっては姉のような存在だ。老師といっても私よりほんの三〇歳年上なだけなので、彼女のことを「妹」とおどけて言ったりする。散歩をしながら私たちは、自分の人生や、無為の精神修行、世のためになりたいという志（「世界を救うこと」と私たちはふざけて言った）について語り合った。さらにまた、クッションに座って瞑想に耽る怠け者であると同時に、不断の働きを見せる菩薩（救世主）でもあろうと願う矛盾に関しても冗談を言った。

老師との会話についてことさら思い出されるのは、彼女のあり方におおいに奮い立たせられたことだ。これまで老師ほど思いやりのある人に出会う栄誉に浴す機会はめったになかった。目を見るだけでその人柄がわかる。これほど穏やかで思いやりに満ちた目をしている人は、ほかに知らない。師はこれまで、驚くべきことの数々をひっそりと行なってきた。たとえば、死に瀕した人々に仕え、その心を癒やすことに何十年もの月日を費やしてきた。また、禅僧院長であると同時に、多くの人々に恩恵を与え続けるマインド・アンド・ライフ・インスティテュートの役員も務めている。

ハリファクス老師はいつも献身的に人のために尽くして多忙な日々を送っているが、傍《はた》からは、自分にとってごく自然なことをして楽しんでいるだけのように見える。振り返ってみると、老師のあり方には、私がこれまでにお目にかかって心を動かされた賢者たちと共通するものがあるようだ。たとえばヨガの達人のサドゥグル・ジャギ・ヴァスデヴで、師の運営する組織は、一日の植樹数の世界記録も保持する。A・T・アリヤラトネ（「ドクター・アリ」）は、一介の教師だったが、人助けをして回りたいという思いに駆られて、スリランカ最大のNGOを創設するに至った。また、マチウ・リカールは、世界一幸せな人であることに加えて、人道主義に基づいた組織を無償で運営し、多くの人のために尽くしている。そして、ダライ・ラマが挙げられるのは言うまでもない。

こうした菩薩たちはみな、たえず人々のためにいっしょうけんめいに尽くすことについて、何であれごく自然なことをして楽しんでいるだけとしか考えていない。彼らは、自分たちが「怠け者」だと冗談を飛ばすこともある。私の知り合いのストレス過剰な企業経営者たちよりも忙しい場合が多いのだが。たとえば、ダライ・ラマはあれほど多忙なのにもかかわらず、「何もしていない」と言っていた。また、彼らはみなとても楽しそうにしている。サドゥグルは、「陽気な善人」という私の肩書をもらわなければと言っていた。

私は悟った。「世界を救う」のは恐ろしいほど難しく、それには途方もない努力が必要なので、躍起になって「世界を救おう」とすると長続きしそうにない。だから、内面の平穏を深め、思いやりを増し、志を強めることに専心したほうがよほどうまくいく。内面の平穏が深まり、思いやりが増し、志が強くなれば、思いやりのある行動が自然にすっと出てくるので、けっきょくは長続きする。

やはりたゆみなく社会奉仕に努める菩薩のひとりで、「怠け者の僧」を自称する偉大な禅師、ティク・ナット・ハンは、世界を救うことを見事に表現している。「どんな社会奉仕をするにせよ、まずはブッダが会得されたこと、つまり心を鎮めることを覚えなければならない。それを覚えれば、もはや私たちが行動するのではなく、行動のほうが私たちを導いてくれる」

行動するのではなく、行動に導かれる。

この言葉に触発されて、私はこんな詩を書いてみた。

怠け者の菩薩

深い内なる平穏と
大きな思いやりをもって
世界を救うことを日々志そう。
だが、それを成し遂げようと、むきにはなるまい。
ごく自然に思えることをすればいい。
志が強く、思いやりにあふれていれば、
ごく自然に思えることは何であれ

なすにふさわしいことでもあるのだから。
こうしてあなたは
思いやりあふれる賢人となり、
楽しみながら世界を救う。

みなさんが怠け者でありますように、そして世界を救ってくれますように。

謝辞

私が少しばかり先まで目にしたとすれば、巨人たちの肩の上に立っていたおかげだ。
——アイザック・ニュートン

おや、俺たちの肩の上に誰か立っているぞ。
——巨人たち

この本の目的は叡智を実社会で応用することだが、じつは、その叡智のどれひとつとして私のものではない。叡智はすでにいたるところにあり、数えきれないほどの世代の賢者たちによって実践され、教えられ、具体化されてきたし、そうした人たちの多くが私たちの身近に暮らしている。私には偉大な人たちが見える。彼らは普通の人と同じように歩き回っている。自分たちが偉大であることを知りさえしない。

そう、私は叡智を生んだのではない。私にさえわかる言葉に翻訳しただけだ。私は賢者たちの翻訳者にすぎない。ある意味では、彼らがこの本のほんとうの作者で、私はただのタイピストなのだ。

何よりもまず、私にとってそうした叡智のおもな源泉である人に感謝を捧げたい。私はその人をとても大切に思い、その教えに深く親しむようになったため、心の中で敬愛を込めて「ご老体」と呼んでいる。ほかの人はみな、「ブッダ」と呼ぶ。ブッダの教えを伝えてきた人々、とりわけ私に直に伝えてくれた方々に深い謝意を表したい。以下に何人か名前を挙げておこう。故ゴドウィン・サマララトネ（私にとって最初の瞑想の師）、サンゲイー・カドロ師、ビクー・ボウディ師、S・ダンミカ師、マチウ・リカール師。ヨンゲイ・ミンゲール・リンポチェ大師。ティク・ナット・ハン禅師、ノーマン・フィッシャー禅師、シンゼン・ヤング禅師、ジョーン・ハリファクス禅師。在家指導者のジョン・カバットジン、シャイラ・キャサリン、アラン・ウォレス。ダライ・ラマ法王猊下《げいか》には、偉大な叡智と思いやりとユーモアを今日の世界で身をもって示してくださったことに、また、私の四〇歳の誕生日に抱擁してくださったことに、感謝を捧げる。猊下のおかげで、四〇歳になることにどうにか耐えられた。これらの人たち全員と、そのほか多数の人に、私の心を深くしてくれたお礼を申し上げたい。

同じ叡智と思いやりを、さまざまな信仰の系譜を通じて教えてくれた大勢の人々に感謝している。「山上の垂訓」を読み、イエス・キリストの生涯について知って、私は深い感銘を受けた。大学で出会った美しい女性、シンディがイエスを紹介してくれてありがたかった。その後、彼女を口車に乗せ、いや、口説き落として、結婚に漕ぎ着けた。ほかにも多くの大切な友人が、イエスに対する私の傾倒を強めてくれた。そのひとりがベネディクト会のデイヴィッド・ステンドル＝ラスト修道士で、彼の深い平静さと穏やかなユーモアに私は心を打たれた。また、スチュアート・ロード博士は、バプテスト派の牧師でありながら仏教の瞑想家でもあり、著名な仏教大学の総長も務めている。ノーマン・フィッシャーをはじめとする親しい友人たちは、敬虔なユダヤ教徒であると同時に仏教徒（フィッシャーの場合は昔ながらの修行を積んだ禅師）でいられることを示してくれた。そうした人たちすべてと、そのほか大勢の人々に、私の心を開いてくれてありがとうと申し上げたい。

ぜひお伝えしたい話がある。昔、あるところに三人の才能あふれる若者がいて、世のために役立ちたいと望み、友情を育み合った。彼らの名は、ダニー、リッチー、ジョン。大人になると、三人はおのおのの道で世界的な名声を得たが、それぞれの成功が見事にほかのふたりの成功を補っていた。ダニーはダニエル・ゴールマン。ＥＱ（情動的知能）という考え方を世に広め、著作家として大成功した。リッチーはリチャード・Ｊ・デイヴィッドソン。科学者として高く評価され、数えきれない業績をあげた。瞑想に科学的裏づけを与える先駆的な仕事の大半も彼の業績だ。ジョンはジョン・カバットジン。マインドフルネスを最初に一般的な医療に取り入れ、その過程で現代文化の主流に組み込んだ。この三人の誰が欠けても、私の仕事は成し遂げられなかっただろう。もしダニーがＥＱという考え方を広めなかったら、もしリッチーが瞑想の神経科学の革分けとならなかったら、もしジョンがマインドフルネスを普及させなかったら、ＳＩＹの成功はない。私はこれら三人の巨人の肩の上に立っている。（少なくとも今のところは）あまり太っていないのは、彼らにとっても幸いだった。

この本を書く直接の刺激となったＳＩＹチームの面々の働きに感謝する。ダニエル・ゴールマンにも重ねてお礼を言いたい。彼の意欲的な支援のおかげでＳＩＹが実現できた。ＳＩＹの講師たち、ノーマン・フィッシャー、ミラバイ・ブッシュ、マーク・レサー、イヴォンヌ・ギンズバーグ、フィリップ・ゴールディンには、カリキュラムの作成だけでなく、私を指導してくれたことにも感謝したい。彼ら全員に何かしら貴重なことを教わった。ＳＩＹチームの中心メンバーにも、講座実現のための実務をこなしてくれたことに感謝する。シュ・ホンジュン、ジョエル・フィンケルスタイン、デイヴィッド・ラピディス、レイチェル・ケイ、アルバート・ホワン、モニカ・ブロッカー、ジェニー・リッケン、テリー・オカモト、サラ・マクレスキーほか、いろいろな面で助力を買って出てくれた多くの人たち、ありがとう。アルバートとジェニーにはとくにお礼を言いたい。ふたりはカリキュラムのいくつかのパートを作成し、正式な講師陣の一員ではないにもかかわらず、数クラスの指導を手伝ってくれた。ふたりともまだ若いのにとても有能だ。また、ＳＩＹを講座として承認してくれたグーグルＥＤＵ（当時はグーグル・ユニヴァーシティ）の初期の上司たちにも感謝の意を表したい。とくに、当時のグーグル・ユニヴァーシティの責任者として私たちの最初の「守護聖人」となったピーター・アレンと、彼の上司で、私たちに最終認可を与え、その後も一貫して支援し続けてくれたポール・ラッセルに深く感謝する。ポールは、SIYに対する自分の最大の貢献は「ノーと言わない」ことだよと、控えめに冗談を言う。グーグルのほかの管理職たち、リュウ・ジュン、エリカ・フォックス、ステファン・トーマ、エヴァン・ウィッテンバーグ、カレン・メイにも、節目節目でとても重要な助力をしてくれたことに感謝したい。なかでもカレンには、特別に深い感謝を捧げたい。彼女は私が部下として働いたうちでも最高の管理職だっただけでなく、ほんとうに共感的な上司とはどのようなものかという手本を示してくれた。これまでともに仕事をしたなかでも、カレンは最も共感的な人で、私は「共感の女王」と呼んでいる。彼女ほど部下たちに広く慕われている上級管理職はめったにいない。

つい魔が差して、この本の執筆を助けると言ってしまった才能豊かな人たち全員には頭の下がる思いだ。その筆頭格は私の友人で相談相手でイラストレーターのコリン・ゴーだ。彼は受賞歴のある漫画家で、映画製作者で、法律の学位も持っている――文句のつけようがないではないか。クリスティーナ・マリーニは有能で疲れ知らずのリサーチ・アシスタントだった。もし、誰か雇いたいと思っている人がいて、彼女をスカウトできたら、それこそ幸運だ。ジル・ストラッコは、執筆のさまざまな面について私にアドバイスし、時間を割いてあちこちに重複のある草稿をうまく編集してくれた。ジルは以前、ホワイトハウスの執筆スタッフのトップだったので、彼女の寛大さと叡智を享受できたのは名誉なかぎりだ。エージェントのステファニー・テイドも掘り出し物だった。エージェント募集の広告を出したとき、私は法外に高いハードルを設けた。あれこれ注文をつけたうえに、私が求めたのは、瞑想の習慣が身についていて、何よりもまず思いやりの気持ちから行動し、今就いている職で非常に成功していて、しかも型破りな方法で物事をやることにも抵抗を感じないという人だった。そんな人がいるとさえ思わなかったが、二週間もしないうちに見つかった。彼女を見つける手助けをしてくれたジム・ギミアンとボブ・スタール、ありがとう。編集者のギデオン・ワイルには多くを学んだし、彼のほかにも発行人のマーク・タウバーをはじめ、版元のハーパーワンの人たち全員とほんとうに楽しく仕事ができた。フィリップ・ゴールディンとトマス・ルイスには科学面で貴重な助言をしてくれたお礼が言いたい。最後になったが、草稿に隈なく目を通して多くの有益な助言をくれた友人たち、グエン・フエ・アン、リック・ホワ、オリヴィア・フォックス、オードリー・タン、トム・オリヴァー、ジェク・キアン＝ジン、トミシー・トゥー、キャスリン・オサリヴァンらに感謝を捧げる。

　私を庇護し養い（私の幼いころのアジアでは並大抵のことではなかった）、無事に育て上げてくれた親の恩は計り知れない。また素晴らしい妻、シンディに、私と（今でも）いっしょにいてくれることに深く感謝したい。最後に娘のエンジェルに、私の人生最愛の人でいてくれること、そして私を愛していてくれることに、ありがとうと言いたい。

たいへんお世話になったみなさんに、次の言葉で少しでもお返しをさせてほしい。なにより、お金がかからないから。

行こう、行こう。
心を解き放ち、
みんなで行こう。
ようこそ、悟りの世界へ！
（サンスクリットの原文　羯諦《ガテー》　羯諦《ガテー》　波羅羯諦《パーラガテー》　波羅僧羯諦《パーラサムガテー》　菩提薩婆訶《ボーディスヴァーハー》）

〔訳注　『般若心経』より〕

推薦図書と参考映像

推薦図書

えっ、このあとも本を読む時間がある？　うらやましい。私ときたら自分の本を読む時間さえほとんどないのに。著者のことは大好きなのだけれど。彼はおもしろい。さて、みなさんには、この本で取り上げた話題についてもっと詳しくなれる本を紹介しよう。

じつのところ、本書の注で挙げた本はどれも素晴らしい読み物だが、その一部しか読む時間がなければ、以下の本を最も強くお薦めする。

もし、この本を読んだあと、たった一冊しか読む時間がなければ、『言いにくいことをうまく伝える会話術』を読んでほしい。とても実用的な本だ。小さくて薄くて読みやすい。長時間のフライトなら一冊まるまる読みきれる。それでいて、厄介な会話を最適な形で進めるために知っておくべきことがすべて収められているから、とくにお薦めだ。

▼ Douglas Stone, Bruce Patton, and Sheila Heen, *Difficult Conversations: How to Discuss What*

Matters Most (New York: Penguin, 1999).［ダグラス・ストーン『言いにくいことをうまく伝える会話術』松本剛史訳、草思社、一九九九年］

ＥＱ（情動的知能）についてもっと知りたければ、まずダニエル・ゴールマンの『ＥＱ――こころの知能指数』を読むのが一番いい。この本が何百万部も売れたのには理由があるが、それはダニエルがハンサムだからだけではない。仕事に活かすためにＥＱについてもっと読みたければ、ダニエルの『ビジネスＥＱ――感情コンピテンスを仕事に生かす』が一番のお薦めだ。

▼Daniel Goleman, *Emotional Intelligence: Why It Can Matter More Than IQ* (New York: Bantam, 1995).［ダニエル・ゴールマン『ＥＱ――こころの知能指数』土屋京子訳、講談社、一九九六年］

▼Daniel Goleman, *Working with Emotional Intelligence* (New York: Bantam, 1998).［ダニエル・ゴールマン『ビジネスＥＱ――感情コンピテンスを仕事に生かす』梅津祐良訳、東洋経済新報社、二〇〇〇年］

マインドフルネスと瞑想に関しては以下の三冊をとくに薦める。どれか一冊を読んでもいいし、三冊を全部読んでもいいだろう。まず、ティク・ナット・ハンの『〈気づき〉の奇跡――暮らしのなかの瞑想入門』だ。ティク・ナット・ハンは、私から見れば、マインドフルネスをほぼ完璧に体現している偉大な達人だ。彼の書いた多くの良書のなかでも、私は『〈気づき〉の奇跡』がとても気に入っている。もともと、ティク・ナット・ハンが友人への長い手紙として書いたものなので、マインドフルネスが、インフォーマルで親しみやすい形で、ほのぼのと表現されている。

マインドフルネスに関する佳作として、ジョン・カバットジンの『*Wherever You Go, There You Are*（どこに行ってもあなたはそこにいる）』がある。この、マインドフルネスの手引きはとても気が利いていて読みやすく、文章が詩のように美しい。そして、マインドフルネスの本質をかなり深く掘り下げて示している。ジョン自身は最高の知性の持ち主で、マインドフルネスとハートフルネスの見事なまでに深遠な特質を、身をもって示している。この本には彼の人柄と師としての卓越した技量の両方が表れている。

ここで瞑想に関して三番目にお薦めの本は、ミンゲール・リンポチェの『今、ここを生きる』だ。ミンゲールは珠玉の人物だ。偉大な瞑想の天才で、一三歳のときに精神力でパニック障害を克服した。そして一六歳という若さで指導者に任命された。『今、ここを生きる』はミンゲールの素晴らしい人生の話を織り込んだ、瞑想についての見事な本だ。

▶ Thich Nhat Hanh, *The Miracle of Mindfulness: An Introduction to the Practice of Meditation* (Boston:

Beacon Press, 1999).〔ティク・ナット・ハン『〈気づき〉の奇跡——暮らしのなかの瞑想入門』池田久代訳、春秋社、二〇一四年〕

▼Jon Kabat-Zinn, *Wherever You Go, There You Are: Mindfulness Meditation in Everyday Life* (New York: Hyperion, 1994).

▼Yongey Mingyur Rinpoche, *The Joy of Living: Unlocking the Secret and Science of Happiness* (New York: Harmony, 2007).〔ヨンゲイ・ミンゲール・リンポチェ『今、ここを生きる——新世代のチベット僧が説くマインドフルネスへの道』松永太郎・今本渉訳、パンローリング、二〇一六年〕

この三冊のうちの一冊しか読む時間がなければ、『今、ここを生きる』がいいだろう。簡潔そのものだから。

破壊的な情動を一変させることにまつわる科学や哲学、練習に興味があるなら、ダニエル・ゴールマンの『なぜ人は破壊的な感情を持つのか』を読むといい。この本には、このテーマの世界的権威たちがダライ・ラマのもとで行なった討論が収められている。神経科学をもっぱら職場で応用するのに興味がある人は、デイヴィッド・ロックの『*Your Brain at Work*（作動する脳）』が一番だ。読みやすくて、詳細な科学的引用が数多くあり、エンジニアに社会的な技能を教えなくてはならない私たちの役に立つ。私はどちらの本も強く薦める。あなたが私のような筋金入りの変人ならばなおさらだ。

▼Daniel Goleman, *Destructive Emotions: How Can We Overcome Them?: A Scientific Dialogue with the Dalai Lama* (New York: Random House, 2002).〔ダニエル・ゴールマン『なぜ人は破壊的な感情を持つのか』加藤洋子訳、アーティストハウスパブリッシャーズ、二〇〇三年〕

▼David Rock, *Your Brain at Work: Strategies for Overcoming Distraction, Regaining Focus, and Working Smarter All Day Long* (New York: HarperBusiness, 2009).

最後に大事なことを記しておく。私はすべての友人に、生涯に一冊しかビジネス書を読まないのならば、ジェームズ・コリンズの『ビジョナリー・カンパニー2』を読むべきだと言っている。素晴らしい企業を経営することについて、私の知っているほかのどの本よりも多くを教えてくれる。

▼Jim Collins, *Good to Great: Why Some Companies Make the Leap...and Others Don't* (New York: HarperBusiness, 2001).〔ジェームズ・C・コリンズ『ビジョナリー・カンパニー2――飛躍の法則』山岡洋一訳、日経BP社、二〇〇一年〕

映像

本を読むよりは映像を見るほうが好きな人には、映像のリストも用意しておいた。

グーグルで行なわれた自己成長に関する一連の優れた講演があり、そのほとんどはこの私が主催したものだ。講演のリストは http://siybook.com/resources で紹介されている。

私たちに最も関係の深い三つの素晴らしい講演は、ＳＩＹの講座の実現を可能にしてくれた、著者の三人の親友による。その三人とは、ダニエル・ゴールマン、ジョン・カバットジン、リチャード・デイヴィッドソンだ。以下にそれぞれの映像を挙げておく。

▼Daniel Goleman, "Social Intelligence" https://www.youtube.com/watch?v=-hoo_dIOP8k

▼Jon Kabat-Zinn, "Mindfulness with Jon Kabat-Zinn" https://www.youtube.com/watch?v=3nwwKbM_vJc

▼Richard J. Davidson, "Transform Your Mind, Change Your Brain" https://www.youtube.com/watch?v=7tRdDqXgsJ0

脳科学が好きな人は、ＳＩＹにかかわる脳科学についての優れた講演が三つある。

▼Philippe Goldin, "The Neuroscience of Emotions" https://www.youtube.com/watch?v=sf6Q0G1iHBI

▼Thomas Lewis, "The Neuroscience of Empathy" https://www.youtube.com/watch?v=1-T2GsG0l1E

▼David Rock, "Your Brain at Work" https://www.youtube.com/watch?v=XeJSXfXep4M

私がグーグルで主催した瞑想に関する全講演のなかで一番気に入っているのは、シンゼン・ヤング禅師によるものだ。

▼Shinzen Young, "Divide and Conquer: How the Essence of Mindfulness Parallels the Nuts and Bolts of Science" https://www.youtube.com/watch?v=8XCWP4pODbs

私が好きな映像はＴＥＤの講演で、www.ted.com で見ることができる。本書を楽しんでくれる読者が心惹かれそうなものをいくつか選んでみた。

▼ダニエル・ピンク「やる気に関する驚きの科学」 http://www.ted.com/talks/dan_pink_on_motivation?language=ja

▼ジル・ボルト・テイラー「パワフルな洞察の発作」 https://www.ted.com/talks/jill_bolte_taylor_s_powerful_stroke_of_insight?language=ja

▼ヴィラヤヌル・ラマチャンドラン「心について」 https://www.ted.com/talks/vilayanur_ramachandran_on_your_mind?language=ja

▼ダニエル・カーネマン「経験と記憶の謎」 https://www.ted.com/talks/daniel_kahneman_the_riddle_of_experience_vs_memory?language=ja

▼チャディー・メン・タン「Googleには毎日思いやりがある」 https://www.ted.com/talks/chade_meng_tan_everyday_compassion_at_google?language=ja

このリストの最後のＴＥＤ講演は私のお気に入りだ——理由はわからない。

そのほかの参考映像

ＳＩＹをあなた自身の会社で実践するために利用できる映像をはじめ、そのほかの参考映像は http://www.siybook.com を見てほしい。

監訳者による解説

話は三年前（二〇一三年）の九月に遡る。東京・丸の内のオフィスビル、アフターファイブにスーツ姿のビジネスピープルが約七〇名集まった。

それは私たちがメンさん（著者をそう呼ばせていただく）の着想にはじまるＳＩＹのコンセプトを、はじめて日本でお披露目した夜だった。ま、簡単に言えば、〝大都会の大企業〟で仕事をしているバリバリの（ある意味ふつうの）社会人が集まり、みんなで仕事着のまま瞑想をした夜。

そのとき私のなかにあったものは、正直なところ感動というよりは驚きだった。

この東京のど真ん中で、特定の宗教的なものや、いわゆる〝スピリチュアル〟風味な空間としてではなく、いつも忙しい人たちがふだんなら残業している時間に瞑想をしたのだ。

こんなに集まるんだなあ……。集めた側が言うのもなんだが、知らないところで世界が動き始めていることを感じた。

不思議な縁が重なり、ＳＩＹのセミナーとマインドフルネスを日本で伝えていく立場になった。本書にも出てくるメンさんの言葉から、私に刺さっている言葉を二つだけ（たくさんありすぎるので）繰り返したい。

「瞑想の恩恵に大勢の人がアクセスできるようになるためには、瞑想は、頭を丸め、変わった僧衣をまとって山奥に暮らす人々や、超自然を信じるサンフランシスコのニューエイジ信奉者の小グループだけの領域にとどまっていてはならない」

（三三七頁）

順番は逆になるが、メンさんの上記の思いが反映しているのが次の一節。

「瞑想を多くの人にやってもらえるようにするには、科学の一分野にする必要がある（中略）医療は科学的になったとき、神秘的な要素がごっそり取り除かれた」

（三三五〜三三六頁）

秘技のベールが剥がされて誰もが恩恵にあずかれる医療になったように、瞑想もそうなっていくことをメンさんは願っている。

そして科学の進化（とりわけ生きた人間の脳内を可視化・解析する技術の進化）が、既にそれを現実のものにしはじめていることは、本書でご理解いただけたことと思う。


私は日ごろ、企業の現場でマインドフルネスを基盤としたリーダーシップ、組織づくりやコミュニケーションの研修に携わっている。冒頭に述べた三年前には、予想を超えた反響があったとはいえ、それはまだ個人レベルの〝熱い人たち〟の関心だった。しかし年を追って、これをどうやって組織全体に広げていくか……ということへの関心が広がっている。そして、まさにそれをお手伝いさせていただく機会も増えている。

研修の現場で生の声を聞くことは、私にとっても最大の学びだ。多くの人々が、脳と心を鎮めていくという、言わば〝なにもしない時間〟のダイナミズムに驚く。ただ座って目を閉じて、呼吸を丁寧に味わっていく。なにも知らない部外者が入ってきたら、単に休んでいるか、さぼっていると思われるようなひととき。そこに深い気づきが現れ、「自分」という世界が広がっていく。〝ふつうの人々〟のそんな経験を共有させていただく時間は、とても楽しい幸せな時間だ。メンさんの壮大な夢を、少しだけ共有させてもらっている気もするし。

〝なにもしない時間〟のダイナミズムといっても、はじめてのSIYセミナーやマインドフルネスの練習で、たちまち悟りを開く……ということでは、もちろんない。

むしろ多くの人にとってリアルなのは、「ふだん、いかに気が散っているか」に気がつくことだと思う。それのどこがダイナミズム？と思われるかもしれないが、肝心なことは、その気が散っている時間帯だ。べつに気が散ろうが飛ぼうがかまわない場面ではなく、いちばん本領を発揮したいときに、気が散っていることに気づくのだ。

だから、もしもあのときにマインドフルな自分でいることさえできれば、もっとうまくできる、もっと良い結果を出せる――。秘めたるというか、ほんらい自分がもっている可能性に出会い、心が躍りだすダイナミズムが生まれてくる。

本書で紹介されているEQにもとづくパフォーマンス、他者とより良い関係を築くコミュニケーション、日常におけるちょっとした工夫から生まれるマインドフルネス……。

そうしたメンさんが教えてくれていることの一つ一つが、実際に体験することで自分の生き方、働き方についての新たな視点となっていく。

一方で、マインドフルネスの一般的な関心の広がりは疑念や警戒心も生む。

ほんとうにうまくいくの？　証拠は？　どうやって効果を測定する？　やっぱり怪しくないか？　などなど。メンさんが生み出したＳＩＹについても同様だ。マインドフルネスが社会現象とさえ言われる米国でさえ、革新性の高い西海岸とコンサバティブな東海岸では、まだ少なからず温度差がある。これが慎重には慎重を期す日本の会社となれば、なおさらだ。

あえて誤解を恐れずに言えば、私たちはその疑問に対して完璧に答えるつもりはない。そもそも完璧に答えることは不可能だし、これは Practice ＝実践そのものだと思っているからだ。ＳＩＹプログラムが短期集中のセミナーではなく、そのあとの実践を含む四週間プログラムになっていることも、それと関係している。

ふつうの人たちがふつうの生活、職場のなかで日々マインドフルネスを実践していく過程で、メンさんが熱く陽気に語っているような変化が起きてくる。その現れ方、スピードは各人各様だ。でも、気がついたときには変わっている。

「そういえば最近、大事なプレゼンテーションで落ち着いていられるようになったなあ」

「以前はブチ切れて部下につき返していたような報告書も、やんわりと指導できるようになった」

「マインドフル・リスニングを通して、どれほど相手の話を聴いていなかったかがわかった」

これらは受講者の声だが、そんな変化の一端を一つ一つ学術的に定量化していくことは容易ではない。しかしメンさんの本なので大げさな表現を使わせていただくなら（悪い意味ではなく尊敬を込めて）、一人一人の〝なんか、マインドフルネスいい感じ〟という人間的な感触が、世界を変えるきっかけになると思う。

メンさん自身が言っているように、世界は複雑すぎて変えていこうとしても難しい。だからそれぞれが自分の心の平穏を取り戻していくこと。それが今この困難きわまりない時代にできる大事なことだと思う。そして誰にもできる価値のあることだと思う。

とは言え、あくまで科学をベースにした実践が大前提であることは、グーグルの検索エンジンのアルゴリズム開発の中核にいたメンさんが、しつこく語っているとおりだ。科学的に取り組んでいるからこそ、〝絶対〟という表現は滅多に使えないし、未だ解明されていない人間というものを、わかったふりして語ることは〝絶対〟しない。

これは私たちがメンさんの意を汲んでＳＩＹプログラムやマインドフルネスを伝えていく

上で、鉄則としていることである。静かに座って目を閉じていると、天使の声が聴こえてきて幸せになる方法を教えてくれるよ、会社が儲かるアイデアを授けてくれるよ……なんていうことは〝絶対〟にない。ＳＩＹは最高にクールなデジタル世代のメンタルトレーニングだし、それを包含するマインドフルネスは生々しい人間の日常の中にある実践だ。

この本は、これ一冊でＳＩＹを疑似体験できるお得感満載の本だ。瞑想やマインドフルネスには興味があるけれど、宗教的なものはちょっと……という方にもお勧めできる。まだマインドフルネスなんてよくわからないが、会社も社会も今までのやり方では通用しない気がする……という方にも読んでいただきたい。

そして読みながら実践していただき、よくわからないと思ったら誰かと一緒に体験する場に行ってみてほしい。そういうみなさんには、本書が絶好のウォーミングアップ、予習になるだろう。

すでにマインドフルネスにふれている方は、特にビジネスとマインドフルネスの関係性、その背景にある科学的にみた全体像を再確認していただけるはずだ。そしてメンさんの軽妙だけど慈愛に満ちた表現から、ほんとうのマインドフルネスというものの息吹を感じ取っていただければ、とても嬉しい。そこには、ここに書ききれないことが山ほどある。

日本でこの本が再刊されることに、理解の範疇を超えた存在からの後押しを感じながら。

一般社団法人マインドフルリーダーシップインスティテュート理事　吉田　典生

● 著者

チャディー・メン・タン
Chade-Meng Tan

元 Google フェロー、自己開発責任者。
Search Inside Yourself Leadership Institute（SIYLI）会長。
Google においてエンジニアとして成功した後、マインドフルネスをベースにした情動的知能を高める画期的な研修プログラム、Search Inside Yourself（SIY）を開発。Google 社内で大人気となり他の企業・組織にも導入され、ニューヨーク・タイムズ紙でも特集された。その内容を伝えた本書は米国でベストセラーとなり、世界 26 カ国で翻訳・出版され、ビジネスリーダー、政治家、宗教家まで幅広い層に支持されている。
Google で「陽気な善人」という独自の肩書をもって同社の人材育成に大きく貢献した後、2015 年に 45 歳で退社。SIYLI を創設し、SIY の普及に取り組んでいる。SIY の手法が究極的には世界平和に貢献することを期待しており、ノーベル平和賞に 7 度ノミネートされた One Billion Acts of Peace の共同議長も務める。
国連での TED カンファレンスで行った「思いやり」に関するスピーチは好評を博し、ホワイトハウスでは親切心について講演した。個人的なモットーは「人生は深刻にとらえるには重要すぎる」。世界中のあらゆる職場が幸せと啓発の泉になることを願っている。

● 監訳者

一般社団法人マインドフルリーダーシップインスティテュート
Mindful Leadership Institute

グーグル本社で開発された研修プログラム「Search Inside Yourself（SIY）」を日本で展開する唯一の組織。また、日本の企業、組織、リーダーに向け、マインドフルネスの概念とメソッドを取り入れた組織コンサルティング、トレーニングやマインドフルコーチングプログラムを提供している。 www.mindful-leadership.jp

● 訳者

柴田裕之
Yasushi Shibata

1959 年生まれ。翻訳者。訳書にマッケンジー・ファンク『地球を「売り物」にする人たち』（ダイヤモンド社）、ジェレミー・リフキン『限界費用ゼロ社会』（NHK 出版）、ウォルター・ミシェル『マシュマロ・テスト』（早川書房）、サリー・サテル他『その〈脳科学〉にご用心』、フランス・ドゥ・ヴァール『道徳性の起源』（以上、紀伊國屋書店）、アレックス（サンディ）・ペントランド『正直シグナル』（みすず書房）、ジョン・T・カシオポ他『孤独の科学』（河出書房新社）、マイケル・S・ガザニガ『人間らしさとはなにか?』（インターシフト）、ほか多数。

● 英治出版からのお知らせ

本書に関するご意見・ご感想を E-mail（editor@eijipress.co.jp）で受け付けています。また、英治出版ではメールマガジン、ブログ、ツイッターなどで新刊情報やイベント情報を配信しております。ぜひ一度、アクセスしてみてください。

メールマガジン：会員登録はホームページにて
ブログ　：www.eijipress.co.jp/blog
ツイッター ID　：@eijipress
フェイスブック　：www.facebook.com/eijipress
Web メディア　：eijionline.com

サーチ・インサイド・ユアセルフ
仕事と人生を飛躍させるグーグルのマインドフルネス実践法

発行日	2016年 5月25日 第1版 第1刷
	2020年 5月25日 第1版 第8刷
著者	チャディー・メン・タン
監訳者	一般社団法人マインドフルリーダーシップインスティテュート
訳者	柴田裕之（しばた・やすし）
発行人	原田英治
発行	英治出版株式会社
	〒150-0022 東京都渋谷区恵比寿南 1-9-12 ピトレスクビル 4F
	電話 03-5773-0193 FAX 03-5773-0194
	http://www.eijipress.co.jp/
プロデューサー	高野達成
スタッフ	藤竹賢一郎 山下智也 鈴木美穂 下田理 田中三枝
	安村侑希子 平野貴裕 上村悠也 桑江リリー 石﨑優木
	山本有子 渡邉吏佐子 中西さおり 関紀子 片山実咲
印刷・製本	大日本印刷株式会社
校正	株式会社ヴェリタ
装丁	英治出版デザイン室

ISBN978-4-86276-227-6 C0034 Printed in Japan